CbJ 11,95
9,99

W0189830

Marco Frenschkowski
Heilige Schriften der Weltreligionen
und religiösen Bewegungen

Marco Frenschkowski

Heilige Schriften der Weltreligionen
und religiösen Bewegungen

marix**verlag**

FSC

Mix

Produktgruppe aus vorbildlich
bewirtschafteten Wäldern und
anderen kontrollierten Herkünften

Zert.-Nr. SGS-COC-1940
www.fsc.org
© 1996 Forest Stewardship Council

Copyright © by Marix Verlag GmbH, Wiesbaden 2007
Covergestaltung: Thomas Jarzina, Köln
Bildnachweis: akg-images GmbH, Berlin
Satz und Bearbeitung: C&H Typo-Grafik, Miesbach
Gesamtherstellung: GGP Media GmbH, Pößneck
Printed in Germany

ISBN: 978-3-86539-915-1

www.marixverlag.de

Inhaltsverzeichnis

Vorwort

In einer multikonfessionellen und multikulturellen Gesellschaft ist es selbstverständlich, etwas über den Glauben, die Religion, die Wertesysteme anderer Menschen zu wissen. Zwar gibt es auch in unserer Gesellschaft zahlreiche religiöse Analphabeten, denen es nicht nur an Wissen, sondern auch an elementarer Sensibilität für religiöse Themen mangelt. Und leider sind auch Menschen nicht selten, deren persönlicher Zugang zu religiösen Themen durch die übermächtige Arbeits- und Freizeitkultur der westlichen Gesellschaft sozusagen beschnitten wurde – denen ein Leben lang das spontane Interesse am Religiösen gedämpft und unterdrückt worden ist, so wie kreative, musische oder andere Aspekte des Humanen gedämpft und unterdrückt sein können in einer Gesellschaft, in der Arbeitswelt und kommerzielle Freizeitkultur totalitäre Ansprüche auf die Zeit und die Energie von Menschen erheben.

Andererseits hat sich jedoch eine Grundannahme einer älteren und verbreiteten Religionstheorie der Moderne nicht bestätigt, nämlich die Säkularisationsthese. Diese – zuerst in Ansätzen im 18. Jhdt. im Zuge der Aufklärung formuliert, später im 19. und 20. Jhdt. in vielen religionskritischen Modellen präzisiert – rechnete damit, daß in der Moderne Religion grundsätzlich weniger wird. Tatsächlich war die Erwartung bei nicht wenigen Stimmen aus unterschiedlichen Lagern, das, was gemeinhin »Religion« heißt, werde noch eine Weile wimmernd zu Boden liegen – und dann einen glanzlosen Tod sterben, ersetzt durch Wissenschaft und Kunst. In bildungsbürgerlichen Kreisen war auch in Deutschland eine solche Annahme (schon in der Zeit um 1900, und besonders in den 1960er und 1970er Jahren) nicht selten, wenn sie auch kaum je so deutlich ausgesprochen wurde. Als Theorie der Religionswissenschaft hat die Säkularisationsthese noch vor etwa 30 Jahren eine Reihe von Neuformulierungen erfahren. Aber tatsächlich ist es ja ganz anders gekommen. Die Säkularisationsthese muß als empirisch widerlegt gelten. Religion wird nicht »weniger« in irgend einer sinnvollen Bedeutung des Wortes. Aber sie wechselt ihre Gestalt, sie durch-

7

lebt Metamorphosen, sie lädt gesellschaftliche Bereiche »religiös auf«, bei denen das nicht vorhersehbar war, wenn traditionelle Religionen schrumpfen. In jedem Fall ist Religion wieder in den Mittelpunkt gesellschaftlichen Interesses gerückt – in Faszination und Abwehr, in ihren hellen und dunklen Gestalten. Sie wurde nicht weniger – sie nahm andere Gestalten an, zu denen auch Formen der Verweigerung gegenüber der Moderne gehören, aber natürlich und vor allem Formen des Wiederentdeckens spiritueller und als heilvoll erfahrener Überlieferungen.

Einerseits hat die multikulturelle Gesellschaft das Kennenlernen von Religionen erleichtert. Andererseits hat sie es aber auch erschwert. Es ist zunehmend leicht geworden, im Zuge des weltweiten Tourismus fremde Länder und eben auch Kultstätten und religiöse Plätze kennenzulernen. Viele Menschen haben schon in einem jungen Alter Moscheen und buddhistische Tempel, indianische Rituale oder das katholische Brauchtum der romanischen Länder »erlebt«. Sie leben daher nicht selten in der Illusion, fremde (oder eigene) Religionen zu »kennen«: sie haben sie ja »gesehen«. Internet und Fernsehen haben »visible religion« leicht zugänglich gemacht, und es ist auch nicht schwer, den Papst oder den Dalai Lama einmal »live« zu erleben. Reisen um die Welt sind leicht zu haben – wenn man Geld hat. Aber nicht wenige Reisende scheinen begabt, alles in einem spirituellen Sinn Wichtige dabei zu verpassen.

Vielleicht hat diese mediale und auch reale Präsenz von »visible religion«, sichtbarer Religion den gedanklichen Reichtum des Religiösen, seine spezifischen Deutungs- und Symbolpotentiale eher verdeckt. Die leichte Zugänglichkeit elementarer Information hat es für viele, leider sogar für sehr viele Menschen faktisch verschleiert, wie wenig sie tatsächlich über die Tiefen ihrer eigenen, geschweige denn einer anderen Religion wissen. Andererseits hat die Zahl der Suchenden sicher nicht abgenommen. Und eine gute und gesunde Neugier hat immer gewußt, daß Religion interessant, merkwürdig und oft faszinierend ist – und in ganz unerwartete Bahnen führen kann. Freilich ist Religion auch gefährlich – der Mensch ist nicht immer und unbedingt am edelsten da, wo er religiös ist. Die Themen »Religion und Gewalt«, »Religion und Terrorismus« sind allgegenwärtig. Sie verdecken nicht die lebenserschließende und -erhellende Kraft und Funktion von Religion: aber sie zeigen ihre Schattenseiten. In jedem Fall: ein solides Kennenlernen einer Religion ist nur über eine Beschäftigung mit ihren Heiligen Schriften möglich. Daneben verspüren viele Menschen auch ein gut nachvollziehbares Bedürfnis, Religionen an ihren Quellen – und aus ihren Quellen heraus – kennenzulernen. Dazu bietet dieses Buch eine Hilfestellung. Es führt ein in die Heiligen Schriften der großen Weltreligionen, blickt aber auch auf traditionelle Volksreligionen und ergänzend auf die zahlreichen Neuen Religiösen Bewegungen, deren Zukunft noch nicht ausgemacht ist. Sie alle sind Teil der entstehenden globalen multireligiösen Gesellschaft.

1956 veröffentlichte der Religionswissenschaftler Günter Lanczkowski (1917–1993) seine kleine Einführung »Heilige Schriften. Inhalt, Textgestalt und Überlieferung«, damals in der Reihe der »Urban Bücher« des Kohlhammer Verlages Stuttgart. In 18 knappen Kapiteln hat Lanczkowski ein in seiner Art geniales Resümee dessen vorgelegt, was ein gebildeter Mensch über dieses Thema wissen möchte, ohne zum »Fachmann« werden zu müssen. Es ist mir, wie ich hier gern zugestehen möchte, eine besondere Freude, für den Marixverlag Wiesbaden ein Büchlein zu schreiben, welches (wenn auch in etwas kürzerer Form) einem ähnlichen Zwecke dienen soll wie Lanczkowskis »Heilige Schriften« – die faktisch das erste Buch zum Thema waren, welches ich 1971/72 gelesen habe, als ich anfing mich ernstlich für die Religionen der Welt zu interessieren. Ich kann mich noch gut an die immense Faszination erinnern, welche Lanczkowskis Buch bei mir – und sicher auch bei anderen Leserinnen und Lesern – auslöste, und an die Leidenschaft, möglichst viele, wenn nicht alle der von ihm besprochenen Texte auch selbst in die Hände zu bekommen. (Man wird sich erinnern, daß dies lange vor dem Internetzeitalter war, und selbst das Fotokopieren in vielen Bibliotheken nicht ohne Komplikationen ablief – und nicht selten noch gar nicht möglich war).

Seitdem ist manches ähnliche Buch erschienen, wenn auch keines die Souveränität von Lanczkowski erreichte. Im deutschen Sprachraum nenne ich exemplarisch noch »Heilige Schriften. Eine Einführung«, hrsg. von Udo Tworuschka, Darmstadt 2000, eine gedanken- und materialreiche Sammlung von Essays

zum Thema. Mit 318 Seiten deutlich umfangreicher als Lanczkowski oder auch als der vorliegende Band, bietet Tworusch-
kas Sammelband einerseits mehr, andererseits durch manche
Beschränkung auch weniger als das ältere Werk aus den 1950er
Jahren. Im Gegensatz zu dem von Tworuschka herausgegebe-
nen Band soll das vorliegende Buch durchgehend allgemeinver-
ständlich sein. Für das weitergehende Studium ist der von Udo
Tworuschka hrg. Band eine nützliche und gern empfohlene An-
schaffung, die vielfach über neuere Forschungen informiert. Vor
allem im anglo-amerikanischen Sprachraum existieren zudem
eine Reihe populärer, oft esoterisch geprägter Darstellungen zur
Sache. Ich nenne exemplarisch Rufus C. Camphausen, »The Divine Library. A Comprehensive Reference Guide to the Sacred
Texts and Spiritual Literature of the World«. Rochester, VT 1992.
Der Wert dieses und mancher ähnlicher Bücher ist leider nur
sehr begrenzt.

Insgesamt steht zu befürchten, daß die sehr viel leichtere Zugänglichkeit der Texte im Internet- und Amazon-Zeitalter doch
die Zahl ihrer sorgfältigen Leserinnen und Leser nicht unbedingt erhöht hat. Das ist bedauerlich. Es wäre mir eine große Befriedigung, wenn die nachfolgende Einführung in die Heiligen
Schriften der Religionen bei manchen Leserinnen und Lesern
eine ähnliche Nachfrage nach den Texten selbst auslösen würde, wie es bei mir seinerzeit durch Lanczkowskis Buch geschehen war. Nur daran soll aus meiner Sicht sein Wert bemessen
sein: führt es zu den Texten hin, öffnet es Türen zu den Heiligen
Schriften selbst. Eine Textanthologie ist in diesem Rahmen nicht
möglich. Wenn bei einem übersetzten Zitat der Übersetzer nicht
angegegeben ist, stammen die Übersetzungen vom Verfasser
dieses Buches. Die Darstellung beginnt mit biblischen Texten,
weil an fortlaufende (nicht einfach blätternde) Lektüre gedacht
ist, und Leserinnen und Leser unseres Kulturraumes von Ver-
trauterem zu weniger Vertrautem geführt werden sollen.

Auf wissenschaftliche Transkriptionen mit zahlreichen dia-
kritischen Zeichen wurde verzichtet. An einigen Stellen wurden
vereinfachte wissenschaftliche Transkriptionssysteme verwendet, insbesondere wenn Begriff und Titel von Werken neu eingeführt werden.

Ein Wort noch zum Umschlag dieses Buches. Abgebildet ist eine indische Miniatur der Pahari-Schule (19. Jhdt.), welche im traditionellen »Guler-Stil« der Mogulkunst die Silbe OM darstellt, die in vielen indischen Religionen als Ausdruck der Essenz des göttlichen Prinzips gilt (Gouache auf Papier., Inv. 756, Benares, Bharat Kala Bhawan Museum).

Hofheim am Taunus, Januar 2007

1. Heilige Schriften: eine Arbeitsdefinition

Als heilige Schriften bezeichnet die Religionswissenschaft die normativen Texte von Religionen. Der Begriff ist damit allerdings vorerst nur ungenau bestimmt und wird in der Religionswissenschaft auch meist als eher vager Ober- oder Referenzbegriff verwendet. Die einzelnen Religionen verstehen unter ihren normativen Texten etwa je sehr unterschiedliches. Dazu treten die Außenwahrnehmung durch andere Religionen, und die vielschichtige Auslegungs- und Rezeptionsgeschichte Heiliger Texte. Es ergibt sich ein breites Spektrum von Möglichkeiten, was in einer Religion oder in einem kulturellen Umfeld als »heiliger Text« gesehen werden kann. Auch die Autorität, die diesem Text zugebilligt wird, kann ganz unterschiedlich gestaltet sein. Dennoch besteht – auch umgangssprachlich – ein gewisser Konsens, an den wir anknüpfen können. Die Bibel und den Koran, den Pali-Kanon des Theravadabuddhismus oder auch das Buch Mormon wird jeder sofort als heilige Schriften lebender Religionen identifizieren. In vielen Fällen ist die Entscheidung aber sehr schwierig. Schon die klassische griechische Kultur und Religion besaß kein »heiliges Buch« im Sinne einer Bibel. Aber Homer war mit seinen beiden großen Epen Ilias und Odyssee eine konstante Referenzgröße für die gesamte hellenistische Welt, und viele kleinere religiöse Gruppen (Orphiker, Pythagoreer, Hermetiker, manche Mysterienreligion) besaßen normative und von ihren Anhängern verehrte Texte. Wir werden sie aus unserer Betrachtung jedenfalls nicht von vornherein ausschließen, sondern fragen, wie sich die Rezeptionsphänomene solcher Texte dem Existenzmodus einer Heiligen Schrift zumindest annähern.

Wir bezeichnen als »Heilige Schriften« im Sinne einer »Familienähnlichkeit« Schriften, die eine größere Anzahl der folgenden Eigenschaften innehaben (wobei jede einzelne der genannten Eigenschaften aber auch fehlen kann):

1. Die Schrift wird von einer Religionsgemeinschaft als normativ betrachtet, d.h. Fragen des Glaubens, des Rituals und der Ethik werden unter Berufung auf sie entschieden. Diese Entscheidung wird meist als letztgültig betrachtet.

2. Die Schrift spielt eine grundlegende Rolle im Gottesdienst, in Kult und Ritual einer Religionsgemeinschaft und wird dort – oft in einer besonderen und feierlichen Art und Weise – im Wortlaut zitiert.

3. Die Mitglieder einer Religionsgemeinschaft betrachten die Schrift als Gründungsdokument, als zentralen Text oder zentrale Referenzgröße ihrer Religion.

4. Die Schrift wird intensiv ausgelegt, d.h. interpretiert; eventuell haben sich eigene Richtungen und Schulen um verschiedene Auslegungsmöglichkeiten gebildet.

5. Die Schrift gilt als in besonderer Weise von der Gottheit bzw. den Göttern inspiriert oder mit einer Gründerpersönlichkeit verbunden. Oft ist sie das eine und wesentliche Dokument (bzw. Sammlung von Dokumenten), welches die Lehre der Gründerpersönlichkeit (wenn die Religionsgemeinschaft eine solche kennt) ausdrückt. In jedem Fall legitimiert sich eine Heilige Schrift oft durch einen besonderen, mit dem anderer Bücher nicht zu vergleichenden Ursprung. Dabei spielen Interpretamente einer Offenbarung bzw. eines Offenbarungsempfanges eine besondere Rolle, z. B. die biblische Idee einer Inspiration, einer Eingebung durch den Heiligen Geist.

6. Umfang und Text der Schrift oder Schriftensammlung waren in einer Anfangsphase der Religion noch weniger bestimmt, wurden aber – oft in einem formalen, institutionell abgesicherten Akt – fixiert (»kanonisiert«). Im Falle einer Schriftensammlung ist der Umfang der Bücher, welche Teil der Sammlung sind, präzise festgelegt, oft gilt das auch für ihre Reihenfolge. Daneben existieren oft andere Gruppen von Texten (»Apokryphen«), die ehemals oder nur bei einer Teil- und Splittergruppe der Religionsgemeinschaft als Teil derselben Sammlung heiliger Schriften galten oder gelten. Aber die Geltung einer Heiligen Schrift hängt nicht unbedingt an einer Kanonisierung; diese ist nur ein möglicher Modus der Stabilisierung heiliger Bücher in ihrer Funktion für eine Gemeinschaft.

7. Die Schrift oder Schriftensammlung sammelt in als besonders authentisch geltender Weise die Überlieferungen, das Erzählgut, die Offenbarungsinhalte, Lieder, Rituale oder weisheitlichen Texte einer Religionsgemeinschaft.

8. Die Schriftensammlung sammelt oft die – faktisch oder der Überlieferung zufolge – ältesten Texte und Zeugnisse einer Religionsgemeinschaft.

9. Die Schriften werden in der Frömmigkeit einer Religion mit besonderer Liebe und Verehrung gelesen und zitiert, sie inspirieren Kunst, Ethik, Literatur, Musik und Erzählkultur stärker als andere religiöse Texte.

10. Die Schrift gilt als in einer himmlischen oder jenseitigen Welt sozusagen »archetypisch« präsent. Oft besteht die Vorstellung, daß sie den Menschen eigens offenbart wird, aber bei Gott oder den Göttern schon vor ihrer irdischen Niederschrift existiert hat.

11. Die Schrift wird von einer Religionsgemeinschaft begrifflich oder in einem rituellen Vollzug von anderer religiöser Literatur unterschieden. Sie hat einen qualitativ anderen und höheren Stellenwert als sonstige religiöse Literatur, auch wenn diese andere Literatur durchaus hochgeschätzt wird. Besondere Zitationsformeln können das verdeutlichen.

12. Es gelten besondere Regeln für den respektvollen Umgang mit dem materiellen Träger der Schrift, d.h. mit dem Buch, der Schriftrolle o.ä. Diese unterscheiden Heilige Texte deutlich von sonstiger Buchkultur.

Keines dieser Kriterien definiert allein eine Heilige Schrift. Jedes dieser Kriterien kann auch fehlen. Insofern handelt es sich um eine »Familienähnlichkeit« von Texten. Familienähnlichkeiten definieren sich über eine Reihe von (optischen oder Verhaltens-)Eigenschaften, von denen jede einzelne auch ausfallen kann, die aber doch zusammengenommen das »Typische« einer Familie beschreiben. Einige weitere Erklärungen und erste Beispiele werden hilfreich sein.

Zu 1. Dabei sind Heilige Schriften – um eine Unterscheidung aus der altprotestantischen Orthodoxie zu verwenden – eher Norma normans (verbindliche Norm, die selbst anderes normiert) als Norma normata (Norm, die sich ihrerseits an einer übergeordneten Norm messen lassen muß). Mit dieser Begrifflichkeit unterschieden die lutherischen Kirchen im späten 16., frühen 17. Jhdt. zwischen der Art von Verbindlichkeit und Normativität, welche der Bibel (als der christlichen Heiligen Schrift) einerseits und den lutherischen Bekenntnisschriften (Texten wie der Confessio Augustana von 1530 oder dem zusammenfassenden Konkordienbuch von 1580) andererseits zukamen. In der Religionsgeschichte ist dieses Kriterium oft weniger zentral als vom Christentum her zu erwarten: viele Heilige Schriften normieren z. B. eher Rituale und Gebete (die Veden, das Avesta) als Glaubensvorstellungen.

Zu 4. Oft werden Streitigkeiten und Diskussionen in einer Religion unter Berufung auf ihre Heiligen Schriften geführt. Wörtliche Zitate sind dabei von großer Bedeutung. Auch gibt es – parallel in verschiedenen Religionen – verschiedene Typen von Auslegungen. »Puristen« wollen die Religion freihalten von späteren Entwicklungen, und vertreten oft ein »sola scriptura«-Prinzip wie der christliche Protestantismus. »Mystiker« wollen einen verborgenen Tief- und Hintersinn heiliger Schriften entdecken, der sich oft erst in der Versenkung oder existentiellen Berührung mit der Gottheit erschließt. »Dogmatiker« wollen die inhaltlichen Aussagen Heiliger Schriften in kohärente gedankliche Systeme fassen und diese vor den Fragen ihrer Gegenwart verantworten, usw. Die Muster der Schriftauslegung ähneln sich in den verschiedenen Religionen erstaunlich, auch wo es keine direkten kommunikativen Kontakte gegeben hat. Es ließe sich geradezu eine Typologie des interpretierenden Umganges mit Heiligen Schriften aufstellen, wie er in den verschiedenen Religionen praktiziert wird. Wichtig ist die nahezu universelle Gültigkeit des Phänomens »Auslegung«. Heilige Texte sind konstante Referenzgrößen für die gedankliche Entwicklung und Vertiefung von Religionen.

Zu 5. Offenbarungsliteratur – also Texte, die beanspruchen, aus einer göttlichen Offenbarung zu stammen, oder von denen das geglaubt wird – und Heilige Schriften überschneiden sich, sind· aber keineswegs identisch. Während im jüdisch-christlichen Bereich das zentrale Interpretament der Offenbarung die Inspiration ist – Heilige Texte gelten als vom Heiligen Geist inspiriert (s. unter Kap. 2.) – existieren in anderen Religionen auch andere Interpretamente religiöser Legitimation. Die tibetische

Literatur etwa – um ein uns kulturell fernerliegendes Beispiel zu kontrastieren – kennt eine eigene Kategorie des »Schatzfundes«: Bücher, die nach der Legende vorzeiten von bedeutenden heiligen Männern geschrieben und in der Erde (etwa in Gräbern), in Klostermauern oder Götterstatuen verborgen und zu einem späteren Zeitpunkt »entdeckt« werden. Diese Texte heißen auf tibetisch gTer-ma »Schatz, Lagerhaus«, der Entdecker ist ein gTer-ston »Schatzfinder«. In der Nyingma-Schule des tibetischen Buddhismus sind sie v.a. mit dem hochverehrten Namen Padmasambhavas verbunden (tibetisch Guru Rinpoche), der den Buddhismus in Tibet im 8. Jhdt. begründete. Die tibetische Überlieferung kennt sogar Texte, welche der Sage nach mehrere Phasen der »Verborgenheit« erlebt haben, und jeweils wiederentdeckt wurden.

Eine Erzählung von der Auffindung Heiliger Bücher im Grab des altrömischen Königs Numa im Jahr 181 v. Chr. wurde in der späten Republik von Varro überliefert (bei Plinius d. Ält., Naturalis historia 13, 84–87; Augustinus, De civitate dei 7, 34, 1-15). Auch an das Buch Mormon und seine Auffindungsgeschichte wird man denken dürfen (s. Kap. 23), und eine arabische Legende wohl aus dem 8. Jhdt. weiß zu erzählen, wie der griechische Weise Balinas (Apollonius von Tyana, 1. Jhdt. n. Chr.) in einer Grabkammer die Urfassung der »Tabula Smaragdina« gefunden habe, des Grundtextes der arabischen Alchemie, die ein mumifizierter König auf einem goldenen Thron in Händen hält. Weitere und ganz unterschiedliche Legitimations- und Autorisierungsmuster Heiliger Schriften werden uns im folgenden passim begegnen. Wichtig ist es, hier nicht einfach die jüdisch-christlichen Vorstellungen zu verallgemeinern. Was eine Schrift »heilig« (o.ä.) macht, wird in den verschiedenen Religionen ganz unterschiedlich bestimmt bzw. narrativ ausgefüllt. Den Topos, die Heiligen Schriften seien einmal »vergessen« worden, und hätten dann neu von Esra veröffentlicht werden müssen, kennt freilich auch das Judentum (babylonischer Talmud, Sukka 20a); doch ist nicht an einem materielle Wiederauffindung gebracht (doch vgl. in Kap. 2 zur Auffindungslegende des Deuteronomiums). Er erreicht aber nie jene Bedeutung, die er v. a. in Tibet hat.

Noch eine weitere, dem heutigen Menschen fremde Vorstellung kann das verdeutlichen. Eher eine volkstümliche Form von

Offenbarungsliteratur ist auf den ersten Blick der *Himmelsbrief,*
ein Text (oft in Briefform), der beansprucht, im buchstäblich-
materiellem Sinn aus dem Himmel zu stammen, also z. B. von
einem Engel überreicht worden zu sein. Solche Himmelsbrie-
fe spielen in der christlichen, aber z. B. auch der chinesischen
Sagen- und Legendenbildung eine Rolle, sie werden vielfach
als Amulette und Talismane verwendet (z. B. als Stallsegen, als
Sprüche gegen Kriegsgefahr oder Feuersbrünste, oder als Orakeltexte), und gehören meist in den Bereich des Schutzzaubers
und seiner Legitimitionsvorstellungen. In den Bereich eigentli-
cher Heiliger Schriften im engeren Sinn führen sie zwar kaum,
sondern bilden eher ein Stück verbreiteten Volksglaubens. In
Deutschland waren noch in den 1920er Jahren in Form bedruck-
ter Bilderbogen wohlbekannt. Dabei hatten sich bestimmte feste Typen herausgebildet (Gredoria-Typ, Holsteiner-Typ, Graf-
Philipp-Brief, Kaiser-Karl-Brief u.a.). Die christlichen Kirchen
haben ihre Verbreitung meist als abergläubisch zu verhindern
versucht, allerdings ohne großen Erfolg. »Himmesbriefe« gab
es jedoch auch schon z.B. in der antiken jüdischen und altchrist-
lichen Literatur (Hesekiel 2, 9-3, 2; vgl. Apk. 10 und die »Ad-
lerbriefe« Paralipomena Jeremiou 7f.), in altkirchlichen Sekten
(Eusebius, Historia ecclesiatica VI, 38 von den Elkesaiten), und
auch schon im alten Ägypten (Totenbuch). In der hellenistischen
Literatur ist das Motiv nicht selten (Briefe des Asklepios), zuweilen satirisch verfremdet (so bei Lukian im 2. Jhdt.). Vielleicht
verwendet 2. Kor. 3, 3 den Himmelsbrief als Metapher für den
von Gott gesandten Apostel.

Zu 8. Manche Sammlungen Heiliger Schriften enthalten daher – wie das Alte Testament – auch durchaus profane (weltliche)
Texte, weil diese eben Teil der wenigen wirklich »alten« erhaltenen Schriften sind. »Alter« hat im Kontext Heiliger Schriften
oft eine besondere, religiöse Qualität. Heilige Schriften sind oft
Dokumente eines sakralen »Anfangs«, einer heiligen Zeit.

Zu 9. Zum besonderen Umgang mit den heiligen Schriften
einer Religion gehört insbesondere das *Auswendiglernen* von
Texten. In vielen islamischen Ländern sind z. B. Wettbewer-
be in der Kenntnis des Korans beliebt – mittlerweile auch als
Fernsehinszenierungen mit Showelementen (etwa im ägyptischen Fernsehen). Zahlreiche Heilige Schriften wurden jahr-

hundertelang überhaupt nur mündlich übermittelt, bei vielen hat die mündliche Tradition immer ein Eigengewicht neben der schriftlichen Überlieferung gehabt. So gilt es etwa für den hinduistischen Raum, wo die Veden bis in die jüngste Zeit immer eher von einem Lehrer und daneben im kultischen Vollzug als allein aus Büchern erlernt wurden. Zahlreiche gebildete Hindus können zumindest die (jüngere) Bhagavadgita auswendig. Die evangelischen Kirchen in Deutschland haben sich erst seit wenigen Jahrzehnten von der alten Praxis des Auswendiglernens heiliger Texte etwa im Konfirmandenunterricht verabschiedet (beziehungsweise sie auf ein Minimalmaß reduziert). In anderen Religionsgemeinschaften wäre eine solche Minimierung des religiösen Lernstoffes undenkbar, so ist es in den Ländern des Theravada-Buddhismus üblich, daß Kinder eine Reihe elementarer ethischer Regeln (z. B. die 5 *silas*), daneben aber auch manche Verse aus dem Dhammapada auswendig lernen, wenn irgend möglich auch auf Pali. Daneben wird die Schrift selbst oft an Texten aus den Heiligen Büchern erlernt. So erwerben bereits 4- und 5-jährige Kinder in Koranschulen (Madrassen) Koran- und damit auch Arabischkenntnisse. Zumindest die 1., die 96. und die 112. Sure kann sehr bald jedes islamische Kind auswendig; bis zum Erwachsenenalter tritt auch bei nicht-akademisch gebildeten Muslimen nicht selten praktisch der ganze Koran hinzu. Wer alle 6236 Verse des Koran (die Zählungen variieren) auswendig und auch tatsächlich aufsagen kann, darf sich stolz »Hafiz« nennen – eine Ehre, die in allen islamischen Ländern mit Prestige und Ansehen verbunden ist. Auch blinde oder sonst körperbehinderte Menschen werden gerne »Hafiz«, und können sich auf diese Weise Prestige und eventuell eine Einnahmequelle erwerben, wenn sie zu feierlichen Koranrezitationen geladen werden. Der traditionelle (rabbinische) jüdische Unterricht begann mit der Lektüre des Buches Leviticus und orientierte sich die ersten Jahre fast ausschließlich an Texten der hebräischen Bibel, eher er später zu Mischna und Talmud fortschritt. Auch dabei hatte das Auswendiglernen einen altgeheiligten Platz inne.

Häufig sind bestimmte, für andere Bücher nicht übliche Methoden und Stile des Rezitierens, des öffentlichen Vortrags, überhaupt der inszenierenden Performanz. Die jüdische Tora und der islamische Koran werden traditionell in ganz spezifischer, kantilierender Weise vorgetragen, die eigens erlernt werden muß. Auch im christlichen Kontext hat eine Schriftlesung im Gottesdienst einen anderen »Klang« als ein sonstiges Zitat. (Selbst evangelischer und katholischer Vortragsstil lassen sich dabei oft deutlich unterscheiden). Diese Besonderheit des »Klangs« macht die Heiligen Texte einer Religion für die Gläubigen leichter identifizierbar, und drückt eine besondere Wertschätzung aus. Das »Chanten« heiliger Texte in buddhistischen Klöstern, das in gleichbleibendem Rhythmus und meditativer Versenkung geschieht, gehört zu den unvergesslichen Eindrükken für jeden Besucher. (Ihm korreliert die inhaltliche Redundanz vieler buddhistischer Texte, die eben für einen solchen meditierenden Vollzug geschrieben sind, der mit abendländischen Lesegewohnheiten praktisch unvereinbar ist). Das »Chanten« dient für Mönche und Nonnen im Buddhismus sowohl meditativen Zwecken als auch der Überwindung böser (z. B. unangemessener libidinöser) Einflüsse. Es schaltet den Geist von unruhiger Bewegtheit zu ruhiger Betrachtung um, und darf keinesfalls als »mechanische« rituelle Übung mißverstanden werden. Die Nachahmung des typischen Rezitationsstils für Heilige Schriften mit profanen Texten in einer nichtreligiösen Situation (z. B. einem Kabarett) hat für Gläubige oft etwas absichtlich Provozierendes, Religionsverachtendes, zuweilen geradezu Blasphemisches. Das Wissen um solche Empfindlichkeiten (die in hohem Maße kulturell variabel sind) gehört zur notwendigen Allgemeinbildung einer künftigen multireligiösen Gesellschaft (womit noch keineswegs präjudiziert sein soll, wie mit dabei entstehenden Problemen umzugehen sein wird).

Eine verehrende Rezeption muß nicht primär inhaltlicher Art sein (und dann pädagogisch vermittelt werden), sondern kann z. B. auch Ikonographie, Theater, Musik prägen. Heilige Schriften bestimmen nicht nur, was Religionen glauben – sie spannen einen Symbolraum aus, ein symbolisches Universum, in dem Gläubige leben und das ihre Lebenserfahrungen deutet und verstehbar macht. Sie prägen nicht nur ethische Praxis, sondern auch und oft vor allem rituelle Vollzüge. Dieser rituelle Bezug Heiliger Texte ist für Christen oft gewöhnungsbedürftig, die geneigt sind, Texte in erster Linie als Träger von »Inhalt«,

»Bedeutung« zu verstehen. Aber viele Heilige Texte sind rituelle Handlungsanweisungen (z. B. im Falle von Avesta und Veden), die daher oft nur in Form von Andeutungen und Anspielungen erzählendes Gut tradieren. Begrifflich entfaltete »Theologie« kann aus solchen Texten oft überhaupt nicht entnommen werden; diese liegt nicht in ihrem Blick.

Zu 10. Die Tora gilt in manchen Richtungen des Judentums als Bauplan der Welt, d.h. es besteht die Vorstellung, Gott habe die Welt nach der schon vor Beginn der Welt (»präexistent«) bestehenden Tora geschaffen und gestaltet. Ähnlich glauben viele Muslime, der Koran existiere im Himmel als himmlisches Urbild bzw. sogar als eine Art »Urexemplar«, welches dem Propheten Mohammed sukzessive offenbart worden sei. Damit wird die Welt in ihrer Geschöpflichkeit zu einer Art Entfaltung der Tora bzw. des Korans. Solche Gedanken eignen sich zur philosophischen Vertiefung und Ausdeutung. Sie stehen im allgemeinen nicht am Anfang der Geschichte der betreffenden Religionen, sind aber doch von hohem Alter. Verwandt ist im Judentum z. B. die schon sehr früh bezeugte Idee, die Stiftshütte oder später der Tempel, also das zentrale Heiligtum der Überlieferung, sei nach einem »himmlischen Bauplan« erbaut worden (Ex. 25, 9. 40: die Stiftshütte wird nach dem *tabnit* »Modell« geschaffen, das Mose auf dem Berg Sinai gesehen hat). In einem weiteren Schritt wurde die Tora mit der präexistenten Weisheit, mit deren Hilfe Gott die Welt geschaffen habe, identifiziert (Sirach 1, 1-5. 26; 15, 1; 24, 1ff.; 34, 8; vgl. schon Sprüche 8, 22-31). Zur Annahme einer förmlichen Präexistenz der Tora war es dann nicht weit (Genesis Rabba 1, 4; babylonischer Talmud, Pesachim 54a u.ö. gehört die Tora zu den sechs bzw. sieben Dingen, die vor der Welt selbst erschaffen wurden). Nach dem Jerusalemer Talmud, Scheqalim 6, 1, 49d war sie in schwarzem Feuer auf weißem Feuer geschrieben. Nach Rabbi Aqibah (2. Jhdt.) war sie das Instrument, mit dem Gott die Welt schuf (Mischna Abot 3, 14). Andere jüdische Denker wie Saadja Gaon haben solche Ideen abgelehnt; sie waren für Juden nie »Dogma«, sondern ein traditionelles Interpretament der Toraverehrung. Auch der Koran wurde nach islamischer Überzeugung »herabgesandt« (Koran, Sure 26, 195 u.ö.), d.h. er existierte bereits vor seiner Offenbarung an den Propheten. Damit wird er zur »Mutter des Buches« (Sure

43, 3f.). Nur die Engel können diese Urschrift berühren (Sure 56, 77-80). Zwar versuchten auch im Islam die Mu´taziliten u.a. eher rationalistisch geprägte Theologien, die Vorstellung eines »himmlischen Buches« zu vermeiden, haben sich damit aber nicht durchsetzen können. Andere mythologische Interpretamente für den Ursprung Heiliger Schriften werden uns im folgenden immer wieder begegnen.

Das Motiv des Heiligen Buches überschneidet sich hier mit dem an und für sich nicht identischen Motiv des »Himmlischen Buches«. Schon altorientalisch sind die »Schicksalstafeln« der Götter, die auch im Schöpfungsgeschehen eine Rolle spielen. Seltener ist die Verehrung eines irdischen »Urexemplares«, obwohl alte Papyri, Inschriften o.ä. mit Heiligen Texten, die dicht an der Zeit ihres Ursprunges liegen, immer besonderes Interesse gefunden haben. Im Normalfall aber verfügen Religionen kaum über die Autographen ihrer Heiligen Schriften; die ältesten Textzeugen des Neuen Testaments etwa stammen aus dem 2. Jhdt.

Zu 12. Muslime wundern sich oft über den von ihnen als respektlos erlebten Umgang von Christen mit der Bibel, d.h. mit dem materiellen Gegenstand eines Bibelbuches. Muslime selbst dagegen waschen sich z. B. meist die Hände, bevor sie einen Koran aufschlagen, sie bewahren ihn in einer besonderen Hülle, an einem geschützen und hervorgehobenen Ort und auf jeden Fall getrennt von anderen Büchern auf. Sie würden den Koran niemals auf dem Boden oder an einem unreinen Ort liegenlassen. Viele Religionen haben feste Tages- oder Wochenzeiten, zu denen das Studium oder die Lektüre der heiligen Schrift zur festen Gewohnheit gehören. Oft ist dies z. B. der frühe Morgen, so bei den Sikhs oder den Mitglieder der koreanischen Vereinigungskirche (vgl. auch Koran, Sure 17, 78). Häufig sind auch im privaten Vollzug besondere Traditionen des Zitierens oder Kantilierens der Texte, die ein Schriftzitat oder eine Schriftlesung sofort erkennbar machen.

Im traditionellen Judentum werden unbrauchbar gewordene Heilige Schriften (auch andere Bücher, die den Gottesnamen enthalten) nicht weggeworfen, sondern in einem besonderen Raum der Synagoge gesammelt (der »Geniza«), der schließlich, wenn er angefüllt ist, zugemauert wird. Ähnlich werden auf Sri

Lanka schadhaft gewordene Texte in Dagobas aufbewahrt, den »Hügelschreinen«, die auch als Reliquienstätten dienen und weithin sichtbar sind (andernorts im indischen Raum heißen sie Stupas).

Literatur (Allgemeines): Außer den im Vorwort genannten Büchern vgl. u.a. Frederick F. Bruce, Ernest G. Rupp (Hrg.), Holy Book and Holy Tradition. Manchester 1968 * Frederick M. Denny, The Holy Book in Comparative Perspective. Columbia, SC 1985 * Harold G. Coward, Sacred Word and Sacred Text. Scripture in World Religions. Maryknoll, NY 1988 * Jacob Neusner (Hrg.), Religious Writings and Religious Systems. Systematic Analysis of Holy Books in Christianity, Islam, Buddhism, Graeco-Roman Religions, Ancient Israel, and Judaism. Atlanta, GA 1989 * Wilfred Cantwell Smith, What is Scripture? A Comparative Approach. Minneapolis, MN 1993.

Von heiligen Schriften zu unterscheiden sind *Klassiker*. Diese gelten in Inhalt und Stil oft als vorbildlich, besitzen aber nicht den begründenden Rang, den Heilige Schriften für eine Religion innehaben. Insbesondere verbinden sich mit ihnen meist nicht die spezifischen Legitimationsvorstellungen, die Heilige Schriften kennzeichnen (»göttliche Inspiration« oder sonst übernatürlicher Ursprung). Doch sind die Grenzen fließend. Zusammenfassende Studien über Heilige Schriften enthalten z. B. oft auch ein Kapitel über die jüdischen Talmude (den babylonischen und palästenischen Talmud, die in der Spätantike entstanden sind). Diese galten im Judentum niemals als Heilige Schriften, sind aber in gewissem Maße für das rabbinische Judentum normativ (vor allem der babylonische Talmud) und stellen in jedem Fall Klassiker einer wesentlichen Richtung des Judentums dar. Und etwa im Buddhismus gelten auch viele späte Texte, die niemals Teil eines Kanons im engeren Sinn wurden, als »übernatürlich verursacht bzw. offenbart«. Andere Schriften sind im religiösen Alltag als Bild- und Metaphernspender und Quelle wesentlicher Vorstellungen allgegenwärtig, aber dennoch keine Heiligen Schriften. Viele solcher Grenzfälle werden in diesem Buch näher zu diskutieren sein. Puristische Grenzziehungen und allzu enge Definitionen sind für unser Thema nicht nützlich. Doch sind verehrte religiöse Texte einer Tradition deswegen noch keine Heiligen Schriften. Eine zu weite Ausweitung des Begriffs ent-

spricht nicht dem Verständnis der Religionen von ihren schriftlichen Überlieferungen und ist deshalb auch religionswissenschaftlich nicht sinnvoll. Im allgemeinen betrachten wir als die
Heiligen Schriften einer Religion solche Texte, die von diesen
selbst – etwa im interreligiösen Gespräch – mit einem solchen
Rang und Status versehen werden. Die unterschiedlichen Le-
gitimationsmodelle u.ä., die dabei zum Tragen kommen, sind
selbst Gegenstand religionswissenschaftlicher Forschung, nicht
aber Bewertung.

Ein weiterer wichtiger Punkt ist zur Sprache zu bringen. Heilige Schriften sind dies als Ausdruck einer *Religionsgemeinschaft*.
Sie sind eine soziale Größe, d.h. sie erhalten ihren Rang, ihren
Status, ihr Ansehen wesentlich durch eine Gemeinschaft. Innerhalb dieser Gemeinschaft können sie in ganz unterschiedlicher
Weise Verwendung finden, aber ohne Religionsgemeinschaft
gibt es keine Heiligen Schriften. Auch dies unterscheidet sie von
»spirituellen Klassikern«, vor allem in der modernen westlichen
Welt. Klassiker sind Teil einer allgemeinen Kultur; sie werden
nicht durch ihre Funktion für eine Religionsgemeinschaft bestimmt. Viele Heilige Schriften werden zu spirituellen Klassikern – oft gerade auch, manchmal sogar in besonderer Weise,
außerhalb der sie tragenden Religionsgemeinschaft, wie es mit
der Bhagavadgita oder dem Daodejing im Westen geschehen ist.
Aber umgekehrt sind Klassiker deswegen noch keine Heiligen
Schriften, vor allem wenn ihre Rezeption nur ein individueller
Akt bleibt, und sie keine in irgendeinem Sinn »offizielle« Funktion für eine Religionsgemeinschaft haben.

Nicht alle Religionen sind Schriftreligionen. Tatsächlich ist
der Typ der Schriftreligion erst historisch entstanden, und zwar
keineswegs parallel zur Entstehung von Schriftlichkeit bzw. einer Schriftkultur überhaupt. Carsten Colpe hat vor Jahren die
These vertreten, es habe überhaupt nur zwei voneinander unab-
hängige Prozesse der Kanonisierung Heiliger Texte in der Religionsgeschichte gegeben: denjenigen des Alten Testaments (der
Hebräischen Bibel), und denjenigen des Tripitaka, des ältesten
buddhistischen Kanons. Alle anderen Kanonisierungsprozesse
seien in Anknüpfung und Widerspruch von diesen letztlich abhängig – das Neue Testament, der Koran, das Buch Mormon etc.
vom Alten Testament, der jainistische und hinduistische Kanon

und auch die diversen Kanones der chinesischen Religionen letztlich vom buddhistischen Kanon (z. T. in bewußter Nachahmung, die aber auch der Abgrenzung dienen kann). Diese These ist mit einiger Sicherheit überzogen – sie ist z. B. weder für das Avesta noch für den chinesischen Raum plausibel. Sie weist aber doch darauf hin, daß sich viele Heilige Schriften – gerade *als Heilige Schriften, als Kanon einer Religionsgemeinschaft* – im stillschweigenden oder auch lauten kritischen Gespräch mit anderen Religionen befinden. Der Koran ist ohne die islamischen Theorien über angebliche Verfälschungen der jüdischen und christlichen Heiligen Texte nicht zu verstehen. Der Pali-Kanon polemisiert heftig gegen die Welt des älteren Brahmanismus, einer frühen Form des Hinduismus. Das Buch Mormon ist von Anfang an als »3. Testament«, als Ergänzung der christlichen Bibel geschrieben, usw. Andererseits versteht sich etwa das Neue Testament des Christentums als Zeugnis einer »Erfüllung« der Prophetien des Alten Testaments, setzt dieses also ständig voraus. Diese sehr unterschiedlichen Formen der Bezugnahme auf frühere »Kanones« als Referenzgrößen müssen in eine vergleichende Analyse der Heiligen Schriften einbezogen werden. Man kann dies die durchgehende Referentialität Heiliger Texte nennen.

Literatur: Carsten Colpe, Art. Heilige Schriften, Reallexikon für Antike und Christentum 14 (1988), 184–223 * Ders., Sakralisierung von Texten und Filiationen von Kanons. In: Aleida und Jan Assmann (Hrg.), Kanon und Zensur. München 1987, 80–92.

Es besteht die sehr auffällige Tendenz, daß *alle Religionen*, die im Kontakt mit – oder im Schatten – einer Schriftreligion stehen, Züge einer solchen annehmen. Dies geschieht durch Verschriftlichungs-, Kanonisierungs- und Sakralisierungsprozesse von traditionellen Inhalten. Dies Beobachtung gilt keineswegs nur im Umfeld von Christentum und Islam. Z. B. bildet die alttibetische Bonreligion im Umfeld des buddhistischen Kanons (in seiner tibetischen Gestalt als Kanjur und Tanjur) selbst nicht nur Heilige Schriften, sondern einen organisierten Kanon ihrer Heiligen Texte heraus. Im islamischen Kulturraum hat die Differenzierung zwischen Religionen, die ein Offenbarungsbuch besitzen (ahl al-kitab »Volk des Buches«), und solchen, bei denen das nicht der Fall ist, zu weitreichenden Veränderungen in der »religiösen Landschaft« des Orients geführt. Religionsgemeinschaften konnten sich in der islamischen Welt nur behaupten, wenn sie Schriftreligionen waren. Als solche waren sie im Islam zumindest grundsätzlich geduldet (mußten aber z. B. eine Kopfsteuer zahlen), während Polytheisten ohne »Heilige Texte«, die sich auf eine nach islamischer Theologie authentische Offenbarung nicht berufen konnten, im Zuge der Ausbreitung des Islam regelmäßig vor die Wahl Tod oder Konversion gestellt wurden. Mandäer, Zoroastrier und andere Gruppen haben sich im Zuge dieser Rahmenvorgaben klarer als vormals als Buchreligionen und Gründungen durch eine biblische bzw. koranische Prophetengestalt profiliert; die erwähnten gnostischen Mandäer etwa haben Johannes den Täufer zum zentralen Gewährsmann ihrer Überlieferung gemacht, was er in vorislamischen mandäischen Traditionen noch nicht ist.

Sinnvoller als eine zu enge literarische Abgrenzung Heiliger Schriften ist eine mehrschichtige Typologie, die auch Rand- und Grenzphänomene berücksichtigt, insbesondere in religionssoziologischer Hinsicht. Dabei sind verschiedene Unterscheidungskriterien möglich. Eine auf den ersten Blick schlichte Unterscheidung nach der Länge der Texte führt in Wahrheit bereits auf wichtige soziologische Differenzen:

1. Manche religiöse Gruppen besitzen *ein heiliges Buch* von beschränktem Inhalt und Umfang, welches in vielen Fällen v.a. die Differenz gegenüber einer Mutterreligion definiert. So wird man sich den judenchristlichen Gebrauch von Varianten des Matthäusevangeliums vorzustellen haben (»Hebräerevangelium«, »Nazoräerevangelium« etc.; sie alle waren Varianten des großkirchlichen Matthäusevangeliums und sind heute nur noch in Fragmenten erhalten), und ähnlich auch das Buch Elxai oder Elchasai der oben schon einmal erwähnten altkirchlichen Gruppe der Elkesaiten aus dem frühen 2. Jhdt. (ebenfalls in Fragmenten erhalten). Manche gnostischen Gemeinschaften haben sich offenbar ebenfalls durch einen einzelnen Text definiert, so vielleicht eine »Thomas-Gruppe« durch das gnostische Thomasevangelium. Über die Details wissen wir leider nur wenig. Deutlichstes Beispiel ist der Islam, dessen Koran sehr dezidiert

ein Buch ist (im Gegensatz zu AT und NT, die Büchersammlungen darstellen). Auch viele Mahayana-Richtungen kennen zwar einen großen Kanon mit vielen Schriften, verehren aber in ihrer religiösen Praxis doch ganz überwiegend *einen* Text, z. B. das Lotossutra oder die drei zusammengehörigen Reines-Land-Sutras (s. Kap. 14).

2. Manche religiöse Gruppen besitzen einen kleinen Kanon mit wenigen Texten, die aus zahlreichen möglichen anderen Texten ausgewählt wurden. Ein solcher Kanon hat oft ebenfalls klar abgrenzenden Charakter. Er soll vielfach genau definieren, was in einer Glaubensgemeinschaft geglaubt wird – und was nicht. Zugleich bestimmt er oft die soziale Gestalt der Religionsgemeinschaft. Hier ist an das Neue Testament der christlichen Kirchen zu denken, oder an Sammlungen vieler Neuer Religiöser Bewegungen wie der Bahai. Auch der konfuzianische Kanon mit seinen 5 »Klassikern« und ergänzenden 4 »Büchern« (die erst in der Song-Dynastie zusammengestellt wurden) ist in seinem Umfang überschaubar. In seiner in China jahrhundertelang staatstragenden Funktion (v. a. in der Beamtenausbildung) dient er ebenfalls einer Grenzziehung gegen alles »Fremde«.

3. Andere religiöse Gruppen besitzen größere Sammlungen, die eine längere Geschichte der Religion, etwa in einer Gründungsphase, oder auch über mehrere Jahrhunderte einer »Frühzeit«, dokumentieren. Das Alte Testament – die Hebräische Bibel bzw. der Tenach des Judentums – enthält Texte aus fast einem Jahrtausend. Ähnliches dürfte für das Avesta gelten. Diese und ähnliche Sammlungen dokumentieren die frühe Zeit einer Religion; manchmal stellen sie faktisch die einzigen literarisch überlieferten Quellen für diese Epoche dar. Umgekehrt definieren die Heiligen Texte einer Religion in diesem Sinn eine »kanonische«, d.h. maßgebende Zeit. Nach einer altjüdischen Auffassung (die von der alttestamentlichen Wissenschaft nicht mehr geteilt wird) endet der Kanon zeitlich mit Esra – dem letzten der Propheten, der dann manchmal mit Maleachi identifiziert wird (nach dem babylonischen Talmud, Traktat Megillah 15a; vgl. im apokalyptischen 4. Esra-Buch 12, 42). Es ist nicht die Heilszeit, die hier den Kanon definiert, sondern eher umgekehrt der Kanon, der eine frühere Zeit der Offenbarungsgeschichte abgrenzt. Mit dem zeitlichen Ende bzw. Abschluß des

Kanons ist auch eine maßgebliche »Urzeit« vorbei, auf welche die gegenwärtige Zeit nur sehnsuchtsvoll zurückblicken kann. Die japanischen Sammelwerke Kojiki und Nihongi definieren die mythischen und legendären Anfänge Japans und damit zugleich den nationalen Charakter vor aller Durchdringung mit »Fremden«. Sie sind daher ebenso kulturelle wie religiöse Referenzgrößen. Ähnliches gilt auch für viele andere kanonische Sammlungen.

4. Wiederum läßt sich ein weiterer Typ beschreiben, der aus sehr umfangreichen, additiv angelegten Sammlungen besteht, die hunderte, oft sogar tausende von Texten umfaßen. Hierher gehören die Sammlungen des Daoismus und des chinesischen Buddhismus (Daozang und Sanzang), die große Teile der jeweils erreichbaren älteren religiösen Literatur dieser Religionen vereinen, und auch die tibetischen Sammelwerke Kanjur und Tanjur, die ein Vielfaches des Umfanges der Bibel besitzen. Solche »umfangreichen Kanones« gibt es auch – mutatis mutandis – in jüngeren Religionen. Die Church of Scientology etwa verehrt das gesamte nichtliterarische Werk ihres Gründers L. Ron Hubbard nach Gründung von Scientology 1954 als ihre Heiligen Texte. Diese haben einen Umfang von mindestens etwa 300 Bänden (wenn man transkribierte Vorträge hinzurechnet). Nur in einem weiteren Sinn hierzu gehören die frühen dianetischen Texte Hubbards (1950–1954), während das umfangreiche späte Romanwerk Hubbards (das zeilich jünger ist als seine scientologischen Schriften!) nicht den Status einer Heiligen Schrift innehat, sondern nur als »klassische Literatur« gilt (weitere Details hierzu in Kap. 26).

Kleine Kanones, also Sammlungen mit sehr begrenztem Umfang, haben oft eine abgrenzende Funktion, vor allem, wenn sie einen größeren älteren Kanon als Referenzgröße benutzen. Sie definieren dann nicht die Summe einer Religion, sondern nur ihre Differenz etwa gegenüber einer Mutterreligion. Das gilt in gewissem Sinn für das Neue Testament, aber z. B. auch für viele Mahayana-Schriften, die je in einer bestimmten Richtung die Stellung eines Grundtextes einnnehmen. Sehr große Kanones – die Hunderte, manchmal mehrere Tausend Texte umfassen – dagegen sind eher additiv angelegt: sie wollen die

Summe einer religiösen Überlieferung sammeln. Dazu hat es im Christentum kaum Ansätze gegeben. In den orientalischen Kirchen wurden allerdings immerhin zum Teil auch Schriften tradiert, die in den westlichen Kirchen als apokryph gelten. Insbesondere hat die äthiopische Kirche eine Reihe jüdischer Texte (zum Teil in christlichen Überarbeitungen) innerhalb ihres »Alten Testaments« bewahrt, die im Westen keine Rolle spielen, so das »äthiopische Henochbuch«. Wir können hier erste Ansätze eines »additiven« Kanons beobachten, die sich jedoch nicht weiterentwickelt haben. Insgesamt besitzt keine jüdische, christliche oder muslimische Gruppe einen additiven Kanon im engeren Sinn, der etwa mit Sanzang oder Daozang vergleichbar wäre – ein solcher verträgt sich offenbar nicht mit den präzisen Abgrenzungsbedürfnissen monotheistischer und prophetischer Religionen. Extrem umfangreiche Kanones sind eher ein Kennzeichen asiatischer Religionen, aber auch einiger Neuer Religiöser Bewegungen. Oft (keineswegs immer) entspricht ihnen eine inhaltliche Toleranz für ein breites Spektrum religiöser Ausdrucksmöglichkeiten. Manche Religionen betrachten auch das gesamte (manchmal sehr umfängliche) Schrifttum der Gründerpersönlichkeit als Analogon zu den traditionellen Heiligen Schriften. So ist es der Fall bei den Bahai (die zahlreichen Schriften des Bahá'u'lláh), in der Church of Scientology (mit Einschränkungen, s. Kap. 26), in etwas anderer Form auch in der Anthroposophie (Rudolf Steiner).

Heilige Schriften können weiter nach ihrem sozialen Ort bzw. ihrer Performanz unterschieden werden. Manche Texte unterliegen extremer Geheimhaltung (d.h. die entsprechenden Schriften werden nur gegen den Willen der betreffenden Religionsgemeinschaft öffentlich gemacht), so Schriften der Yeziden und Drusen. Andere sind einem Klerus vorbehalten, der mit exklusivem Zugang ein Deutungsmonopol verteidigt. Hier wird man an die mittelalterliche und frühneuzeitliche Katholische Kirche zu denken haben. Die Heftigkeit, mit der die mittelalterliche und teilweise auch noch die neuere Katholische Kirche gegen die Bibel in Laienhand, vor allem aber in den Volkssprachen gekämpft hat, wird zwar von der heutigen Römisch-Katholischen Kirche in keiner Weise mehr fortgesetzt. Um der historischen Wahrheit willen muß aber doch gesehen werden, daß sie ein prägendes Stück abendländischer Kulturgeschichte gewesen ist. Die Bibel wurde jahrhundertelang als klerikales Herrschaftswissen gebraucht; jeder Versuch einer Verbreitung im Volk wurde unterbunden. Ein anderes Beispiel wäre die ältere Literatur der Veden, die in der alten Gelehrtensprache Sanskrit überliefert wird und deren Kenntnis bis ins 19. Jhdt. grundsätzlich den drei oberen Kasten, faktisch aber weithin den Brahmanen (Priestern) vorbehalten war.

Andere Heilige Schriften sind immer offen zugänglich gewesen oder wurden und werden sogar offensiv beworben. Der traditionelle Umgang der katholischen und der evangelischen Kirchen mit der Bibel unterscheidet sich bekanntlich in diesem Punkt, hat sich aber spätestens mit dem 2. Vaticanum weithin angeglichen. Viele (gerade neuere) Religionsgemeinschaften werben auch oder sogar primär mit ihren heiligen Texten. Auch hier können wir ein breites Spektrum des möglichen Umganges mit einem geheiligten Traditum beobachten. Ähnliches gilt für die zahlreichen Performanzformen zwischen privater Lektüre (in manchen Gruppen zu einer festgelegten Zeit, z. B. am frühen Morgen) und öffentlicher Inszenierung, etwa in einem Gottesdienst oder einer Opferzeremonie. In jedem Fall ist eine eurozentrische Sichtweise zu vermeiden, welche die Modelle christlicher Bibelrezeption (manchmal sozusagen stillschweigend) auf nichtchristliche Religionen überträgt. Insofern ist der Sammelbegriff »Heilige Schriften« nicht ohne Risiken: er suggeriert eine phänomenologische Einheitlichkeit, welche in der Religionsgeschichte so nicht gegeben ist. In manchen Religionen sind z. B. Formen des Gebrauchs wichtig, die das Christentum marginalisiert oder nie besessen hat. Man wird etwa an Verwendungen als Amulett und Talisman (im Christentum durchaus möglich), in Gebetsmühlen oder als Wahrsagebuch denken (das »Däumeln«, zu dem Vorformen schon aus der Alten Kirche bekannt sind), zur »Belebung« einer heiligen Statue (Ägypten, Indien, Tibet) u.ä. Bücher werden nicht nur gelesen – und dienen nicht nur der Belehrung. Einige Sufimeister lehren, der arabische Text des Koran wäre von solcher Heiligkeit, daß bei Unkenntnis der arabischen Sprache die Betrachtung der arabischen Kalligraphie einer Koranausgabe immer noch verdienstvoller und heilbringender wäre als die Lektüre einer nichtarabischen

Übersetzung. Und das bloße andächtige Rezitieren des Titels des Lotossutras gilt in der Schule des japanischen Reformers Nichiren (1222–1282) als verdienstvolles Werk (japanisch: Nam(u) Myōhō Renge Kyō »Ich weihe mich dem Lotossutra«). Dies alles erinnert uns daran, die »Heiligkeit« von Heiligen Schriften nicht etwa nur in ihrem – etwa pädagogisch zu vermittelnden – Inhalt zu sehen. Als Heilige Schriften sind Texte »machtvoll«; sie können zu Heil und Unheil dienen. Dies wird in verschiedenen Religionen zwar ganz unterschiedlich zum Ausdruck gebracht, ist aber doch eine gemeinsame Überzeugung nahezu aller Religionsgemeinschaften.

Literatur: Johannes Leipoldt u. Siegfried Morenz, Heilige Schriften, Leipzig 1953, bes. 161–189 (Brauchtum und Zauber in Hinsicht auf Hl. Texte) * Geo Widengren, Religionsphänomenologie, Berlin 1969, 546–593 (vom Ansatz her überholt, aber gelehrt und voll wertvoller Einzelbeobachtungen) * Hermann Harrauer, Christian Gastgeber, Bibel und Amulett, in: Jürgen Schefzyk (Hrg.), Alles echt. Älteste Belege zur Bibel aus Ägypten, Mainz 2006, 37–43 (zum magischen Gebrauch biblischer Texte) * Iona Opie u. Moira Tatem, A Dictionary of Superstitions, Oxford 1989, 35f. s.v. Book: Opening at Random (Bibel als Wahrsagebuch) * Pieter W. van der Horst, Sortes: het gebruik van heilige boeken als lotsorakels in de oudheid. Amsterdam 1999 * Alfred Bertholet, Die Macht der Schrift in Glauben und Aberglauben. Berlin 1949 (allgemein zum »Machtaspekt« heiliger Texte).

Der Begriff Kanon. »Kanon« ist ursprünglich ein phönizisches Fremdwort im Griechischen und bezeichnet ein Rohr, inbesondere ein Meßrohr bzw. einen Meßstab, sowie dann die »Richtschnur, Norm«. In dieser Bedeutung wird der Begriff in der Alten Kirche im 4. Jhdt. wichtig, um die Sammlung Heiliger Schriften zu charakterisieren, die wir Bibel nennen. In religionswissenschaftlicher Anwendung wird der Begriff in allgemeinerer Bedeutung gebraucht, um inhaltlich fixierte, stabile Sammlungen Heiliger Schriften zu bezeichnen. Ein Kanon ist immer das Ergebnis eines Kanonisierungsvorganges. Dieser muß aber keineswegs »institutionell« getragen sein (etwa durch den Beschluß eines Konzils), sondern kann auch auf einer langsam gewachsenen Übereinkunft beruhen. Indem Kanonisierungsprozesse ab- und ausgrenzen, stehen sie jedoch oft in einem komplementären Verhältnis zu Zensurvorgängen, an denen die Religionsgeschichte nicht arm ist. Diese können ein unterschiedliches Maß an Aggression enthalten: von der stillschweigenden Übergehung über den expliziten Widerspruch bis zur aktiven Vernichtung von Texten, nicht zuletzt in der in manchen Kontexten (Mittelamerika, Spätantike, klassisches China) nicht seltenen Form der öffentlichen Bücherverbrennung. Das »Heilige Buch« findet dann seinen Schatten im »verbotenen Buch«, das ebenfalls als mit besonderer sakraler Mächtigkeit aufgeladen erscheinen kann.

Das Wort Kanon hat – was hier doch noch angemerkt werden sollte – im Christentum eine Reihe weiterer Bedeutungen angenommen. So bezeichnet es einen Abschnitt eines Textes, den ein Konzil verabschiedet hat (z. B. das Konzil von Nizäa oder Chalkedon), und in der orthodoxen Kirche eine von einer Synode oder einem Kirchenvater festgelegte Verhaltens- oder Verfahrensregel, von der ein Bischof jedoch in Ausnahmefällen abweichen kann. In der katholischen Kirche heißt darüberhinaus ein Abschnitt in Kodex des Kirchenrechts (Corpus Iuris Canonici, 1582 bzw. Codex Iuris Canonici, 1917 und völlig überarbeitet 1983) »Canon« (Mehrzahl Canones). »Kanonisierung« ist hier speziell außerdem die kirchenamtlich festgelegte Aufnahme in die Liste der kultisch geehrten Heiligen (die »Heiligsprechung«).

Literatur: Heinz Ohme, Kanon ekklesiastikos. Die Bedeutung des altkirchlichen Kanonbegriffes. Berlin u. New York 1998 * Aleida und Jan Assmann (Hrg.), Kanon und Zensur. Beiträge zur Archäologie der literarischen Kommunikation 2. München 1987 * Wolfgang Speyer, Büchervernichtung und Zensur des Geistes bei Heiden, Juden und Christen. Stuttgart 1981 * Ulrike Müller u. Gerd Schmidt, Bücherverbrennungen: Motive, Formen, Auswirkungen; mit einer Bibliographie. Stuttgart 1990 * Hans J. Schütz, Verbotene Bücher. Eine Geschichte der Zensur von Homer bis Henry Miller. München 1990 * Arie van der Kooij and K. van der Toorn (Hrg.), Canonization and Decanonization. Leiden u.a. 1998.

Übersetzungen Heiliger Schriften. Naturgemäß ist die Übersetzung Heiliger Schriften eine delikate, mit Sensibilität zu handhabende Angelegenheit. Dazu treten besondere Erschwernisse.

Viele Heilige Schriften sind sehr alte Texte, nicht selten die ältesten, die wir in den betreffenden Sprachen besitzen. Manche Religionen haben auch Bedenken, überhaupt eine Übersetzung ihrer Heiligen Schriften zu fördern oder auch nur zu erlauben. Das bekannteste Beispiel ist sicher der Islam, der Übersetzungen des Koran in eine nichtarabische Sprache immer als hochproblematisch angesehen hat. Jahrhundertelang hat die durch den arabischen Koran geschaffene (wenn auch immer nur relative) religiöse Einheit die islamische Welt auch über das Religiöse hinaus kulturell zusammengehalten. Der Begründer der Unification Church (Vereinigungskirche), Reverend Sun Myung Moon hat vielfach seine Anhänger darauf hingewiesen, daß sie eigentlich alle die koreanische Sprache erlernen müßten (spätestens im Himmel werde ohnehin koreanisch gesprochen), und seine Vorträge und Schriften bevorzugt nicht auf Englisch (oder Deutsch), sondern auf Koreanisch lesen sollten. Diese Forderung wird allerdings nicht rigoros erhoben. Weniger bekannt ist, daß nach einer (wohl legendären) Überlieferung auch der historische Buddha Einwände gegen eine Übersetzung seiner Worte in eine andere Sprache als das ursprüngliche Māgadhī erhoben hat. Diese Bedenken haben allerdings die Entstehung einer buddhistischen Übersetzungstätigkeit kaum behindert. Die Sprache Buddhas sei nach dieser Überlieferung mūla-bhāsā gewesen, die Wurzelsprache der Menschheit, die ein Kind sprechen würde, hörte es keine andere Sprache. Solche Mythologisierungen einer konkreten Sprache sind in den Annalen der Heiligen Schriften außerordentlich häufig, etwa in Hinsicht auf das Hebräische, Arabische und Chinesische.

Auch wo Übersetzungen zur kulturellen Selbstverständlichkeit geworden sind, haftet dem Original eine Aura besonderer Heiligkeit und Authentizität an. Im christlichen Kontext hat die Reformation des 16. Jahrhunderts sich nicht nur um Übersetzungen in die Volkssprachen bemüht (welche es in Ansätzen auch schon im europäischen Mittelalter gegeben hat, wenn auch nur gegen heftige Widerstände), sondern ist sich mit dem älteren Humanismus in einer Wiederentdeckung der hebräischen und griechischen Originale einig gewesen. Darin hat die Reformation das allgemeine Kulturprogramm der Renaissance »ad fontes« »zurück zu den Quellen« in den religiösen Bereich übertragen. Johannes Reuchlin, einer der großen Humanisten und Verteidiger der jüdischen Literatur gegen obskurantistische Bücherverbrenner, schreibt am 17. Febr. 1512 in einem Brief an Johannes Stocker: »Nos Latini paludem bibimus, Graeci rivos, Iudaei fontes« »Wir Lateiner trinken also Wasser aus dem Sumpf, die Griechen aus den Bächen, die Juden aus den Quellen« (Johannes Reuchlin, Briefwechsel Bd. 2. 1506–1513. Leseausgabe. Stuttgart – Bad Cannstatt 2004, 160). Gemeint ist natürlich: Juden können (wenn sie hinreichend gebildet sind) die hebräischen Originale des Alten Testaments lesen. Hier wird das Pathos deutlich, welches hinter der wissenschaftlichen Neuerschließung der hebräischen und griechischen Bibel stand, ein Pathos, das die Reformation aus dem Humanismus übernommen hat. Aus dem Kontext dieser Passage läßt sich allerdings auch erkennen, in wie hohem Maße sich freilich auch ein Mann wie Reuchlin dabei in einem mythologischen bzw. sogar rein fiktionalen Weltbild bewegt hat (der Engel Raphael lehrt Noah und später »jenen berühmten Juden« Mose die Medizin, die von da zu den Griechen wandert). Nicht selten war eine begleitende Mystifikation der hebräischen Sprache, die auch bei vielen Christen des 16. und 17. Jhdts. als »Ursprache der Menschheit« galt. Das zugrundeliegende Pathos – »zurück zu den Quellen« – teilen auch andere Religionen, wenn sich Übersetzungen über lange Zeit sozusagen verselbständigt haben. Umgekehrt können klassische Übersetzungen als solche selbst Züge einer Heiligen Schrift annehmen, wie wir öfters beobachten werden.

Konzeptuelle Ablehnung Heiliger Schriften. Eine Reihe von älteren und modernen Religionen lehnt das Konzept Heiliger Schriften ab. Damit sind nicht jene Religionen gemeint, die nie Heilige Texte besessen haben (jedenfalls nicht in einem mit dem Begriff »Heilige Schriften« assoziierbaren Sinn), sondern solche, die aus einer Schriftkultur stammen bzw. geradezu eine Buchreligion als Ausgangspunkt und Referenzgröße besitzen, aber aus inneren religiösen Gründen das Konzept eines heiligen Textes negieren. Das bekannteste Beispiel ist der japanische (in Vorstufen auch chinesische) Zen-Buddhismus, der in vielen seiner Ausprägungen zwar klassische Texte, aber dezidiert keine Heiligen Schriften kennt. »Fu-ritsu Mon-ji« »es steht nicht auf Buchstaben« heißt die japanische programmatische Formulierung für diesen Sachverhalt, der vor allem als radikale Infragestellung der buddhistischen Schuldogmatiken zu verstehen ist. Mit dieser Ablehnung einer letzten schriftlichen Autorität erfährt andererseits die Linie der mündlichen Lehrüberlieferung, vor allem diejenige der Zen-Patriarchen eine immense Aufwertung: sie werden zu alleinigen Garanten der Authentizität der religiösen Praxis. Die »Koans« (koan < mittelchinesisch »gongan«, wörtlich: »öffentlicher Aushang«) – meditative Sinnsprüche, Sentenzen und paradoxe Erzählungen des Zen-Buddhismus – werden zwar sorgfältig gesammelt, sind aber keine Heiligen Schriften und verstehen sich im Widerspruch zur Buchorientierung des sonstigen Buddhismus. Sie sind »ein Kanon, der doch kein Kanon sein will« (Wilhelm Gundert). Das im Westen bekannteste Zen-Koan ist die Frage nach dem Geräusch einer einzelnen klatschenden Hand (Meister Hakuin Ekaku, 1686–1769). Diese kurzen Texte haben hohe Bedeutung für die spirituell-meditative Praxis des Zen-Buddhismus, fügen sich aber auch in ihren klassischen Sammlungen programmatisch nicht zu Heiligen Schriften im Sinne der Kanones anderer buddhistischer Schulen zusammen.

Ein andere Form einer konzeptuellen Negierung Heiliger Bücher ist die Ablehnung einer schriftlichen Fixierung von religiösen Texten zugunsten einer (stabilen) mündlichen Überlieferungsform, der wir v.a. in verschiedenen älteren indogermanischen Kontexten (Iran, Indien, Gallien u.a.) begegnen (vgl. Kap. 7).

2. DAS ALTE TESTAMENT (HEBRÄISCHE BIBEL, TENACH) MIT EINEM ANHANG ÜBER DEN TALMUD

A *ltes Testament/Hebräische Bibel.* Der Begriff »Altes Testament« meint von Hause aus nicht eine Sammlung heiliger Bücher, sondern einen »alten Bund«, auf den die Christen zurückblikken, also ein Bündnis, eine heilvolle Selbstverpflichtung Gottes gegenüber seinem Volk. Aus der Sicht Israels ist dieser Bund, den Gott der Überlieferung nach mit Abraham schloß, natürlich nicht »alt«. Von den »Heiligen Schriften« (griechisch *hierai graphai*) sprechen bereits die griechisch-jüdischen Autoren Philon (Quis rerum divinarum heres 106. 159 u.o.) und Josephus (Contra Apionem II, 45). (Zum hebr. Sprachgebrauch s. u.). Im Neuen Testament heißt das Alten Testament einfach »die Schrift« (z. B. Röm. 4, 3) oder »die Schriften« (z. B. 1. Kor. 15, 3f.), nur zweimal »Heilige Schriften« (Röm. 7, 12; 2. Tim. 3, 15). Gelegentlich finden sich auch vollere Formeln, die bereits auf die jüdischen konzeptuellen Kanonteile verweisen (»Gesetz und Propheten«, Mt. 5, 17; »Gesetz des Mose, Propheten und Psalmen« Lk. 24, 44). Der Sprachgebrauch *palaia diatheke* »Altes Testament« dagegen für eine Sammlung der jüdischen Heiligen Schriften findet sich zuerst bei dem Christen Meliton von Sardes im 2. Jhdt. n. Chr. Dieser reiste sogar aus Kleinasien nach Palästina, um Exemplare aller betreffenden Schriften zu beschaffen; offenbar haben jüdische Abschreiber zu dieser Zeit keine Rollen mehr an Christen verkauft. Die Formulierung »das Alte Testament« wird dann rasch in den christlichen Kirchen allgemein gebräuchlich. Es ist dezidiert ein christlicher Sprachgebrauch, den Juden so nicht teilen würden. Nur im Rückblick vom Neuen Testament her erscheint das Alte Testament als »alt« im Sinne von vorläufig, überholt und ergänzungsbedürftig. In jüngerer Zeit ist der Begriff »Altes Testament« deshalb auch innerhalb der christlichen Kirchen problematisiert worden. Er stellt ja in der Tat eine christliche, sich zeitlich absetzende und damit auch abwertende Benennung einer jüdischen Schriftensammlung dar. Im Zuge der völligen und radikalen Neubesinnung über das Verhältnis Israel-Kirche, welche nach dem 2. Weltkrieg eingesetzt hat (nicht nur in Deutschland), wurde nach Alternativen für die Benennung »Altes Testament« gesucht. Dabei korreliert die theologische Idee einer bleibenden Erwählung Israels (Israel habe neben den Kirchen nicht seine theologische Existenzberechtigung verloren, sondern besitze ein religiöses Eigenrecht) einem neuen Bewußtsein für die bleibende und besondere Dignität der Heiligen Schriften Israels. Von den verschiedenen Vorschlägen hat sich als denkbare Alternative zu »Altes Testament« weithin »Hebräische Bibel« (eng. »Hebrew Scriptures, Hebrew Bible« u.ä.) durchgesetzt. Das ist insofern merkwürdig, als dieser Begriff eine Kunstschöpfung darstellt, und sachlich nicht einmal präzise zutrifft (Teile des Alten Testaments sind in aramäischer Sprache abgefaßt). Eine traditionelle jüdische Bezeichnung wäre Tenach. Dies ist eine Abkürzung für Tora, Neviim we-Ketubim »Tora, Propheten und Schriften« und steht für die drei Teile des traditionellen jüdischen Kanons (s. im folgenden).

Wenn wir auch weiterhin im Anschluß an die Umgangssprache den Begriff »Altes Testament« benutzen, so soll dazu jedoch deutlich gesagt sein, daß dies ein christlich-theologischer Begriff ist, der als Referenzbegriff zwar bekannt und eingeführt, aber religionswissenschaftlich durchaus problematisch ist. Wir bezeichnen damit die Heilige Schrift einer lebenden Religion mit einem Begriff, der nur im Bezugsrahmen einer anderen Religion Sinn ergibt. Selbstverständlich hat natürlich auch christliche Theologie – die sich als Erbe Israels fühlt, ohne heute Israel ein eigenes Existenzrecht zu bestreiten – das Recht, einen Begriff zu verwenden, der ihre eigene Basis bedenkt und insofern eine Wertung von etwas Vorgegebenem impliziert. Das Theologumenon des »neuen Bundes« bezeichnet jedoch von Hause aus ein Hoffnungsgut alttestamentlicher Prophetie (Jer. 31, 31-34), das keineswegs eine Ungültigkeit des Abraham- und Mosebundes implizieren will. Dieser wird vielmehr neu in Kraft gesetzt und »den Menschen ins Herzen geschrieben«. Erst im christlichen Kontext ergibt sich ein heilsgeschichtlicher Gegensatz, innerhalb dessen von einem Alten Testament gesprochen werden kann.

Die Tora/der Pentateuch. Kernstück der Heiligen Schriften des Judentums ist die Tora (»Weisung, Gesetz«, griechisch *nómos* »Gesetz«). Juden haben sich gegen die Übersetzung von »Tora« mit Gesetz gelegentlich gewehrt, weil diesem Begriff im christlichen Kontext etwas Abwertendes anhaften könnte, und der jüdische Heilsweg als reiner »Gesetzesweg« auch mißverstanden wäre. Die Zentralerfahrung der Tora, ihre innere Mitte ist das rettende und befreiende Handeln Gottes mit seinem erwählten Volk. Gelegentlich wurde daran erinnert, daß »Tora« auch die liebevolle Weisung einer Mutter an ihre Kinder sein kann (Spr. 6, 20). Dennoch haben die beiden ältesten, aus der hellenistischen Zeit bekannten Übersetzungen des Begriffs Tora (griech. *nómos* und iranisch bzw. aramäisch *dat(a)*, beide »Gesetz«) eindeutig einen juristischen Aspekt, und stehen in Analogie zu Gesetzessammlungen wie denjenigen Lykurgs oder Solons. Für den jüdischen Historiker Josephus (etwa 37–100 n. Chr.) ist die Tora die Staatsverfassung Israels, ein Aspekt, der in manchen Darstellungen altjüdischer Frömmigkeit völlig unberücksichtigt bleibt. Inhaltlich qualifiziert er sie im Unterschied zu Monarchie, Oligarchie und Demokratie als »Theokratie« (»Gottesherrschaft«, Contra Apionem II, 165), ein Wort, das Josephus ad hoc erfindet. In hellenistischer Interpretation war die Tora ohne Frage »Gesetz«, und so wurde sie von Paulus und anderen frühen Christen wahrgenommen. Wir verwenden den unübersetzen Begriff Tora, um diese Mehrdeutigkeit nicht aufzuheben.

Das innere Wesen der Tora läßt sich gut aus einem ihrer bekanntesten Texte ablesen, den 10 Geboten (griech. Dekalog »zehn Worte«), mit denen die Sinaioffenbarung beginnt (Ex. 20, 2-17; Dtn. 5, 6-21). Der Grundtext alttestamentlicher Ethik beginnt mit einem Hinweis auf Gottes rettendes Handeln (»der ich dich aus Ägyptenland, aus der Knechtschaft, geführt habe«). Das Heilshandeln Gottes im Exodus definiert Gott sozusagen für Israel, es macht ihn identifizierbar. Die alte Selbstvorstellungsformel der Gottheit, die aus dem Polytheismus stammt (»Ich bin« + Name der jeweiligen Gottheit) wird zu einer identifizierenden Gottesrede, die Israel an das heilvolle Handeln im Exodus erinnert (vgl. die Einführung des Jahwenamens Ex 3, 13–15).

Im einzelnen besteht die Tora aus folgenden 5 Büchern, wobei zuerst der hebräische, dann der griechische Name genannt ist:

1. Bereschit »Im Anfang«, griech. Genesis »Ursprung, Entstehung«, christlich auch 1. Buch Mose genannt. Im hebräischen Sprachgebrauch werden die biblischen Bücher je nach dem ersten Wort des Textes benannt (vgl. also Gen. 1, 1). Inhalt: Genesis erzählt die Anfänge der Welt und des Volkes Israel. Die Kap. 1–11 sammeln die Mythen und Sagen der Vorzeit Israels (Adam und Eva, Kain und Abel, die Sintflut u.ä.). Kap. 12–25 erzählen die Geschichten Abrahams und Isaaks, Kap. 25–36 diejenigen Jakobs und Esaus. Kap. 37–59 schließlich ist die »Josephsnovelle«, eine geschlossene Erzählung von hohem literarischen Rang, die im Zuge der Gesamtkomposition der Tora erklärt, wie Israel (d. h. die Nachkommenschaft Jakobs und seiner 12 Söhne) nach Ägypten gelangt ist.

Manche Gestalten werden nur in Notizen von änigmatischer Kürze erwähnt (Henoch, Nimrod, die Nachkommen Kains). Gen. 1-11 bietet nur noch die Relikte einer ursprünglich sicher einmal sehr viel reicheren althebräischen Mythologie. Gen. 10 die sog. »Völkertafel« zählt in einer hochaltertümlichen Form die dem Verfasser bekannten Völker der Erde auf und ordnet sie den drei Noah-Söhnen Sem, Ham und Japhet zu. Manches aus Genesis ist Menschheitsgut – die Sintfluterzählung z. B. hat nähere und fernere Parallelen aus der ganzen Welt, etwa in der sumerischen Sage von Ziusudra, den die Babylonier später Utnapischtim nannten (s. Kap. 5), oder in der (wohl davon unabhängigen) altindischen Sage von Manu, der von dem Gott Vischnu in Gestalt eines Fisches vor den großen Wassern gerettet wird. Diese letztere Sage ist zuerst Shatapatha-Brahmana I, 8, 1 bezeugt. In späterer indischer Literatur ist sie dann möglicherweise durch semitisch-altorientalische Fassungen des Stoffes beeinflußt worden. Neben diesem »Urzeitstoff« erzählt Genesis ausführlich die Geschichte der drei Patriarchen Abraham, Isaak und Jakob und ihre Wanderungen. Mit diesem Erzählgut ist eine elementare Referenzgröße für die drei monotheistischen Religionen Judentum, Christentum und Islam gegeben, die sich gleichermaßen auf Abraham als den »Freund Gottes« zurückführen. Kap. 1–11 sind mythischer Stoff, und auch der historische Wert von Kap. 12–50 wird von der alttestamentlichen Wissenschaft eher skeptisch betrachtet. Doch ist die Aufnahme alten israelitischen Sagengutes in diesen Texten nicht abzuleugnen, die allerdings durchgehend eine theologische Interpretation erfahren. Im Gesamtrahmen der Komposition des Pentateuchs repräsentiert Gen. die Vorgeschichte Israels.

Literatur: Horst Seebass, Genesis. 4 Bände. Neukirchen-Vluyn 1996–2000 * Claus Westermann, Genesis. 3 Bände. Neukirchen-Vluyn 1, 1974 2. Aufl. 1976; 2, 1981; 3, 1982.

2. Schemot »Namen«, griech. Exodus »Auszug« (nämlich aus Ägypten), auch 2. Buch Mose genannt. Inhalt: Exodus entfaltet die Grunderfahrung Israels, den Auszug aus Ägypten und die Befreiung aus der Sklaverei. Mose (dessen Lebensgeschichte erzählt wird) wächst am Hofe des ägyptischen Pharao auf, entdeckt seine israelitischen Wurzeln, erfährt eine Offenbarung Gottes (Ex. 3: Mitteilung des Gottesnamens), führt das Volk an den Gottesberg Horeb bzw. Sinai und übermittelt die 10 Gebote. Die Erzählung vom »goldenen Kalb« (einer kanaanäischen Stiergottheit) inszeniert bereits in der vorstaatlichen Zeit der Wüstenwanderung den späteren Grundkonflikt Israels: die Herausbildung einer bildlosen monotheistischen Religion (Ex. 32), die sich deutlich von den kanaanäischen Religionen unterscheidet. Kap. 1–18 erzählen anhand einer legendären Biographie des Mose die Not Israels in Ägypten und Gottes rettendes Handeln, das nur durch ein Straf- und Warnwunder an Ägypten möglich wird (Erzählung von den »10 Plagen«). Kap. 19–24 bilden einen Höhepunkt der Tora: Israel empfängt am Gottesberg die 10 Gebote und das Bundesbuch (Kap. 21–23) als ältestes Gesetz. Kap. 24 mit Fortsetzung in Kap. 34 sind eine ausführliche Bundesschlußerzählung. Kap. 25–31 und 35–40 berichten von der Erstellung der Stiftshütte (des ältesten Wüstenheiligtums, einer Art transportablen Tempels) und der Einrichtung des israelitischen Kultes. In der alttestamentlichen Wissenschaft wird der narrative Teil von Ex. als eine Art Gründungslegende der israelitischen Religion betrachtet, während die Gesetzestexte selbst offenbar über Jahrhunderte hinweg kodifiziert und weiterentwickelt wurden. Zu einem »Religionsgründer« wird Mose erst in der späteren Rückschau auf den Exodus (noch nicht im AT).

Literatur: Christoph Dohmen, Exodus 19–40. Freiburg i. Br. 2004 * Jan Assmann, Moses der Ägypter. 4. Aufl. Frankfurt a. M. 2003 * W. H. Schmidt, Exodus, Sinai und Mose. 3. Aufl. Darmstadt 1995 * Manfred Görg, Art. Exodus, Religion in Geschichte und Gegenwart 4. Aufl. 2 (1999), 1823–26 * Erich Zenger, Art. Exodusüberlieferung, ebd. 1826f.

3. Wajjiqra »Und er rief«, griechisch Leviticus »Das levitische (sc. Gesetzbuch)«, auch 3. Buch Mose genannt. Dieses Buch bietet Opfergesetze (Kap. 1–7), Vorschriften für Priester (Leviten) (Kap. 8–10), allgemeine Reinheitsvorschriften (Kap. 11–15), das Gesetz des Großen Versöhnungstages (»Sündenbock«, Kap. 16) und schließlich weitere Gesetze für Alltag und religiöse Feiertage (Kap. 17–27). Kap. 17–26 werden auch als »Heiligkeitsgesetz« bezeichnet. Es gehört wohl dem nachpriesterschriftlichen Pentateuch an (s. im folgenden). Grundgedanke ist, daß im Befolgen der Gebote (insbesondere auch der kultischen, nicht ethisch mißzuverstehenden Reinheitsvorschriften) Israel an Jahwes »Heiligkeit« Anteil gewinnt. »Ihr sollt heilig sein, denn ich, Jahwe, euer Gott, bin heilig« ist eine mehrfach wiederholte Formel innerhalb des Textes.

4. Bemidbar »In der Wüste«, griechisch Numeri »Zählungen« (nämlich der Männer des Gottesvolkes), auch 4. Buch Mose genannt. Auf die Volkszählung Kap. 1–4 folgen verschiedene Gesetze (Kap. 5–9) sowie Episoden auf dem Weg in das Gelobte Land (Kap. 10–21), darunter die bekannte Bileam-Erzählung (Kap. 22–24). Kap. 22–31 schildern die Zeit vor dem Jordanübergang, Kap. 33 faßt die Wegstationen zwischen Ägypten und Kanaan zusammen, während Kap. 32 und 34–36 wiederum Ereignisse vor dem Einmarsch schildert. Die jüngere Forschung hat einige Passagen sehr spät (3. Jhdt. v. Chr.) datieren wollen, womit Num. zu den jüngsten Büchern des AT gehören würde.

5. Ele ha-devarim »dies sind die Worte« bzw. Devarim »Worte«, griechisch Deuteronomium (das »zweite Gesetz«), auch 5. Buch Mose genannt. In Charakter, Theologie und Sprache deutlich von 1.-4. Mose unterschieden, bietet Dtn. einen weitausholenden systematischen Gesetzesentwurf, der eine Art Verfas-

sung Israels darstellt. Dabei werden alle Gesetzesvorschriften (auch die 10 Gebote) wiederholt (mit z. T. erheblichen Variationen). Ein wesentlicher Inhalt ist die geforderte Kultzentralisation (Kap. 12, 13–27), die später zur Begründung der Rolle Jerusalems und seines Tempels dienen wird. Am Ende werden der Tod des Mose und die Regelung seiner Nachfolge erzählt (Kap. 31–34), als dessen Abschiedsreden sich das Dtn. gibt. Auch der Bundesschluß wird noch einmal wiederholt (27–30). Theologiegeschichtlich definiert das Dtn. eine Theologie von Segen und Fluch, die für das Volk jeweils aus der Befolgung oder Nichtbefolgung der Tora resultieren.

Dtn. 6, 4–9 gehört dabei zu den Grundtexten des Judentums überhaupt. Die Einheit und Einzigartigkeit Gottes wird hier zum konstituierenden Bekenntnis Israels. Die Vorschrift, diese Worte – stellvertretend für die ganze Tora – beim täglichen Gebet in Form kleiner Gebetskapseln an Kopf und linkem Arm – zu tragen, sowie sie als Merkzeichen an der Türschwelle zu befestigen, wird von vielen jüdischen Familien wörtlich befolgt. Ein zentraler Text der Tora ist damit auch äußerlich in jüdischen Wohnungen für alle Besuchenden sichtbar. Die sogenannten Phylakterien (griech.) oder Tefillin (hebr.), d.h. beim Gebet zu tragenden Gebetskapseln, sind archäologisch bereits aus Qumran belegt. Texte des Deuteronomiums treten auch hier in die Mitte der Frömmigkeit Israels.

In Sprache und Theologie unterscheidet sich das Deuteronomium radikal von 1.-4. Mose. Andererseits verbindet es sich organisch mit den Büchern Josua, Richter, 1./2. Samuel und 1./2. Könige. Diese bieten eine zusammenfassende Geschichte Israels vom Einzug in das »Gelobte Land« bis zum Babylonischen Exil. In der alttestamentlichen Wissenschaft wird sie als »Deuteronomistisches Geschichtswerk« bezeichnet. Mit ihrer souveränen kritischen Distanz nicht zuletzt gegenüber den Königen Israels und Judas, der Fülle des verarbeiteten Materials, der psychologisch feinen Schilderung der Charaktere und der religiösen Reflexion des Geschehens (die aber auch ganz »säkulare« Erzählstränge kennt) ist das Deuteronomistische Geschichtswerk die bedeutendste Leistung, welche der Alte Orient in Sachen Geschichtsschreibung hervorgebracht hat. Es kann in der vorliegenden Endfassung als Anwendung deuteronomistischer Gedanken und kritische Reflexion über die Geschichte Israels und Judas gelesen werden.

Seit M. W. L. de Wette (1780–1849) wird vermutet, eine Grundschrift des Deuteronomiums sei mit jenem Gesetzesbuch identisch, das zur Zeit König Josijas wohl 622/21 im Jerusalemer Tempel aufgefunden wurde und dann als Referenztext einer konsequenten Kultzentralisation gedient hat (1. Kön. 22). (Die »Auffindung« mag Legitimationslegende sein, was sich heute kaum noch entscheiden läßt). Diese Grundschrift ist wohl im Grundbestand von Kap. 12–26 zu suchen, die ihrerseits eine schriftgelehrte Neuformulierung des Bundesbuches (s.o.) darstellen. In jedem Fall definiert das Deuteronomium eine Theologie, die bis in die neutestamentliche Zeit hinein für Israel wegweisend wurde.

Quellen und Abfassungsverhältnisse des Pentateuch. Der Pentateuch (griech. »Fünfrollenwerk« = Tora) ist eine fachwerkartig zusammengesetzte, komplexe Komposition aus zahlreichen verschiedenen Quellen und Redaktionsstufen. Die Tora gilt im antiken Judentum als Werk des Mose, der sie selbst als Prophet und Gesetzgeber niedergeschrieben habe. Umstritten war allenfalls, ob der kurze Bericht über den Tod des Mose (Dtn. 34, 5-12) von diesem selbst prophetisch niedergeschrieben bzw. diktiert worden sei (so Philon und Josephus), oder ob dieser Passus einen Zusatz seines Nachfolgers Josua darstelle (so der babylonische Talmud, Baba Batra 14b). Auch Jesus und die ersten Christen haben die Tora ohne Frage für ein Werk Moses gehalten (vgl. etwa Lk. 16, 29. 31; Joh. 5, 46f. u.o.). Diese Auffassung von der Autorschaft des Mose – die in der Tora selbst an keiner Stelle ausgesprochen wird – hat sich in der modernen Bibelwissenschaft nicht halten lassen. Es ist dagegen Konsens, daß die Tora in einem mehrere Jahrhunderte umfassenden Prozeß aus verschiedenen Quellenschriften und in mehreren Redaktionsgängen entstanden ist. Zahlreiche Doppelungen im Stoff vor allem der Bücher Genesis und Exodus haben bereits im 19. Jhdt. zwingend nahegelegt, daß diese aus mehreren Quellen zusammengesetzt sind. An manchen Stellen – etwa in der Sintfluterzählung – ist ein geradezu mechanisches Zusammenfügen zweier verschiedener, in Details zu differenzierender Fassungen des Stoffes zu beobachten. Auch ein offenkundig unterschiedlicher Gebrauch der Gottesnamen (Jahwe, Elohim etc.) und vieler Kernbegriffe läßt in vielen Passagen deutlich Quellenschichten unterscheiden.

Ein klassisches Quellenmodell, das viele Textphänomene erklären kann, ist mit den Namen der Alttestamentler Karl Heinrich Graf (1815–1869) und vor allem Julius Wellhausen (1844–1918) verbunden. Diese sogenannte Neuere Urkundenhypothese setzte vier wesentliche Pentateuchquellen an: einen Jahwisten (um 950 v. Chr., Gottesname Jahwe), einen Elohisten (um 800, Gottesname Elohim), ein Urdeuteronomium (7. Jhdt., später zu Dtn. erweitert) und schließlich eine exilische Priesterschrift (um 550) mit nachexilischen Ergänzungen (Kurzformel JEDP). Diese seien in mehreren Etappen (z. B. Zusammenarbeitung von J und E) zum heutigen Pentateuch ausgestaltet worden. Dabei wird insbesondere das »Gesetz« als gegenüber der Prophetie zeitlich sekundäre Größe interpretiert. Wellhausen – gleichermaßen als Alttestamentler, Neutestamentler und Erforscher der Anfänge des Islam von immenser innovativer Bedeutung – war ohne Frage der bedeutendste Gelehrte, den die alttestamentliche Wissenschaft bis heute hervorgebracht hat. Jedoch auch die v.a. mit seinem Namen verbundene Graf-Wellhausensche Theorie (die gerade im deutschen Sprachraum lange völlig beherrschend war) kann nicht alle zu beobachtenden Textphänomene erklären. Vor allem in den Büchern Leviticus und Numeri versagt sie, und auch ein klares Ende der Quellenstränge läßt sich nicht definieren. Nachdem einige ihrer Annahmen in den 1960er bis 1980er-Jahren zerstört wurden, herrscht heute ein gewisser Konsens darüber, daß ein alle Fragen beantwortendes Modell offenbar noch nicht formuliert werden kann. Für Außenstehende und Neulinge in der Lektüre des Alten Testamentes ist diese Forschungssituation außerordentlich verwirrend, weil gerade zu elementaren Fragen kein Konsens existiert. Es ist auch noch keineswegs ausgemacht, ob ein variiertes Graf-Wellhausen-Modell nicht doch eher mehr Fragen beantwortet als offen läßt (zumindest für Genesis und Exodus), und also doch vielleicht nach wie vor erhebliche Plausibilität beanspruchen kann, auch wenn die Redaktionsvorgänge vielleicht extensiver und viele Texte zeitlich später anzusetzen sind, als man das im 19. und frühen 20. Jhdt. meinte. Priesterschrift und Deuteronomium lassen sich als eigene Größen im Gesamttext der Tora klar abheben (obwohl auch sie eine innere Textgeschichte aufweisen). Insgesamt neigt die jüngere Forschung dazu, viele Texte eher exilisch oder nachexilisch anzusetzen (etwa auch aus dem Erzväter-Komplex), doch sind Früh- und Spätdatierungen in der alttestamentlichen Wissenschaft immer auch in gewissem Maße wechselnden Moden unterworfen gewesen. Die nicht-wissenschaftlichen geistesgeschichtlichen Triebkräfte solcher Moden sind noch kaum erforscht (dies gilt mutatus mutandis auch für andere Textwissenschaften, etwa die Iranistik mit ihren extrem variierenden Zarathustra-Deutungen und -Datierungen). Wie die Forschung weitergehen wird, ist kaum abzusehen.

Die Schlußredaktion des Pentateuch ist in persischer Zeit erfolgt (4. Jhdt. v. Chr.?); minimale Zusätze mag es noch im 3. Jhdt. gegegeben haben. Die kleine (noch heute im Staat Israel existierende) Religionsgemeinschaft der Samaritaner, die sich bald nach dieser Schlußredaktion vom Judentum getrennt hat, benutzt nur die Tora als Heilige Schrift, nicht jedoch die Prophetenbücher oder sonstigen »Schriften«. Sie konserviert darin ein frühes Stadium der jüdischen Kanongeschichte. Auch verwendet sie eine ältere hebräische Schriftform, während das Judentum selbst seine Heiligen Schriften in der von Hause aus aramäischen Quadratschrift tradiert. Eine besondere Behandlung – die hier nicht ausführlich dargestellt werden kann – erfuhr dabei immer der Gottesname, das Tetragramm (JHWH, gesprochen Jahwe), den Juden seit der Antike nicht mehr aussprechen. Noch nicht abgeschlossen ist die Diskussion über die These, die Promulgierung der Tora habe einen Zusammenhang mit der Religionspolitik des Achämenidenstaates, d.h. des Perserrreiches (»Reichsautorisierung«). Für die Endredaktion der Tora wäre dann nicht nur die innere Entwicklung des Judentums, sondern auch der äußere Rahmen des Lebens im persischen Staat verantwortlich. In hellenististischer Zeit (d.h. seit der Eroberung des Perserreiches unter Alexander d. Gr.) ist die Tora unangefochten der grundlegende Referenztext des Judentums.

Weitere historische Bücher/»Vordere Propheten«. Nach jüdischem Sprachgebrauch erscheinen die in der christlichen Bibel

auf die Tora folgenden Bücher zum größeren Teil unter dem
Namen »Vordere Propheten«, werden also auch als Prophetenbücher gewertet. Im einzelnen handelt es sich um das Buch
Josua (Einmarsch des Gottesvolkes in Palästina), Richter (Staats-
werdung Israels in vorköniglicher Zeit, Auseinandersetzung
mit Nachbarvölkern), 1./2. Samuel (Samuel; Saul und David als
erste Könige), 1./2. Könige (Salomo, Königszeit, »geteilte Reiche«, Beginn des Exils). Das von Dtn. bzw. Richter bis 2. Kön.
reichende »Deuteronomistische Geschichtswerk« ist bereits
oben kurz charakterisiert worden. Der Begriff selbst stammt
von dem deutschen Alttestamentler Martin Noth (1902–1968),
der ihn 1943 geprägt hat. Es interpretiert die Geschichte Israels
als Folge von Ereignissen, die sich direkt aus dem Gehorsam
oder Ungehorsam des Gottesvolkes gegenüber den Geboten
der Tora, insbesondere gegenüber dem Monotheismusgebot
des Dekalogs (1. Gebot), ergeben. Obwohl von der Erfahrung
nationaler Katastrophe (babylonische Gefangenschaft, 597 bzw.
587 v. Chr.) geprägt, endet es mit einem kleinen Lichtblick bzw.
Hoffnungsschimmer in der Rehabilitierung des exilierten Königs Jojachin (2. Kön. 25, 27–30) einige Jahre nach Exilsbeginn.
Umstritten in der Forschung ist u.a., ob das Deuteronomistische
Geschichtswerk im wesentlichen das Werk eines Redaktors ist
(so Martin Noth), oder ob mit mehreren sukzessiven Redaktionsgängen zu rechnen ist, die in spätexilischer oder frühnach-
exilischer Zeit neue Textgruppen (etwa die Prophetenüberliefe-
rung) eingebracht haben.

Prophetie. Eine neben der Tora sowohl für die israelitische und
jüdische Religionsgeschichte als auch für die Heiligen Schriften
Israels weiteres konstituierendes Element ist die Prophetie. Etwa
ab dem Propheten Amos (8. Jhdt. v. Chr.) tritt sie als Schriftprophetie auf, produziert also auch Bücher, die zu einem wichtigen Teil der späteren Bibel werden. Prophet (hebr. meist *nabi*
»Prophet«, etym. wohl »Berufener« oder einfach »Sprecher«, Pl.
nebiim) und Prophetinnen treten im AT als Übermittler göttlicher Botschaften auf, wobei sie aus dem Formelrepertoire der
profanen Botenrede schöpfen (»So spricht Jahwe« + Gottesrede
in 1. Ps. Sg., mit vielen Variationen), sich also analog einem Boten verstehen. Exilisch und nachexilisch heißt der P. auch direkt

mal'ak »Bote« (Jes. 44, 26; Hag. 1, 13; Mal. 3, 1; 2. Chr. 36, 15f.). Der griechische Begriff *prophetes*, der *nabi* (und einige angrenzende Termini) meist übersetzt, bezeichnet im hellenistischen Griechisch allgemein einen »Verkünder«. Konstituierend für Prophetie ist im alten Israel nicht so sehr der Bezug auf die Zukunft (wie in unserer heutigen Umgangssprache), sondern auf die Übermittlung einer Botschaft, die von Gott stammt. Diese kann Zukunft ansagen, soll aber primär die Gegenwart erhellen und mit dem Willen Jahwes konfrontieren.

Die religionsgeschichtlichen Wurzeln der altisraelitischen Prophetie liegen vermutlich in einer ekstatischen Bewegung, die vom Ende des 2. vorchr. Jahrtausends an im kanaanäischen Raum breit bezeugt ist (ägyptischer Wenamun-Bericht, 11. Jh. v. Chr.). Aus Mari im nördlichen Iraq kennen wir schon aus dem 18. vorchr. Jahrhundert Prophetien im Sinn von Botschaften an den König im Auftrag einer Gottheit (vermittelt durch Vision, Traum und Ekstase). Israel hat immer gewußt, daß es auch außerhalb Israels prophetische Gestalten gibt (vgl. die Baalspropheten 1. Kön. 18, 22; auch Jer. 27, 9 und besonders die Figur Bileams, Num. 22–24, von dem auch außerbiblisch aus der Zeit um 700 v. Chr. in einem Text aus Deir ʿAlla prophetische Worte bekannt sind). In Israel sind früh der Typ des auch mantisch und heilend tätigen »Gottesmannes« (Samuel, Elia, Elisa), und daneben Gruppen bzw. Zünfte von Ekstatikern bezeugt (1. Sam. 10, 5f.; 19, 20-24; 2. Kön. 2, 7. 17; 4, 1. 38-44 u.ö.). Auch gelegentlich bezeugte altertümliche Synonyme der Bedeutung »Seher« (*chozä* oder *roʾä*, vgl. 1. Sam. 9, 9; Dialektvariante?) zeigen diese ekstatisch-visionären Wurzeln des Prophetismus. Erst allmählich entsteht der Typ des Propheten im engeren Sinn als eines Übermittlers spezifischer Botschaften (vgl. Am. 7, 14), die nach seinem Tod weitertradiert werden. Dabei bleibt der Prophet für die biblische Überlieferung immer der exemplarische Träger des Heiligen Geistes, der inspirierend in ihm lebt, ohne mit seiner menschlichen Persönlichkeit identisch zu sein. Auch Prophetinnen hat es in Israel gegeben (Ex. 15, 20; Ri. 4, 4; 2. Kön. 22, 14; 2. Chron. 34, 22; Jes. 8, 3; Neh. 6, 14), ohne daß wir signifikante geschlechtsspezifische Unterschiede ihrer Botschaft wahrnehmen könnten (doch vgl. die Ausgrenzung weiblicher Mantik Hes. 13, 17–23: hat diese sich selbst auch als Prophetie verstanden?). Mit Amos (um 780–750 v. Chr.) entsteht die klassische Schriftprophetie, die ihren Niederschlag in den biblischen Prophetenbüchern gefunden hat. Hierher gehören vorexilisch neben Amos Hosea in Israel, Jesaja in Jerusalem, Micha und Zefanja in Juda, Jeremia wieder in Jerusalem. Der Prophet ist dabei ein von Gott Getriebener, der seine Botschaft auch gegen erhebliche Widerstände und um einen hohen persönlichen Preis (der bis zum Martyrium gehen kann) öffentlich macht. Er legitimiert sich durch seine Berufungsvision (Am. 7, 15; Jes. 6; 40, 1-8; Jer. 1, 4-12; Hes. 1-3; vgl. Ex. 2, 23-4, 17 und im NT Apk. 1). Themen sind soziales Unrecht, Kultkritik, Unvereinbarkeit der Jahweverehrung mit anderen Kulten (zuerst bei Hosea) u.a., die in Form von Mahn- und Drohworten u.a. zur Sprache gebracht werden.

Die Botschaft der Propheten wurde in Büchern niedergeschrieben, die nach der heute herrschenden Auffassung jeweils über Jahrhunderte fortgeschrieben und aktualisiert wurden, also literarisch hochkomplexe Gebilde sind. Dies ergibt sich z. B. aus den in Aufbau und Umfang z. T. divergierenden Septuagintafassungen, also den griechischen Übersetzungen, deren Vorlagen sich von unseren Texten noch unterschieden haben können. Im Exil kommt der Prophetie dann eine wesentliche Funktion in der Neukonstituierung der jüdischen Religion zu (Hes., v.a. Deuterojesaja). Nachexilisch kommt es noch zu einer kurzen Blüte im Zusammenhang des neu errichteten Tempels (Haggai, erster Teil des Sacharja-Buches), ehe die lebendige Prophetie als Strukturelement jüdischer Religion weitgehend verschwindet (Ps. 74, 9; Klgl. 2, 9; 1. Makk. 4, 46; 9, 27; 14, 41 u. o.). Zeuge für ein im sozialen Ansehen gesunkenes spätes Prophetentum ist Sach. 13, 1-6. Die Gründe für dieses Zurücktreten der Prophetie in hellenistischer Zeit werden meist im Erstarken einer Orientierung Israels an der fixierten Tora gesucht, wobei hier vieles noch ungeklärt ist. Schon das Prophetengesetz Dtn. 13, 2-12; 18, 9-22 wohl aus dem 7. oder 6. Jhdt. bindet Prophetie an einen Kriterienkatalog und scheidet v.a. alles Mantische und Fremdreligiöse aus. Die Erwartung eines »Tages Jahwes« nimmt eschatologische, die Heilsankündigung dagegen messianische Züge an. Aus beiden Elementen wächst in hellenistischer Zeit (in Ansätzen schon früher) das apokalyptische Szenario (s.u. zu Daniel).

Literatur: Marco Frenschkowski, Art. Prophet, in: Theologisches Begriffslexikon zum Neuen Testament 2. Aufl. 2. Neukirchen-Vluyn 2000, 1468–1480 * Martti Nissinen, Prophets and Prophecy in the Ancient Near East. Atlanta, GA 2003 (kommentierte Textsammlung außerisraelitischer prophetischer Texte) * Klaus Koch, Die Profeten. 2 Bd. 3. Aufl. Stuttgart 1995 * B. Lang u.a., Art. Prophet etc., Neues Bibel Lexikon 3 (2001), 172–201.

Die prophetischen Bücher im einzelnen. In der jüdischen Tradition heißen sie »hintere Propheten«, im Gegensatz zu den »vorderen Propheten«, die in der christlichen Überlieferung als Geschichtsbücher gezählt werden. Jesaja, Jeremia und Hesekiel sind als eigenständige Prophetenbücher überliefert (in christlichen Bibeln zählen sie mit Daniel als »große Propheten«). Die 12 »kleinen Propheten« (so im christlichen Sprachgebrauch) zählen in der jüdischen Überlieferung als ein Buch (griech.: Dodekapropheton). Wir haben in unserem raschen Durchgang durch die alttestamentliche Literatur bisher immer die aus christlichen Bibeln vertrauten Namensformen verwendet. Natürlich haben die Propheten (wie alle alttestamentlichen Gestalten) in der Hebräischen Bibel hebräische Namen, die etwas anders klingen als in deutschen Fassungen (Jesaja heißt Jescha`jahu, Jeremia Jirmejahu, Hesekiel – auch Ezechiel – heißt hebräisch Jechesqel, usw.). 1970/1971 wurden im ökumenischen Gespräch mit den sogenannten »Loccumer Richtlinien« Regeln für die Schreibung der biblischen Namen vereinbart, die aber nur für die großen christlichen Kirchen in Deutschland Geltung haben.

Jesaja. Das sehr lange Jesaja-Buch umfaßt Zeugnisse mindestens dreier Prophetenpersönlichkeiten (»Protojesaja«, Kap. 1–39, mit einem Kern aus der Zeit des historischen Jesaja im 8. Jhdt. v. Chr.; »Deuterojesaja«, Kap. 40–55; »Tritojesaja« Kap. 56–66). Aber auch innerhalb dieser klar abgrenzbaren Teile sind umfangreiche Redaktions-, Interpretations- und Fortschreibungsprozesse zu erkennen. Für die christliche Rezeption bedeutsam wurden vor allem die messianischen Passagen im Jesajabuch (Kap. 9, 1-6; 11, 1-16; 35, 1-10 u.a.). Johannes der Täufer wurde – wohl schon von seinen Anhängern – im Lichte von Deutero-Jes. 40, 1-8 als Wegbereiter Gottes »in der Wüste« interpretiert (vgl. Mk. 1, 2f. u.ö.). Eine exemplarische Passage für den Wechsel zur eschatolo-

49

gischen Heilsprophetie, der sich im Jesajabuch dokumentiert, ist Jes. 9, 1-6. Dieser Abschnitt hat ohne Frage eine konkrete historische Situation im Blick – vermutlich aus der Zeit Hiskijas (725–697 König von Juda), als Israel und Juda sich im Schatten der assyrischen Expansionsbestrebungen bewegen mußten. Es wird ein Ende der militärischen Gewalt und die Geburt eines neuen davidischen Königs angekündigt, der in einer Friedenszeit herrschen wird. Die Thronnamen des neuen Königs (Wunder-Rat, Gott-Held, Ewig-Vater, Friede-Fürst) nehmen eine ägyptische Tradition auf. Die Figur des künftigen Königs erreicht hier eine Gottesnähe, die kein »normaler« König einlösen kann. Damit öffnet sich eine Heilsankündigung in einer konkreten Situation (einem Königsorakel) hin zu einer messianischen Hoffnung. Im Christentum wurden solche Texte traditionell durchgehend messianisch gelesen, als Weissagungen auf Jesus Christus.

Jeremia. Das Buch, das auch längere Erzähltexte enthält, verarbeitet die Katastrophe des Exils nach der Eroberung Jerusalem 587/86 v. Chr. durch das neubabylonische Reich. Jeremia war in den Jahren vor diesem Ereignis immer wider als Warner aufgetreten, oft im heftigen Konflikt mit Heilspropheten, die seiner Botschaft widersprachen. Berühmt sind nicht zuletzt die »Konfessionen Jeremias« (Jerem. 11; 15; 17-18; 20), tief anrührende Texte, in denen das prophetische Ich spricht, und in denen der Prophet mit seiner Berufung und den Inhalten seiner Botschaft ringt. Inwiefern diese Texte tatsächlich autobiographisch sind, ist umstritten. Stärker als andere Prophetenbücher ist Jeremia durchzogen von Hinweisen auf eine entstehende Schriftkultur. Sein Sekretär Baruch trägt den Titel ‚Schreiber' (36,26), eine auch sonst mehrfach genannte Funktionsbezeichnung (36,12; 37,15.20; 52,25). Zur Aufzeichnung dienende Schrifttafeln (17, 3), Tinte (36, 18) und Schreibermesser (36, 23) werden erwähnt. Die wörtlich zitierte Unheilsdrohung Michas (26,17f.) und Anspielungen auf andere frühere Propheten setzen schriftliche Texte dieser Prophetenbücher voraus, usw. Obwohl das Jeremia-Buch zu erheblichen Teilen auf die Zeit Jeremias selbst zurückgehen mag (vgl. insbesondere die Erzählung Kap. 36), wurde auch dieses Buch im Sinne einer Adaption des prophetischen Wortes exilisch oder nachexilisch weitergeschrieben.

Hesekiel/Ezechiel. Dieses Buch dokumentiert die Botschaft eines schon 597 nach Babylon exilierten Propheten, der die Geschichte Jerusalems im Vorfeld des Exils und kurz danach also aus einer Außenperspektive miterlebt. Geprägt von priesterlicher Theologie, aber auch starken, oft sehr eigentümlichen visionären Erfahrungen, mündet das Buch (Kap. 40–48) in einen utopischen Verfassungsentwurf für ein erneuertes, aus dem Exil heimgekehrtes Israel. Für die jüdische Mystik wichtig wurde die breit entfaltete Vision des göttlichen Thronwagens (»Merkaba«), Kap. 1–3 u.ö.

Dodekapropheton. In der jüdischen Überlieferung als ein Buch tradiert, sammelt diese komplexe Werk zahlreiche prophetische Passagen folgender Propheten: Hosea, Joel, Amos, Obadja, Jona, Micha, Nahum, Habakuk, Zefanja, Haggai, Sacharja und Maleachi. Zeitlich wird damit ein weiter Bogen von ältesten Texten (Amos, Hosea; beide 8. Jhdt. v. Chr.) bis in die nachexilische Zeit gespannt. Haggai und Proto-Sacharja stammen aus der Zeit der Erbauung des 2. Tempels nach dem Exil (520–515 v. Chr.). Ähnlich wie in Jes. enthält auch das Dodekapropheton Passagen, die bereits zur apokalyptischen Literatur hinführen. Die Schlußworte des Maleachi-Buches (3, 22–24) scheinen eine redaktionelle Klammer zu Jos. 1, 7 darzustellen, und dokumentiert vielleicht ein frühes Stadium der Kanonbildung, die vorerst nur Tora und Propheten umfaßte.

Die Psalmen (hebr. Tehillim). Ursprünglich aus dem israelitischen Kult erwachsen, sind sie das Gesangs- und Gebetbuch des Alten Testaments. Die kanonische Sammlung umfaßt 150 Psalmen (mit z. divergierender Zählung in den hebräischen und griechischen Fassungen), doch sind auch verschiedene außerkanonische Psalmen erhalten (LXX kennt etwa einen Psalm 151, der aber als Nachtrag erscheint). Formal stellen sie Lob- und Danklieder, Klagelieder des Einzelnen und des Volkes, Hymnen, Wallfahrtslieder, Königslieder u.a. dar, nicht zuletzt Lieder, in denen Jahwes Königtum gefeiert und vielleicht auch inszeniert wird (»Jahwe-Königs-Psalmen, Ps. 47. 93. 96–99). Ps. 2 und 110 lassen im Vehikel altorientalischer Königsidcologie ein messianisches Thema anklingen. Ps. 1 ist ein weisheitlicher Eingangspsalm, der offenbar der letzten Redaktionsstufe angehört (vgl. auch die 1. Sure des Koran in ihrer Funktion). Die Schlußredaktion hat auch eine Einteilung in 5 Bücher (analog der Tora) vorgenommen. Die Redaktionsprozesse, die den Psalter zu einem Buch zusammenschweißen, sind erst in den letzten Jahren in den Mittelpunkt der Forschung gerückt. Jüdische und christliche Frömmigkeit sind tief durch die Psalmen geprägt, wobei sie freilich heute in den christlichen Kirchen meist nur um manche Themen und Texte gekürzt im Gottesdienst zitiert werden (»Rachepsalmen«). Im Neuen Testament werden die Psalmen vielfach zitiert. Ps. 2 und 110 sind zentrale Texte für den messianischen Schriftbeweis des frühen Christentums.

Literatur: Hans Joachim Kraus, Psalmen. 2 Bände. Neukirchen-Vluyn 5. Aufl. 1978, dazu: Theologie der Psalmen. 2. Aufl. ebd. 1989 * Frank-Lothar Hossfeld und Erich Zenger, Die Psalmen. Würzburg 1993ff. (2 von 3 Bänden sind erschienen) (Neue Echter-Bibel) * dies., Die Psalmen. Freiburg i. Br. 2000ff. (wissenschaftliche Fassung des zuvorgenannten kürzeren Kommentars).

Die weisheitlichen Bücher. »Weisheit« ist im althebräischen Schrifttum praktische Lebensbewältigung, die Klugheit, Besonnenheit, Redlichkeit und Rechtschaffenheit und v. a. Respekt vor Gott umfaßt. »Die Furcht des HERRN ist der Anfang der Erkenntnis. Die Toren verachten Weisheit und Zucht« (Spr. 1, 7 Lutherübersetzung; vgl. 9, 10). »Furcht« meint hier soviel wie Respekt und Ehrfurcht, die sich in Gehorsam gegenüber dem göttlichen Gesetz ausdrücken. In mythologisierter Form kann die Weisheit als »Frau Weisheit« auftreten (Spr. 1. 8. 9 u.ö.). Sie erscheint dann geradezu als Gehilfin Gottes bei der Schöpfung, ein Gedanke, der zu ihrer späteren Aufwertung als einer zentralen kosmologischen Gestalt in der Gnosis hinüberführt. Im Judentum wird sie sukzessive mit der Tora gleichgesetzt. Die weisheitlichen Bücher des antiken Judentums schöpfen aus dem Repertoire der altorientalischen Spruchweisheit und geben ihm ein spezifisch israelitisches, an Jahwe orientiertes Gepräge. Weisheitsbücher sind Hiob, Sprüche und Kohelet, in nachatl. Zeit z. B. Jesus Sirach und die Weisheit Salomos aus dem 2. bzw. 1. vorchristl. Jhdt.

»Hiob« (hebr. Ijjob), griech. Iob ist eine auf einer alten Sage beruhende Dichtung, welche die Gedanken einer in die Krise geratenen Weisheit reflektiert und narrativ gestaltet. Existentielle Befriedigung finden die tiefsten Fragen des Menschen nicht in diskursiver Erkenntnis, sondern nur in einer (paradoxen) Gottesbegegnung. Die »Sprüche Salomos« (hebr. Mischle Schlomo) sind eine reflektierte Kompilation aus verschiedenen älteren Spruchsammlungen. Zeitweise wurde volkstümliche Spruchweisheit offenbar geradezu im königlichen Auftrag gesammelt (Spr. 25, 1). An einigen Stellen sind wörtliche Berührungen mit altägyptischen Weisheitsbüchern zu beobachten (»Lebenslehre« des Amen-en-ope, vor 1000 v. Chr., und Spr. 22, 17-24, 22), die als Rezeption ägyptischer Gedanken zu deuten sein werden. »Weisheit« galt in Israel als durchaus internationales Phänomen: ihre inhaltliche Affinität zu Überlieferungen weit über Israels Grenzen hinaus war wohlbekannt (1. Kön. 5, 9-14). In eigenartigem Kontrast hierzu – der die Weite des altjüdischen Denkens dokumentiert – steht das Buch »Prediger« (hebr. Qohelet »der in der Gemeindeversammlung aufsteht«), welches ähnlich Hiob eine Krisenschrift ist. Die weltbildhaften Selbstverständlichkeiten der altjüdischen Weisheit werden hier radikal fraglich, wobei noch jeglicher eschatologische Horizont fehlt. Auch dieses Buch steht unter dem Namen Salomos, des 3. Königs Gesamtisraels und Tempelerbauers. Wie David als der exemplarische Psalmensänger galt, so wird altisraelitische Weisheit gern unter dem Namen Salomos tradiert. Das darf nicht als Autorenangabe mißverstanden werden, sondern bezeichnet den Charakter dieser Weisheit, ähnlich wie in Griechenland Fabelgut unter dem Namen Äsops, medizinische Texte (ganz unterschiedlicher Herkunft) unter dem Namen des Hippokrates tradiert wurden. Auch nachbiblische Weisheitsbücher können noch unter dem Namen Salomos stehen. Das »Hohelied« (hebr. Schir ha-Schirim »Lied der Lieder«) ist eine Sammlung von Liebesliedern, die in Judentum und Christentum später gern allegorisch gedeutet wurden (z. B. auf die Liebe zwischen Gott und seinem Volk, oder Gott und der Kirche). Ursprünglich war ihre Bedeutung jedoch mit großer Wahrscheinlichkeit durchaus profan.

Die restlichen Bücher des Alten Testaments. Esra und Nehemia bieten Material aus der Zeit der Rückkehr nach dem babylonischen Exil und der Neukonstituierung Israels unter persischer Fremdherrschaft, während das »Chronistische Geschichtswerk« (1. Chronik, 2. Chronik, hebräisch: Divre ha-jamim »Ereignisse der Tage«) eine gegenüber dem Deuteronomistischen Geschichtswerk spätere, theologisch deutlich anders akzentuierte Darstellung des im wesentlichen gleichen geschichtlichen Stoffes ist. Ester ist eine Rettungserzählung aus der Zeit des persischen Reiches mit romanhaften Zügen, zugleich die Gründungslegende des jüdischen Purimfestes. Das schmale Büchlein Rut erzählt eine Episode aus dem Stammbaum König Davids. Wie Ester, Jona oder die Josephsnovelle gehört es zu den (in einem weiten Sinn des Wortes) weisheitlich geprägten legendenhaften Erzählungen im Alten Testament, welche für jüdische und christliche persönliche Frömmigkeit wichtig wurden. Treni (hebr. ʾEcha) »Klagelieder« ist eine mit dem Buch Jeremia inhaltlich vernetzte (daher in christlichen Bibeln oft diesem beigesellte) Sammlung von Klagen.

Daniel und die Apokalyptik. Daniel schließlich, das jüngste Buch des Alten Testaments, ist eine Apokalypse. Äußerlich als Erzählung aus der Zeit des Exils gestaltet, stammt es in Wahrheit aus der Makkabäerzeit, als der jüdische Tempel in Jerusalem durch den seleukidischen König Antiochos IV. Epiphanes 167 v. Chr. zu einem Heiligtum des griechischen Zeus Olympios umgeweiht worden war (dahinter steht die Idee einer Identität Jahwe-Zeus). Fromme Juden hatten dies als gotteslästerlichen Akt interpretiert und heftigen Widerstand geleistet, der schließlich 164 v. Chr. zur Errichtung des makkabäischen Staates führte, des letzten unabhängigen jüdischen Staates des Antike. Genau in diese Jahre fällt das Danielbuch, das offenbar noch vor dem Erfolg der Makkabäer verfaßt wurde. Es ist das einzige Buch des Alten Testaments, welches längere Passagen in aramäischer Sprache enthält (es existieren zwei stark divergierende griechische Übersetzungen, die zudem länger als die hebräisch-aramäische Fassung sind). Daniels Schau der Weltgeschichte (Motiv der aufeinanderfolgenden Weltreiche und des diese transzendierenden Gottesreiches) wurde wegweisend für zahlreiche mythologische Deutungen der Geschichte von der Antike bis in die Gegenwart.

Im Kontext einer jüdischen Literaturgeschichte ist Daniel (neben Teilen des »äthiopischen Henochbuches«) ein frühes Exemplar der Gattung Apokalyptik. Das griech. Wort »apokalypsis« bedeutet »Enthüllung, Offenbarung« (verallgemeinert vom Titel der Johannesoffenbarung im Neuen Testament). Apokalyptik ist also eine bestimmte Spielart antiker Offenbarungsliteratur (Literatur, die beansprucht, durch eine göttliche Offenbarung zustande gekommen zu sein). Als solche ist sie eine einerseits ausgesprochen intellektuelle, andererseits visionär-imaginative Literatur, die einen festen Code symbolischer Bilder, Figuren und Szenarios entwickelt, anhand derer sie eine oft radikale Gesellschaftskritik mit einer religiösen Besinnung über den Gang der Weltgeschichte, Theodizeefragen und das als bevorstehend angenommene Weltende und Reich Gottes entfaltet. Für ihr Weltverständnis charakteristisch sind ein lineares (nicht wie oft im Alten Orient zyklisches) Geschichtsbild, eine Qualifikation der Gegenwart als Unheilszeit und die Ankündigung einer umfassenden Heilszeit (diese kann, muß aber keine messianischen Züge tragen). Motive apokalyptischen Denkens begegnen in der hellenistischen Zeit breitgestreut, z. B. in etruskischen, gallischen, römischen, spätägyptischen und kleinasiatischen Überlieferungen.

Literatur: Klaus Koch, Das Buch Daniel. Darmstadt 1980 * John J. Collins, Daniel: a Commentary on the Book of Daniel. Minneapolis, MN 1993. 2. Druck 1994 * Lorenzo DiTommaso, The Book of Daniel and the Apocryphal Daniel Literature. Leiden u. Boston 2005 * Zur Apokalyptik (allgemein): The Encyclopedia of Apocalypticism. Bd. 1.: The Origins of Apocalypticism in Judaism and Christianity. Hrg. von John J. Collins. New York 1999.

Kanonisierung im Judentum. Kanonisierungsvorgänge in den verschiedenen Religionen dürfen in ihrer jeweiligen Bedeutung für diese Religionen keineswegs gleichgesetzt werden. Ihre inhaltliche Füllung und religiöse Legitamation geschieht durchaus in sehr unterschiedlicher Weise. Im Judentum ist die kanonische Gültigkeit der Tora früh unbestritten (sie wird wie erwähnt auch von den Samaritanern geteilt). In der griechischen Fassung des

Sirachbuches (um 100 v. Chr.) ist ein Vorwort des Übersetzers erhalten, welches bereits die sich abzeichnenden drei jüdischen Kanonteile erkennen läßt. Es heißt hier: »Mit dem Gesetz, den Büchern der Propheten und den anderen Schriften, die noch hinzugekommen sind, ist unserem Volk ein großer Schatz gegeben worden. Für die umfassende Bildung und Weisheit, die wir darin finden, kann man Israel nur beglückwünschen.« (Übersetzung der »Guten Nachricht«). Dies sind bereits »Tora Neviim we-Ketubim« (Tora, Propheten und Schriften), die bis heute den jüdischen Kanon bilden (je nach Zählung der Bücher mit 22 bzw. 24 Büchern; die 12 »kleinen Propheten« werden im Judentum als ein Buch gezählt). Bis zu einem effektiven Abschluß des Kanons sind allerdings noch viele Jahre vergangen. Über den religiösen Status einiger Bücher (insbesondere Hoheslied und Ezechiel) wurde noch lange diskutiert. Etwa um 100 n. Chr., also im Rahmen der Stabilisierung und Neukonstituierung des Judentums nach der Zerstörung des Tempels durch die Römer (70 n. Chr.), ist es auch hier zu einer Fixierung gekommen. Sie wird in der rabbinischen Literatur mit dem Namen »Javne« (in der judäischen Küstenregion) verbunden, einem der Orte, wo das entstehende Rabbinat ein Lehrhaus errichten konnte. Nach talmudischen Quellen wirkte hier nach 70 n. Chr. der große Lehrer Jochanan ben Zakkai, der nach einer Überlieferung dem Feldherren Vespasian seinen späteren Aufstieg zum Kaiser vorhergesagt hatte. Javne wird zu einem Kristallisationspunkt des entstehenden rabbinischen Judentums. An ein förmliches Konzil (für das die institutionellen Voraussetzungen nicht gegeben waren) wird man nicht denken dürfen. Seit dieser Zeit ist die hebräische Bibel Grundlage des Judentums.

Die kanonische Reihenfolge der atl. Bücher. Die im evangelischen Raum verbreitete Übersetzung der Lutherbibel (s. Kap. 4) bietet die Bücher in folgender Reihenfolge: 1.-5. Mose, Josua, Richter, Rut, 1./2. Samuel, 1./2. Könige, 1./2. Chronik, Esra, Nehemia, Ester, Hiob, Psalter, Sprüche, Prediger, Hoheslied, Jesaja, Jeremia, Klagelieder, Hesekiel, Daniel, Hosea, Joel, Amos, Obadja, Jona, Micha, Nahum, Habakuk, Zefanja, Haggai, Sacharja, Maleachi. Dies entspricht im Textumfang (nicht jedoch in der Reihenfolge) auch jüdischen Ausgaben. Katholische Übersetzungen

dagegen enthalten außerdem die Apokryphen oder deutero-
kanonischen Schriften (die in evangelischen Bibeln manchmal
als Anhang beigegeben sind), nämlich die Bücher Tobit, Judit,
1. und 2. Makkabäer, Jesus Sirach, die Weisheit Salomos, das
Buch Baruch, der Brief Jeremias, Zusätze zu Esther und Daniel
und das Gebet Manasses. Diese Texte werden dann vielfach in
das allgemeine Schema »Historische Bücher – Lehrbücher und
Poetisches – Prophetische Bücher« eingeordnet. In der älteren
Überlieferung (d.h. vor Erfindung des Buchdruckes) ist die Reihenfolge der Texte noch nicht völlig stabil; gerade in den altkirchlichen Handschriften fluktuiert sie erheblich.

Auch in der jüdischen Literatur und in frühen jüdischen
Handschriften und Drucken divergieren die Reihenfolgen sehr
stark. Entgegen dem, was gelegentlich in theologischer Literatur zu lesen ist, hat es im 1. Jahrtausend eine kanonische jüdische Reihenfolge nicht gegeben. Alt ist jedoch die konzeptuelle
Dreiteilung des Kanons in »Tora«, »Propheten« und »Schriften«
(s.o.). Der babylonische Talmud bezeugt an einer Stelle eine
wohl ebenfalls konzeptuell zu verstehende Reihenfolge (bBB
14b = Traktat Baba Batra 14b), die heute oft (aber wiederum vor
allem in christlicher Literatur) als »die« jüdische Reihenfolge
gilt. Daneben stehen jedoch vielfach abweichende jüdische Listen aus späterer Zeit. Der lateinische Kirchenvater Hieronymus
referiert Ende des 4. Jhdts. in seinem sogenannten »Prologus ga-
leatus« (Praefatio in libros Samuel et Malachim) eine ähnliche,
in Details jedoch ebenfalls abweichende Liste, die er von jüdischen Lehrern übernommen hat. Dieser Befund ist nicht weiter
auffällig: in der Antike gab es noch keine jüdischen Großkodi-
zes, in denen all diese Texte in einem »Buch« Platz gefunden
hätten; schon darum ist die Frage nach einer »kanonischen Reihenfolge« anachronistisch. In späterer Zeit kann man immerhin
von typischen Arrangements sprechen, die als Leseanleitung
zu verstehen sind (Peter Brandt, Endgestalten des Kanons. Das
Arrangement der Schriften Israels in der jüdischen und christlichen Bibel. Berlin u. Wien 2001). Diese sind in jüdischen und
christlichen Bibeln durchaus verschieden.

Wichtig für die Frage der sich abzeichnenden »Kanonizität«
war in jedem Fall das Tempelarchiv. Vor 70 n. Chr. wurden Exemplare der Heiligen Schriften im Jerusalemer Tempel aufbe-

wahrt, wie der jüdische Historiker Josephus bezeugt (Antiquitates Judaicae III, 38; IV, 303; V, 61) (daher kommt vielleicht sogar der hebräische Ausdruck *kitbe haqqodäsch* »Heilige Schriften« im Sinne »Schriften, (die) im Heiligtum (wert sind, bewahrt zu werden)«. Die jüdische Gemeinde in Rom besaß nach 70 n. Chr. noch jahrhundertelang eine Torarolle, die einige Textvariationen aufwies, und aus der Zeit vor 70 und der Schreibstube des Tempels stammte (die sog. »Severus-Rolle«, die nicht erhalten ist, deren Text aber vielfach in jüdischen Quellen diskutiert wird, ähnlich den »nicht-othmanischen« Lesarten des Korans). Der auf den ersten Blick merkwürdige rabbinische Ausdruck »Schriften, welche die Hände verunreinigen« (sic!) für die heiligen Texte ist wohl brachylogisch zu verstehen, d.h. als abgekürzte Redeweise für Schriften, angesichts derer sich der Mensch seiner Unreinheit bewußt wird, bzw. vor denen »normale« kultische Reinheit eigentlich nicht ausreicht (eine erstaunliche Analogie kennt die indische Überlieferung: die »Unreinheit« des Samavedas im Kontrast zu »heiligeren« Texten; Gesetze des Manu IV, 129). Im Synagogengottesdienst wird die Torarolle beim Lesen nicht mit den Fingern berührt; als Lesehilfe dient ein kleiner (meist silberner) Zeigestock mit einer Hand (hebr. Jad), mit der der Lesende am Text entlanggeht. Auch dieser Brauch gehört in das weite Umfeld besonderer Respektsakte, die Heiligen Schriften entgegengebracht werden.

Einleitungswissenschaft. Bücher, welche die Verfasserschaftsfragen und die Entstehungsbedingungen der biblischen Bücher diskutieren, heißen in der Theologie traditionell »Einleitungen« (die also nicht etwa in den Inhalt oder die Theologie der Bibel einleiten!). Die wichtigsten neueren Titel sind: Erich Zenger, Einleitung in das Alte Testament. Stuttgart 6. Aufl. 2006 (die im deutschen Sprachraum augenblicklich führende Einleitung) * Brevard Childs, Introduction to the Old Testament as Scripture. London u. Philadelphia 1979. 3. Aufl. 1987 * Otto Eißfeldt, Einleitung in das Alte Testament unter Einschluß der Apokryphen und Pseudepigraphen sowie der apokryphen- und pseudepigraphenartigen Qumranschriften. Tübingen 1934 (unter kürzerem Titel). 4. Aufl. 1976 (der Klassiker, unübertroffen materialreich, in den Positionen heute öfters überholt) * Otto Kaiser, Einleitung in das Alte Testament. Eine Einführung in ihre Ergebnisse und Probleme. Gütersloh 5. Aufl. 1984. Nachdruck Gütersloh 2003; ders., Grundriß der Einleitung in die kanonischen und deutero-kanonischen Schriften des Alten Testaments. 3 Bände. Gütersloh 1992–1994 * Christoph Levin, Das Alte Testament. München 2001 (sehr knapp, zur ersten Orientierung) * Rudolf Smend, Die Entstehung des Alten Testaments. Stuttgart 5. Aufl. 2000 * Werner H. Schmidt, Einführung in das Alte Testament. Berlin u. New York 5. Aufl. 1995 (auch zum Einstieg geeignet).

Text und Textausgaben. Die in der wissenschaftlichen Welt all-gemein benutzte Textausgabe der hebräischen Bibel ist: Biblia Hebraica Stuttgartensia. Hrg. von Karl Elliger, Wilhelm Rudol-ph u. Ernst Würthwein. Stuttgart 1967–1977 (Lieferungen; letzte geringfügig verbessserte Ausgabe 1997, hrg. von Adrian Schen-ker). Eine vollständige Neubearbeitung hat gerade begonnen zu erscheinen. Zum Text vgl. Ernst Würthwein, Der Text des Alten Testaments. Eine Einführung in die Biblia Hebraica. Stuttgart 5. Aufl. 1988 und vor allem Emanuel Tov, Der Text der hebräischen Bibel. Handbuch der Textkritik. Stuttgart 1997. Bekanntlich hat das Hebräische mit seinen 22 Buchstaben ursprünglich keine Vokalzeichen besessen: diese wurden zuerst von den jüdischen »Masoreten« im 7.-10. Jahrhundert nach der überlieferten Aus-sprache fixiert und niedergeschrieben. Damit waren die meisten sprachlichen Unklarheiten des Textes beseitigt. Doch ist dieser sogenannte »masoretische Text« (mit ältesten Handschriften aus dem 10./11. Jahrhundert) heute nicht mehr die älteste er-reichbare Textgestalt der hebräischen Bibel: vor allem biblische Textfunde aus Qumran (die natürlich noch nicht vokalisiert wa-ren) haben uns in den letzten Jahrzehnten vielfach eine ältere Textgestalt zugänglich werden lassen. Die Abweichungen sind jedoch im allgemeinen minimal und meist nur orthographischer Art; insgesamt ist das Alte Testament mit einer phänomenalen Texttreue aus der Antike überliefert worden.

Literatur: Das grundlegende Großlexikon ist: Theologisches Wör-terbuch zum Alten Testament. Stuttgart 1970ff. (Lieferungen). 1973ff. (Bände). 10 Bände. Begr. von G. Johannes Botterweck und Helmer Ringgren. Zuletzt hrg. von Heinz-Josef Fabry und Helmer Ringgren *

Ernst Jenni, Claus Westermann (Hrg.), Theologisches Handwörterbuch
zum Alten Testament. 2 Bände. München u. Zürich 1971–1976. 3. Aufl.
1995 * Zur Geschichte Israels: Herbert Donner, Geschichte des Volkes
Israel und seiner Nachbarn in Gründzügen. 2 Bände. Göttingen 3.
Aufl. 2000/2001 * Bernhard Lang, Jahwe der biblische Gott. Ein Por-
trät. München 2002. (neue und originelle Schau der »Geschichte Jah-
wes«) * Theologien des Alten Testaments: Otto Kaiser, Der Gott des
Alten Testaments. Theologie des AT. Bd. 1: Grundlegung. Göttingen
1993 Bd. 2. Wesen und Wirkung – Jahwe, der Gott Israels, Schöpfer der
Welt und des Menschen. Göttingen 1998 Bd. 3. Jahwes Gerechtigkeit.
Göttingen 2003 (UTB) * Horst Dietrich Preuß, Theologie des Alten Te-
staments. 2 Bände. Stuttgart 1991/2 * Gerhard von Rad, Theologie des
Alten Testaments. 2 Bände. München 1957–1960. 4. Aufl. 1962–1965. 10.
Aufl. 1992–1993 (Klassiker) * Rolf Rendtorff, Theologie des Alten Testa-
ments. Ein kanonischer Entwurf. Neukirchen-Vluyn 1999–2001 * Josef
Schreiner, Theologie des Alten Testaments. Würzburg 1995 * Zusam-
menfassende Darstellungen zur Religionsgeschichte Israels: Rainer
Albertz, Religionsgeschichte Israels in alttestamentlicher Zeit. 2 Bän-
de (auch zusammengebunden in 1 Band). Göttingen 2. Aufl. 1996/97 *
Antonius H. J. Gunneweg, Biblische Theologie des Alten Testaments.
Eine Religionsgeschichte in biblisch-theologischer Sicht. Stuttgart u.a.
1993 * Helmer Ringgren, Israelitische Religion. Stuttgart 2. Aufl. 1982
* Werner H. Schmidt, Alttestamentlicher Glaube. Neukirchen-Vluyn 8.
Aufl. 1996 (Titel bis zur 7. Auflage: Alttestamentlicher Glaube in seiner
Geschichte) * Bibellexika: The Anchor Bible Dictionary, 6 Bände. Hrg.
David Noel Friedman u.a., New York u. London 1992 (das im Augen-
blick weltweit führende Bibellexikon, welches aber ältere Bibellexika
nicht ersetzt, sondern in vieler Hinsicht nur ergänzt) * Neues Bibel-
Lexikon. 3 Bände. Hrg. von Manfred Görg und Bernhard Lang. Zürich
bzw. Düsseldorf und Zürich 1988–2001 (Lieferungen; Bd. 1 erschien
1991) * Pierre Maurice Bogaert (Hrg.), Dictionnaire encyclopédique de
la Bible. Turnhout 3. Aufl. 2002 * Reclams Bibellexikon. Hrg. von Klaus
Koch. Stuttgart 6. Aufl. 2000 (sehr knapp) * Calwer Bibellexikon. Neuausgabe hrg. von Otto Betz u.a. 2 Bände. Stuttgart 2003. 2. Aufl. 2006
* The New Interpreter's Dictionary of the Bible. Nashville, TN 2006ff.
(bisher Bd. 1, auf etwa 6 Bände berechnet).

Anhang: Der babylonische und der Jerusalemer Talmud.

Der Talmud im Rahmen der rabbinischen Literatur. Das Judentum verehrt nur die kanonischen Bücher der Tora, der Propheten
und »Schriften« als seine Heiligen Texte in einem engeren Sinn.
In hohem Maße normativ sind jedoch gerade für das traditionelle Judentum auch Texte der talmudischen Zeit (etwa 100–500

n. Chr.), insbesondere der sog. Babylonische Talmud. Es ist daher üblich, daß Bücher über Heilige Schriften auch ein Kapitel
über den Talmud bzw. die Talmude besitzen (so die Darstellungen von Lanczkowski und Tworuschka, wo der entsprechende
Beitrag von Karl Hoheisel geschrieben wurde). Um den nur ab-
geleiteten Charakter des Talmuds – der als Auslegung der kanonischen Schriften argumentiert, und diese daher ständig zitiert
– zum Ausdruck zu bringen, behandel wir diese Textgruppe
hier nur sehr knapp als Anhang zu den Heiligen Schriften des
Judentums im engeren Sinn. Es wäre nämlich doch wiederum
sachlich unzutreffend, den Talmud etwa nur als jüdischen religiösen Klassiker (im Kap. 1. beschriebenen Sinn) zu bedenken.
Vielmehr hebt ihn das Interpretament der »mündlichen Tora«
über einen solchen Rang hinaus. Mose habe eine zweifache Tora
hinterlassen: eine schriftliche und eine mündliche. Die mündliche Tora hat den gleichen Rang wie die schriftliche. Verbunden mit der Konstruktion einer Lehrsukzession »vom Sinai her«
(Mischna Avot 1, 1) verleiht dies dem nach der Tempelzerstörung entstandenen jüdischen Lehrstand eine erhebliche Autorität. In den Talmuden dokumentiert sich nun nach rabbinischem
Verständnis wesentlich die »mündliche Tora«. Im einzelnen
sind die Mischna (der älteste Teil der talmudischen Literatur,
s. sofort) und die beiden Talmude Mittelpunkt einer immensen
Textmasse rabbinischen Schrifttums, dessen Anfänge in das 2.
Jhdt. zurückreichen. Ein Ursprung vor 70 n. Chr. kann nur für
einzelne mündliche Überlieferungen über berühmte Lehrerper-
sönlichkeiten (z. B. das Paar Hillel und Schammai, ältere Zeitgenossen Jesu) und wenige sehr kurze Texte (die »Fastenrolle«,
vielleicht einen Grundstock des Mischnatraktates »Middot«
u.ä.) plausibel gemacht werden. Daher können die Mischna und
andere talmudische Texte auch nur mit erheblichen Einschränkungen zur Rekonstruktion des Judentums der Epoche Jesu
benutzt werden. Ihre Bedeutung liegt jedoch in der Regelung
zahlreicher Fragen religiöser Praxis, in der sie für das Judentum
normativ bis in die Gegenwart wurden. Um 200 n. Chr. wird
die Mischna als älteste derartige Sammlung, die wir besitzen,
endredigiert. Dieser Vorgang ist mit dem Namen des Rabbi Jehuda ha-Nasi (»der Fürst«) verbunden (so zuerst babylonischer
Talmud, Baba Mezia 86a), der auch als Nachkomme Davids gilt

(davidische Abstammung wird bis zur Gegenwart auch sonst von einer Reihe jüdischer Familien behauptet). In der jüdischen Traditionsliteratur wird er einfach als »Rabbi« zitiert (d.h. »Rabbi« »mein Lehrer« ohne Namen meint immer Jehuda ha-Nasi). Nur en passant erwähnt werden kann hier, daß die rabbinische Literatur mehrfach ein Verbot der Niederschrift der »mündlichen Tora« erwähnt (klassisch babylonischer Talmud, Traktat Temurah 14b; auch Gittin 60b). Danach wären die rabbinischen Traditionswerke längere Zeit nur mündlich tradiert worden. Dies ist a priori wenig wahrscheinlich, und widerspricht auch diversen Textbeobachtungen. Doch setzt die erhaltene handschriftliche Überlieferung tatsächlich erst im frühen Mittelalter ein. Die weiteren Details sind in der Forschung nach wie vor umstritten.

Für Anfängerinnen und Anfänger ist ein Einstieg in die eigene Lektüre der rabbinischen Literatur nicht einfach, da Aufbau und Argumentationsstruktur immer schon den »rabbinischen Diskurs« und damit einige Vorkenntnisse voraussetzen. Auch die Zitierweisen rabbinischer Literatur bedürfen der Erklärung, ebenso die Arbeit mit den Urtextausgaben, selbst wenn man bereits gute Hebräischkenntnisse am Alten Testament erworben hat. Im traditionellen jüdischen Schulbetrieb gilt als Regel, eine Seite Talmud pro Tag zu erarbeiten: man sieht, wie schwierig die Materie auch für solche ist, die mit ihr aufgewachsen sind.

Literatur: Reinhold Mayer, Der babylonische Talmud. München 1963. 7. Aufl. 1986 (auch als Taschenbuch, thematisch geordnete Anthologie mit Anmerkungen) * Günter Stemberger, Der Talmud. Einführungen. Texte. Erläuterungen. München 3. Aufl. 1994 (vermittelt ein besseres Bild von der Struktur talmudischer Literatur, bietet aber weniger Texte) * Umfassende Übersicht zur rabbinischen Literatur: Günter Stemberger, Einleitung in Talmud und Midrasch. München 8. Aufl. 1992 (Fortsetzung eines ehemals von Hermann L. Strack 1887 begründeten Standardwerkes).

Die Mischnatraktate. Das Wort Mischna bedeutet »Wiederholung«, nämlich des Gesetzes. Als Buch entspricht die Mischna im Umfang ungefähr dem Alten Testament. Im einzelnen besteht sie aus 6 Ordnungen (die Zahl 5 der Bücher der Tora wird vermieden), die sich in 63 Traktate gliedern, von denen jeder als eigenes Buch mit eigener Geschichte zu gelten hat. Einige Beispiele:

Berakhot (»Segenssprüche«) – Segensworte und Gebete, die den Alltag begleiten, einschließlich des Schema´, des jüdischen Grundbekenntnisses zum Monotheismus.

Pe´ah (»Ackerecke«) – Armenrecht nach Lev. 19, 9f.; 23, 22 und Dtn. 24, 19–21.

Bikkurim (»Erstlingsopfer«) – Nach Dtn. 26, 1-11 und Ex. 23, 19.

Pesachim (»Pesach-Lämmer«) – Zum Pascha-Fest nach Ex. 12, 23; 15, 34; 34, 18; Lev. 23, 5-8 und Num. 28, 16-25 etc.

Scheqalim (»Schekel«) – Verwendung der Tempelsteuer.

Megilla (»Rolle«) – Insbesondere zur Verwendung des Buches Ester und zum Purimfest; auch über Texte, die nicht öffentlich vorgetragen werden dürfen.

Bava Qamma (»Erste Pforte«) – Strafrecht in Schadensfällen (Sachschäden) und bei Körperverletzungen.

Bava Mezia (»Mittlere Pforte«) – Bürgerliche Gesetze, u.a. Handels-, Miet- und Pachtrecht.

Bava Batra (»Hintere Pforte«) – Eigentumsrecht, insbesondere Immobilien- und Erbrecht.

Sanhedrin (Synhedrion) – Über Gerichtshöfe, Zeugenaussagen, Strafmaße u.ä.

Avoda Zara (»Götzendienst«) – Nicht nur über pagane Religionen, sondern überhaupt über Fragen des Zusammenlebens zwischen Juden und Heiden, z. B. im Handel. Wichtig auch für unsere Kenntnis paganer Präsenz in Palästina.

Avot (»(Sprüche der) Väter«) – Beliebter, auch in vielen jüdischen Gebetbüchern abgedruckter Traktat mit ethischen Leitsprüchen, Lebensregeln und einer Traditionskette von Mose bis zu den Rabbinen der tannaitischen (mischnischen) Zeit.

Ein einzelner Abschnitt innerhalb der Mischna heißt »Halacha« (wörtlich »Weg«, auch allgemeiner Begriff für religionspraktische Regelungen, Plural Halachot). Ergänzend zur Mischna existiert als eigene Sammlung die »Tosefta«, die ebenfalls in Form einzelner Traktate (deren Namen weitgehend denen der Mischna entsprechen) weiteres sachlich vergleichbares Material darbietet. Die Mischna behandelt religiöse und juristische Fragen. Ein Leitgedanke priesterlicher Herkunft ist dabei die Schaffung von kultischer Reinheit, die das ganze Leben durchdringt. Auffällig ist, daß manches zur Zeit ihrer Kompilation (um 200 n. Chr.) nicht mehr praktiziert werden konnte (Tempel- und Opferdienst), und dennoch ausgiebig diskutiert wurde. In dieser Orientierung am »Ganzen« der Tora mag man ein utopisches Element sehen. Messianisch-apokalyptische Themen treten in jener Gestalt des Judentums, die uns in der Mischna begegnet, ansonsten ganz zurück. Das Judentum versucht, sich unter den Rahmenbedingungen des Römischen Reiches eine stabile und zukunftsfähige Gestalt zu geben, wobei dem mittlerweile hochprofessionalisierten Berufsstand des rabbinischen Gelehrten eine besondere Bedeutung zukommt. Der »Rabbi« (das Wort wird erst nach 70 n. Chr. allmählich zu einer Art Berufsbezeichnung) ist zugleich Theologe und Jurist (aber kein Priester!).

Literatur: Die Mischna. Text, Übersetzung und ausführliche Erklärung. Begr. von Georg Beer und Oscar Holtzmann. Gießen 1912ff. Berlin 1956ff. (»Gießener Mischna«, führende wissenschaftliche Ausgabe) * Herbert Danby, The Mishnah. Translated from the Hebrew with Introduction and Brief Explanatory Notes. Oxford 1933 (oft nachgedruckt; Standardausgabe) * Jacob Neusner, The Mishnah. A New Translation. New Haven 1991 * Die Mischna ins Deutsche übertragen, mit einer Einleitung und Anmerkungen von Dietrich Correns. Wiesbaden 2005 (handliche Gesamtübersetzung).

Gemara, Jerusalemer und babylonischer Talmud. Die Dokumentation der über die Mischna hinaus weitergeführten Diskussion in den rabbinischen Lehrhäusern nennt man Gemara (»Vollendung«, sc. der Diskussion). Mischna und Gemara zusammen bilden den Talmud. Dieser existiert wie bereits erwähnt in zwei unterschiedlichen Fassungen. Der sehr viel kürzere palästinische oder Jerusalemer Talmud wurde um 400 n. Chr. oder etwas später redigiert. Der ausführliche babylonische Talmud ist vermutlich um 500 n. Chr. in den jüdischen Lehrhäusern Mesopotamiens im wesentlichen in seine heutige Form gebracht worden. Beide Talmude sind in einer Gelehrtensprache verfaßt, die Hebräisches und Aramäisches verbindet, und nicht selten in einem einzigen Satz von einer Sprache zur anderen wechselt. Die Mischna dagegen ist in einem Hebräisch verfaßt, das sich gegenüber dem biblischen Hebräisch zwar schon deutlich weiterentwickelt hat, aber doch offenbar bewußt als religiöse Sprache kultiviert wurde (Umgangssprache war Aramäisch). Fremdworte sind häufig, im palästinischen vor allem solche griechischer Herkunft, im Bavli (babylonischen Talmud) solche iranischer (persischer) Provenienz.

Formal werden in lockerer Folge Themen jüdischer religiöser Praxis behandelt, und zu Streitfragen divergierende Gelehrtenmeinungen unter Angabe dessen, der sie vertritt, nebeneinander gestellt. Das Verfahren ist durchgehend kasuistisch, d.h. behandelt Einzelfragen und Einzelfälle; die vorausgesetzte Systematik ist zum Teil erst im Mittelalter von jüdischen Religionsphilosophen dargestellt worden. Die Gemara ist damit ein Kommentar zur Mischna, doch werden nicht alle Mischnatraktate behandelt. In den Einzelheiten unterscheiden sich die beiden Talmude erheblich, so haben im palästinischen Talmud nur 39 der 63 Traktate eine Gemara. Dies erklärt sich vielleicht mit einer gewissen Eile der abschließenden Redaktion, die mit den Unklarheiten zusammenhängen mag, die sich 425 n. Chr. aus dem Tod des letzten hillelitischen Patriarchen Gamliel VI. und der Abschaffung der jüdischen Selbstverwaltung in Tiberias ergaben. Dazu treten textkritische Probleme, die durch die klassischen jüdischen Druckausgaben (seit dem 16. Jhdt.) eher verdeckt werden und noch nicht abschließend aufgearbeitet sind. Die 5 sogenannten »außergewöhnlichen Traktate« des Bavli (Nedarim, Nazir, Keritot, Me`ila und Tamid) unterscheiden sich inhaltlich so stark, daß sie einer anderen Lehrtradition als der Rest entstammen werden. Man denkt an die Schulen in Pumbedita und Nehardea, während die meisten Texte des Bavli die Position der rabbinischen Schule von Sura verkörpern dürften. Im Jeruschalmi (Jerusalemer Talmud) dagegen stehen Überlieferungen der Lehrhäuser von Cäsarea, Tiberias und Sepphoris zum Teil spannungsvoll nebeneinander. Diese Vielstimmigkeit zeigt, daß die Talmude lebendige Kontroversen wiedergeben: eine völlige Einheitlichkeit der religiösen Praxis ist gar nicht anvisiert. In den neueren Druckausgaben (seit Wilna 1886) werden dem Bavli zudem eine Reihe kleinerer Texte beigegeben, denen keine Mischna zugrundeliegt, die aber oft von großer religionsgeschichtlicher Bedeutung sind. Es sind dies u.a. (die Zahl der aufgenommenen Traktate divergiert in verschiedenen Ausgaben):

1. Traktat Abot de Rabbi Natan (fast nur haggadische, also erzählende Texte)
2. Traktat Soferim (Herstellung von Bibelhandschriften)
3. Traktat Ebel Rabbati (über Trauerfragen)
4. Traktat Kalla (»Braut«)
5. Derekh Erez Rabba (Lebensregeln, die in Israel galten)
6. Derekh Erez Zutta (Maximen)

Im Text der talmudischen Traktate selbst werden komplexe Argumentionsmuster benutzt, die sich z. T. mit den hermeneutischen Traditionen der Alten Kirche berühren, oft aber auch ganz eigenen Wege gehen. Daneben stehen erzählende Texte, die zum Teil die biblischen Überlieferungen narrativ weiterführen (»Haggada«). Volkstümliches erscheint öfters in eigenen Sammlungen, z. B. in einem Traumbuch (babylonischer Talmud, Berakhot 55a-56b) und einer Zusammenstellung von Seemansgarn und Seegeschichten (ebd. Baba Batra 73a-75b). Inhaltlich umfaßt der Talmud das ganze Spektrum jüdischen Lebens, und ist auch religionsgeschichtlich eine Quelle von nicht zu überschätzender Bedeutung. Neben dem Talmud eignen sich zum Einstieg in rabbinisches Denken besonders die Midraschim, jüdische Auslegungswerke, die hier nicht im einzelnen besprochen werden können.

Literatur: Der babylonische Talmud. Übertragen von Lazarus Goldschmidt. Berlin 4. Aufl. 1996 (zuerst 1897–1935; einige deutsche Gesamtübersetzung,, die wissenschaftlichen Ansprüchen jedoch nicht genügt und in der z. B. Schriftzitate oft gekürzt sind) * Isidore Epstein (Hrg.), The Babylonian Talmud. Translated into English. 35 Bände. London 1935–1952. Reprint o. J. (in 18 Bänden) (»Soncino Talmud«). Daneben existieren mehrere englische Übersetzungsprojekte (u.a. Adin Steinsaltz, Jacob Neusner).

3. Das Neue Testament

Verheißung und Erfüllung: die Stellung des Neuen Testaments im Christentum. Das Neue Testament ist der zweite, jüngere Teil der Heiligen Schrift der christlichen Kirchen. Alle christlichen Kirchen der Gegenwart beziehen sich zudem auf das Alte Testament als elementare Referenzgröße, auch wenn über dessen genauen Umfang kleine (in der religiösen Praxis kaum relevante) Meinungsunterschiede bestehen. Auch das Neue Testament selbst versteht die Geschichte Jesu als Erfüllung und Weiterführung alttestamentlicher Verheißungen, d.h. der alttestamentliche Bezugsrahmen wird auch da nicht gesprengt, wo das Christentum die Sozialgestalt einer neuen Religion annimmt. Dieser Bezug wird nicht nur durch die zahllosen alttestamentlichen Zitate im Neuen Testament dokumentiert (mehrheitlich in der griechischen Fassung der Septuaginta), sondern auch durch typologische Auslegungen, Anspielungen, Antithesen und viele anderen Formen der Intertextualität. Das alttestamentlich geprägte Judentum definiert das religiöse Weltbild früher Christinnen und Christen auch da, wo sie ihm widersprechen. Der Anspruch, etwas völlig Neues in die Welt zu bringen, drückt sich dabei z. B. durch das »Revelationsschema« aus: im Evangelium Jesu Christi wird der vormals verborgene heilsgeschichtliche Plan Gottes offenbar (Kol. 1, 26-28; Eph. 3, 4-7.8-12; Röm. 16, 25f.; vgl. 1. Kor. 2, 6-10; 2. Tim. 1, 9f.; Tit. 1, 2f.; 1. Pt. 1, 20).

Im Gegensatz zu Vorstellungen, denen man in kirchenkritischer, vor allem esoterischer und sensationalistisch-journalistischer Literatur oft begegnet, ist der Kanon des Neuen Testamentes nie von einer »kirchlichen Institution«, etwa einem Konzil förmlich beschlossen worden. Er ist vielmehr der organische Endpunkt einer längeren Entwicklung in der Alten Kirche, in der sich bestimmte Schriften für den gottesdienstlichen Gebrauch allmählich durchsetzten. Auf den ersten Blick überraschend ist dabei die Beobachtung, daß diese Entwicklung kaum umstritten war, und tatsächlich weithin durch stillschweigenden Konsens geschah. Zwar wurde in der alten Kirche auch über den Kanon diskutiert, aber selten mit jener Vehemenz, mit der etwa Fragen der Abgrenzung gegenüber dem Judentum, der Christologie, des trinitarischen Gottesbildes, des Schöpfungsglaubens u.ä. zur Sprache kamen.

Das Neue Testament bildet im Christentum nicht das Zentrum des Religion, wie es die Tora im Judentum ist, oder der Koran im Islam. Einmal enthält es selbst ein deutlich »schriftkritisches« Element (Geist und Buchstabe – 2. Korinther 3). In der katholischen Tradition tritt neben die Bibel das kirchliche Lehramt als höchste Autorität. In evangelischen Raum stellt sich immer wieder die Frage nach dem »Kanon im Kanon«, der »Mitte der Schrift«, aus dem bzw. aus der sich Kriterien zur Auslegung der Schrift ergeben (ein typisch evangelisches Problem). Martin Luther hatte dazu die berühmte Formulierung geprägt: Heilige Schrift sei, »was Christum treibet«. Dies bezeugt sich in der Bibel, ist aber mit ihr nicht identisch. Luther konnte bewußt paradox schreiben: »Was Christum nicht lehret, das ist nicht apostolisch, wenn´s gleich Petrus oder Paulus lehret; wiederum, was Christum predigt, das ist apostolisch, wenn´s gleich Judas, Hannas, Pilatus oder Herodes täte« (Werke. »Weimarer Ausgabe« Abt. 4, Bd. 7. Weimar 1897, 384). Neuere evangelische Theologien haben in der »Rechtfertigung des Gottlosen« im Sinne von Röm. 3 eine solche »Mitte« zumindest des Neuen Testaments finden wollen, an dem biblische Traditionen zu werten seien. Die Stelle, welche etwa der Tora im Judentum als zentraler Heilsgabe zu kommt, nimmt im Christentum Jesus Christus selbst ein. Insofern ist die Bibel nicht »Zentrum« des Christentums, obwohl auch das Christentum in seinem steten Bibelbezug eine Buchreligion ist.

Der theologische Gedanke der »Überhöhung« oder Überwindung des Gesetzes durch das Evangelium, des Alten Testaments durch das Neue konnte sich in der Kirchengeschichte gelegentlich bis zu einer förmlichen Ablehnung des Alten Testaments als Heiliger Schrift der Christen radikalisieren. Der erste, der in diesem Sinn einen christlichen Kanon ohne Altes Testament schuf, was der pontische Reeder Markion, der um 140 n. Chr. eine eigene Kirche begründete. Seine Sammlung Heiliger Schriften bestand nur aus einem gekürzten Lukasevangelium und zehn Paulusbriefen (ohne Pastoralbriefe und Hebräerbrief). In späterer Zeit sind bei Theologen wie Martin Luther oder Friedrich Daniel Schleiermacher kritische Stimmen gegenüber dem Alten Testament zu vernehmen, die seiner kanonischen Wertschätzung aber keinen Abbruch tun konnten. Zuletzt hat der große deutsche liberale Theologe Adolf von Harnack (1851–1930) für eine kategoriale Abwertung des Alten Testaments plädiert, das von seinem Platz im christlichen Kanon auf denjenigen eines Dokumentes der Vorgeschichte des Christentums zu rücken sei. Im Rückblick auf Markion schreibt er: »Das AT im 2. Jahrhundert zu verwerfen, war ein Fehler, den die große Kirche mit Recht abgelehnt hat; es im 16. Jahrhundert beizubehalten, war ein Schicksal, dem sich die Reformation noch nicht zu entziehen vermochte; es aber seit dem 19. Jahrhundert als kanonische Urkunde im Protestantismus noch zu konservieren, ist die Folge einer religiösen und kirchlichen Lähmung« (»Marcion. Das Evangelium vom fremden Gott«. 2. Aufl. Leipzig 1924 = Darmstadt 1985, 217). Nach der völligen Neubesinnung auf die »bleibende Erwählung Israels« und das Verhältnis zwischen Kirche und Judentum nach dem 2. Weltkrieg werden in heutiger christlicher Theologie solche Thesen nicht mehr vertreten. Das kontinuierliche Aufeinanderbezogensein des Alten und des Neuen Testaments ist eine grundlegende Denkstruktur christlicher Theologien.

Paulus als ältester christlicher Autor. Ältester Teil des vorliegenden Neuen Testaments sind die Paulusbriefe. Als Quellen für das Leben des Apostels kommen neben autobiographischen Passagen in seinen Briefen (Phil. 3, 4-11; Gal. 1f.; 1. Kor. 15, 1-11; 2. Kor. 12 etc.) die Apostelgeschichte (Apg.) und in sehr bescheidenem Umfang einige altkirchliche Nachrichten in Betracht. Wir wenden uns Paulus etwas ausführlicher zu, weil er der älteste und am besten greifbare Autor neutestamentlicher Schriften ist. Obwohl sein theologisches Profil gut bekannt ist, bestehen über viele Etappen seines Auftretens und namentlich über die exakte Chronologie seines Lebens große Meinungsverschiedenheiten. Schwierigkeiten bereitet v. a. die Erklärung diverscr Divergenzen zwischen der Apg. und den eigenen Angaben des Paulus. Obwohl methodisch immer von den paulinischen Aussagen selbst auszugehen ist, steigt das Vertrauen in den Geschichtswert der Apg. in der jüngeren Forschung gegenüber den älteren (nach wie vor wertvollen) Arbeiten eines Martin Dibelius, Ernst Haenchen und Heinz Conzelmann. Fixpunkte der absoluten Chronologie sind die Amtszeit des Apg. 18, 12 erwähnten Prokonsuls von Achaia Lucius Gallio, welche durch eine Inschrift auf 51/52 n. Chr. fixiert werden kann (woraus sich für die Gallio-Szene eine Datierung auf Sommer 51 ergibt), sowie die Vertreibung der Juden aus Rom unter Kaiser Claudius 49 n. Chr. (Sueton, Claudius 25, 4; Orosius, Historia adversum paganos VII, 6, 15; Frühdatierung auf 41 unwahrscheinlich). Von diesen Daten aus kann dann unter Zugrundelegung der eigenen Angaben des Paulus und Vergleichung der Berichte der Apg. eine relative Chronologie entworfen werden.

Er empfängt eine umfassende jüdische Bildung und ist auch mit griechischer Rhetorik vertraut (das wurde vor allem für den Galaterbrief von Hans Dieter Betz detailliert nachgewiesen). Hellenistische Philosophie dagegen bleibt ihm fremd. Gelegentlich finden sich Berührungen mit populär-stoischen Gedanken, aber ein intellektuelles Gespräch mit den Philosophenschulen nach Art der platonischen Akademie scheint Paulus nach Ausweis seiner Brief nicht geführt zu haben. Zeitweise rechnet er sich zur jüdischen Gruppe der Pharisäer (Phil. 3, 5; nach Apg. 22, 3 war er ein Schüler Gamaliels I.), erlernt aber auch das Handwerk des Lederarbeiters (»Zeltmacher«), welches ihn später von Unterstützung durch andere unabhängig macht. Paulus war während seiner christlichen Zeit wohl aus apokalyptischen Motiven unverheiratet (1. Kor. 7, 40), vielleicht auch Witwer. Die Apostelgeschichte führt ihn zuerst als Zeugen der Steinigung des Stephanus vor Augen (Apg. 7, 58-8, 1). Auch nach seinen eigenen Angaben hat er sich als Verfolger christlicher Gemeinden betätigt. Um 33 ist die Bekehrung vor Damaskus anzusetzen, die er als visionäre Begegnung mit dem auferstandenen Jesus und Berufung zum Apostel erfährt. Danach hält er sich in Damaskus und Arabien auf (gemeint ist das heutige Jordanien). 35 oder 36 besucht er in Jerusalem Petrus, hat aber kaum Kontakte zu anderen Christen (die ihm gegenüber offenbar noch ängstlich sind). In Syrien und Kilikien beginnt eine erste Missionstätigkeit. Paulus hält sich längere Zeit in Antiochien auf; von dort betreibt er gemeinsam mit Barnabas Mission in Zypern, Kilikien

und Südgalatien (»1. Missionsreise«; Apg. 13f.). Wohl Frühjahr
48 beschließt der sogenannte »Apostelkonvent« in Jerusalem
die Legitimität der beschneidungsfreien Heidenmission, obwohl ein Konfliktpotential zur Frage weiterbesteht (das »Apo-
steldekret« Apg. 15, 23–29 ist wohl jüngeren Datums). Weitere
Missionsreisen folgen, nicht zuletzt nach Griechenland (Philippi wurde erste paulinische Gemeinde in Europa). Etwa Frühjahr
56 (oder 57?) kommt er mit der von ihm für die verarmte Mut-
terkirche gesammelten Kollekte in Jerusalem an (eine Annahme
der Kollekte wird nicht berichtet und ist fraglich) und wird dort
verhaftet. 2 Jahre sitzt er in Cäsarea im Gefängnis ein. 58 kommt
es zum Wechsel im Amt des Statthalters (Felix und Festus), der
zur Wiederaufnahme des Verfahrens führt. Paulus appelliert
aufgrund seines römischen Bürgerrechtes (das wohl zu Unrecht
gelegentlich bestritten wurde, weil von ihm selbst nie erwähnt)
an den Kaiser und wird nach Rom gebracht. Nach einem Schiff-
bruch hält er sich einige Zeit auf Malta auf. Die Ankunft in Rom
ist wohl 59 (nach anderen 60) anzusetzen; es folgt eine zweijäh-
rige leichte Haft (Hausarrest: Paulus lebt in eigener Wohnung
und kann Besuch empfangen). Mit der Freilassung des Paulus
und seiner Predigttätigkeit in Rom endet die Apostelgeschichte,
deren Verfasser damit zum Ausdruck bringt, daß das Evangelium die Mitte des Imperiums erreicht hat. Nach Apg. 20, 24 weiß
»Lukas« (der Verfasser der Apg.) natürlich, daß Paulus schließlich in Rom hingerichtet wurde.

Paulinische Briefe. Als echt gelten der jüngeren Forschung 1.
Thess., 1./2. Kor., Gal., Phil., Philem., Röm. (zu den Deuteropaulinen s. u.). 1. Thessalonicher ist wohl um 50, wahrscheinlich in
Korinth geschrieben. 1. Korinther wurde von Ephesus aus (1.
Kor. 16, 8) wohl Frühjahr 55 oder 54 als Antwort des Paulus auf
Anfragen aus der korinthischen Gemeinde verfaßt. Besonders
schwierig sind die Entstehungsbedingungen des 2. Korinther-
briefes zu klären, der nach Meinung vieler eine sekundäre Zusammenstellung aus mehreren (echten) Paulusbriefen darstellt,
also eine Art Paulusanthologie. 2. Kor. 1, 1-2, 13; 2, 14-6, 13; 7,
2-4; 7, 5-16; 8. 9. 11-13 stellen je eigene Probleme und werden
unterschiedlich zu älteren Briefen zusammengesctzt. Vor allem 11-13 gilt gern als Teil des ansonsten verlorengegangenen,

durch 2. Kor. 7, 5-9 bezeugten »Tränenbriefes«; nach anderen
hätte Paulus neue, bedrohliche Nachrichten aus Korinth erhalten, welche seine Einschätzung der Situation geändert hätten.
Falls 2. Kor. einheitlich ist, könnte er Ende 55 oder 56 in Makedonien geschrieben sein. Der Galaterbrief könnte entweder von
Ephesus aus oder während der Apg. 20, 2 bezeugten Reise nach
Makedonien bzw. von dort geschrieben sein, dann wohl nach
der erhaltenen Korintherkorrespondenz (55/56). Die Diskussion
mit judenchristlichen Gegnern hat hier eine unerwartete Schär-
fe gewonnen, da Paulus sein Lebenswerk in Gefahr sieht. Der
Römerbrief (wo die Gal. leidenschaftlich behandelten Probleme
noch einmal ruhiger entfaltet werden) stellt am ehesten eine systematische, programmatische Gesamtdarstellung paulinischer
Theologie dar; mit ihm führt sich Paulus in die römische Gemeinde ein, der er zuvor unbekannt war, und versucht diese als Basis
für seine weiteren Missionbemühungen zu gewinnen. Abfas-
sungsort ist Korinth (das Haus des Gaius), Abfassungzeit wohl
56. Der Philipperbrief (für den ebenfalls Teilungshypothesen
vorgeschlagen wurden) ist aus der Gefangenschaft geschrieben;
umstritten ist, aus welcher (Ephesus, Cäsarea, Rom): am ehesten
wohl aus Rom um 60. Der schmale Philemonbrief, ebenfalls in
Gefangenschaft geschrieben und wohl etwa gleichalt wie Phil.,
ist der einzige erhaltene »Privatbrief« des Paulus, aus dem wir
wichtiges für den freundlichen, aber auch bestimmten Umgang
des Paulus mit seelsorgerlichen Situationen lernen. Apg. zeichnet ohne stärkere Rezeption paulinischer Theologie ein Bild des
Missionars und Predigers Paulus, an dessen persönlichem Weg
sich der Missionserfolg der jungen Kirche darstellen ließ.

Deuteropaulinen. Umstritten in ihrer Echtheit sind unter den
überlieferten Briefen Kolosser und 2. Thessalonicher. Weithin
als »deuteropaulinisch« (nachpaulinisch) gelten Epheser und
die Pastoralbriefe (1. Timotheus, 2. Timotheus, Titus). Diese
pseudepigraphen Paulusbriefe, die sich in Sprache, Stil, Theologie und vorausgesetzter Gemeindesituation deutlich von den
echten Paulinen abheben, aktualisieren in der Zeit etwa zwischen 65 und 110 das Erbe des Paulus und dürfen als Zeugen
einer eigenen »Paulusschule« gelten, die sich in der Tradition
des Apostels sieht und wohl aus seinem Missionsteam erwach-

sen ist (schon die echten Paulinen nennen verschiedentlich Mitverfasser!). Spätere Überlieferung kennt weitere, außerneutestamentliche pseudepigraphe Paulusbriefe und eine üppig wuchernde Legendenbildung, die sich u.a. in den Acta Pauli, einem antiken Paulusroman (um 150), niedergeschlagen haben. Früh gesammelt (lange galt auch der anonyme Hebräerbrief als paulinisch), sind die Paulusbriefe neben den Evangelien eine der beiden Säulen des im 2. Jhdt. allmählich entstehenden christlichen Kanons. Als schwierig wurde der Apostel schon wenige Jahre nach seinem Tod empfunden (2. Petr. 3, 15f.); unklar ist, ob sich die Kritik Jak. 2, 14–26 gegen Paulus oder einen späteren verflachten Paulinismus wendet. Dennoch haben sich kirchliche Erneuerungsbewegungen (nicht zuletzt der Protestantismus) fast immer primär auf Paulus berufen.

Literatur: James D. J. Dunn, The Theology of Paul the Apostle. Grand Rapids, MI/Cambridge 1998 * Martin Hengel u. Anna Maria Schwemer, Paulus zwischen Damaskus und Antiochien. Tübingen 1998 * Jürgen Becker, Paulus. Der Apostel der Völker. Tübingen 3. Aufl. 1998 * Joachim Gnilka, Paulus v. Tarsus. Freiburg 1996 * Udo Schnelle, Paulus: Leben und Denken. Berlin u. New York 2003.

Die Evangelien und ihr Verhältnis untereinander. Griechisch »euangelion« (latein. evangelium) bedeutet »gute Botschaft« und ist im Neuen Testament ein Begriff, der sowohl die Verkündigung Jesu als auch die christliche Verkündigung über Jesus als Heilbringer meint. Evangelium ist damit faktisch identisch mit »Botschaft und wesentlicher Inhalt des Christentums«. Ein Buchtitel wird »Evangelium« erst etappenweise im 2. Jhdt., als man anfing, den Büchern über Jesus Titel zu verleihen (die nicht Teil des ältesten Textes sind). Im Gegensatz zum griech.-hellenist. Stil wurde dabei der Gewährsmann bzw. Autor des Buches in einer speziellen Form genannt, z. B. »euangelion kata Markon«, was etwa Evangelium nach Markus bedeutet. Nach der üblichen griechischen literarischen Titelform wäre »euangelion Marku« (Evangelium des Markus; Autorname im Genitiv) zu erwarten gewesen. Die Christen haben mit dieser ungewöhnlichen Titelform mit »kata« (»gemäß, nach«) zum Ausdruck gebracht, daß die Evangelienbücher ihnen nicht als schriftstel-

3. Das Neue Testament

lerische Leistungen, sondern als Ausdruck des einen (immer identischen) Evangeliums von Jesus Christus gelten. Ein formales Vorbild hat die Titelform nur im antiken Orakelwesen, woher es auch die Montanisten im 2. Jhdt. übernehmen, z. B. »Logos nach Asterius Urbanus« (Eusebius, Historia ecclesiastica V, 16, 17). Umstritten ist, inwiefern die Evangelien des Neuen Testaments sozusagen als antike Jesusbiographien gelten können. Während sie an zahlreichen Fragen nicht interessiert sind, die heute zum Themenkanon einer Biographie gehören, haben sie durchaus Ähnlichkeiten mit antiken Biographien, vor allem solchen eher volkstümlicher Art (Homer- und Äsop-Viten u.ä. Texte). Auch mit den stärker auf eine zentrale religiöse antike Figur ausgerichteten antiken Pythagorasbiographien lassen sie sich recht genau vergleichen. Dennoch bieten sie inhaltlich und formal so viel Neues, daß die Evangelien als speziell christliche Textsorte gelten dürfen. Sie sind nicht einfach christliche Exemplare einer vorgegebenen Gattung.

Unbestritten ist in der Forschung, daß zumindest die drei sogenannten Synoptiker (gr. synopsis »Zusammenschau, Vergleich«) Markus, Matthäus und Lukas in einem engen auch literarischen Verhältnis zueinander stehen. Nach Diskussion vieler Denkmodelle im 19. Jhdt. hat sich schließlich ein Modell herausgebildet, welches die überwiegende Mehrheit der Textbeobachtungen erklären kann. Es ist dies die sogenannte Zweiquellentheorie, zu der eine Reihe von Gelehrten des 19. Jhdts. beigetragen haben (abschließend formuliert wurde sie von Heinrich Julius Holtzmann 1863). Danach ist Markus das älteste erhaltene Evangelium. Es lag als schriftliche Quelle Matthäus und Lukas bereits vor und lieferte ihnen sozusagen das Gerüst ihrer Darstellung. Matthäus und Markus stimmen daher im Aufbau ihrer Bücher nur insoweit überein, als sie auch mit Markus übereinstimmen (Indiz für die Markuspriorität). Doch haben beide noch eine gemeinsame zweite schriftliche Quelle benutzt, die im Gegensatz zu Markus heute verloren ist. In der Forschung wird diese verlorene Sammlung, die offenbar fast nur Reden und Sprüche Jesu enthielt, »Logienquelle« (neuerdings auch »Spruchevangelium« u.ä.) oder Q (für deutsch »Quelle«) genannt. Markus und Q sind also die Hauptquellen für Matthäus und Lukas (daher »Zweiquellentheorie«). Daneben haben Mt. und Lk. jedoch auch jeweils Sondergut benutzt, z. T. vielleicht aus schriftlichen Aufzeichnungen, hauptsächlich aber wohl aus der lebendigen mündlichen Überlieferung. Als die Zeugen der ersten Generation aussterben, beginnt die Phase der schriftlichen Fixierung von Evangelienbüchern. Diese sind jedoch nicht einfach Reflex der historischen Jesusgeschichte, sondern dokumentieren v.a. das Bild, das in den Gemeinden einige Jahrzehnte nach Jesu Tod von seinem Wirken herrscht. In Einzelheiten unterscheiden sie sich daher beträchtlich, auch wenn das Gerüst des Lebens Jesu (Taufe durch Johannes den Täufer, Leben als Wanderprediger, Exorzist und Heiler, Gefangennahme durch die Römer, Kreuzigung, Ostererfahrung der Jüngerinnen und Jünger) feststeht und wir auch von Wort und Botschaft Jesu durchaus ein deutliches, historisch plausibles Bild gewinnen. Die Evangelien sind in ihrer Darstellungsweise eher Porträtmalerei als Fotos; sie sagen genausoviel über ihre Autoren und die sie tragenden Gemeinden wie über Jesus.

Die in der Alten Kirche gelegentlich (etwa von Augustinus) vertretene These einer Matthäuspriorität (wonach Mt. das älteste Evangelium gewesen sei) wird heute nur noch von einer Minderheit v.a. amerikanischer Forscher vertreten; sie wird zahlreichen Textbeobachtungen nicht gerecht. Das Johannesevangelium (s. sofort) hat einen eigenen Charakter und eine eigene Geschichte, die es von den Synoptikern deutlich unterscheiden. Es hat neben diesen kanonischen Evangelien im 1. und 2. Jhdt. n. Chr. eine reiche weitere Evangelienliteratur gegeben. Nur die ältesten dieser Texte wurden Teil des späteren Neuen Testaments. Insbesondere hat die Großkirche die judenchristlichen und gnostischen Evangelien nicht übernommen (s. Kap. 10). Es waren vor allem inhaltliche Gründe, welche zur Bevorzugung bestimmter Evangelien führten. Das Kriterium der »Apostolizität« wurde primär an inhaltlichen Gesichtspunkten festgemacht: entsprechen die Evangelien den kirchlichen Lehrüberzeugungen? Dabei sind es faktisch die ältesten Texte, die sich auf auf diese Weise durchsetzten. Ende des 2. Jahrhunderts ist der Vier-Evangelien-Kanon in den christlichen Kirchen weithin unbestritten (Irenäus von Lyon ist ein wichtiger früher Zeuge).

Literatur: Robert J. Miller, The Complete Gospels. San Francisco 1994 *
Helmut Köster, Ancient Christian Gospels. Their History and Develop-
ment. Philadelphia u. London 1990 (wegweisendes Werk der neueren
Evangelienforschung, welches kanonischen und apokryphen Evangeli-
en gleiche Aufmerksamkeit zuteil werden läßt) * Rudolf Bultmann, Die
Geschichte der synoptischen Tradition. Göttingen 1921 2. Aufl. 1931
u.o. (das einflußreichste Buch der Evangelienforschung im 20. Jhdt.;
Meilenstein der Formgeschichte) * Richard Bauckham, Jesus and the
Eyewitnesses. The Gospels as Eyewitness Testimony. Grand Rapids,
Michigan 2006 (Anfänge der mündlichen Überlieferung).

Das Markusevangelium. Mk. ist das zeitlich älteste erhaltene
Evangelium. Es ist wohl im Umfeld des Jüdischen Krieges (66–
70 n. Chr.) entstanden, den Mk. 13 deutlich als Situation voraussetzt. Vermutlich wird man eine Datierung etwa um 68 ansetzen
dürfen. Andere denken an die ersten Zeit nach der Zerstörung
des Tempels im Jahr 70, aber das paßt nicht zu der Stelle Mk. 13,
1-2, die militärtechnisch unzutreffend beschreibt, was im Jahr 70
geschah, und daher wohl auf die Tempelzerstörung noch voraus
blickt. Eine altkirchliche Überlieferung lokalisiert Mk. in Rom,
und stellt den Verfasser in das Umfeld des Petrus, der in Rom
gepredigt habe (er sei Übersetzer für diesen gewesen). Obwohl
diese Überlieferung vielfach bestritten wurde, spricht doch sehr
viel mehr für sie als gegen sie (Latinismen im Text; griechische
Münzen werden mit römischen Münzeinheiten erklärt, u.a.).
Eine entwickelte Form des Jesusbildes (das auch unhistorische
Züge enthält) ist durchaus auch und gerade im engsten Umfeld
Jesu zu erwarten, wie es bei anderen messianischen Persönlichkeiten in der Religionsgeschichte auch gewesen ist, über die sich
oft schon zu Lebzeiten massive Legenden bilden. Als Verfasser
wird ein gewisser Johannes Markus genannt, von dem wir auch
an anderen Stellen hören. Dieser gesamte Überlieferungskom-
plex über die Entstehung des Mk. ist plausibel, aber nicht beweisbar: das Evangelienbuch selbst macht keinerlei Angaben
über seine Herkunft.

Fragmente eines »Geheimen Markusevangeliums« (»Secret
Gospel of Mark«) wurden 1973 von Morton Smith publiziert.
Wir besitzen eine ganze Reihe von Indizien, daß Mk. im 1. und
2. Jhdt. in stark divergierenden Fassungen umlief (was bei religiöser »Gebrauchsliteratur« auch sonst die Regel ist). Die von

Smith angeblich aus einem Brief des Clemens Alexandrinus
veröffentlichte hochinteressante fragmentarische Fassung (mit
komplizierter Textgeschichte) eines »mystikon euangelion«
steht allerdings unter dem Verdacht, eine Fälschung zu sein
(nach Meinung einiger sogar von Smith selbst, was eher unwahrscheinlich ist, jüngst aber vehement behauptet wurde). Unbestritten ist, daß der Schluß des Markus in den Handschriften
stark divergiert. Während das Evangelium ursprünglich (nach
wenigen, aber guten Zeugen) wohl mit der Auffindung des leeren Grabes und der Osterbotschaft aus Engelmund endete (16,
8), haben viele Textzeugen divergierende sekundäre Fassungen
eines Buchschlusses, die stärker an die späteren Evangelien anpassen. Markus schildert das Leben Jesu von der Taufe über
Messiasbekenntnis und Verklärung (Höhepunkt des Buches)
bis zur Passion, die detailgenau in erschreckender Nüchternheit
erzählt wird. Die Osterbotschaft von der Auferstehung wird
vielfach im Evangelium angekündigt, auch wenn das Evangelium offenbar keine Erscheinungsberichte erhielt. Im Mittelpunkt
steht nicht so sehr die Botschaft Jesu (obwohl vieles aus dieser
mitgeteilt wird), sondern seine verborgene Identität als Messias und Gottessohn, die mit Passion und Auferstehung erst ihre
Bestimmung findet.

Literatur: Joachim Gnilka, Das Evangelium nach Markus. 2 Bände.
Neukirchen-Vluyn 1978/79 3. Aufl. 1998/99 * Dieter Lührmann, Das
Markusevangelium. Tübingen 1987 * Marco Frenschkowski, Offenba-
rung und Epiphanie Bd. 2. Tübingen 1997, 148–224 * William R. Telford,
The Theology of the Gospel of Mark. Cambridge 1999 * Morton Smith,
Clement of Alexandria and a Secret Gospel of Mark. Cambridge, Mass.
1973 * Stephen C. Carlson, The Gospel Hoax. Morton Smith's Inven-
tion of Secret Mark. Waco, Texas 2005 * Scott G. Brown, Mark's Other
Gospel. Rethinking Morton Smith's Controversial Discovery. Waterloo,
Ontario 2005 (sorgfältige Analyse aller Aspekte; hält »Secret Mark« für
eine frühe Markusvariante des späten 1. oder 2. Jhdts.)

Das Matthäusevangelium. Mt. ist das in der alten Kirche am
intensivsten benutze Evangelium. Über den durch Mk. gegebe-
nen Rahmen hinaus gestaltet Mt. eine Biographie Jesu als des
Messias Israels, der berufen ist, auch der Heiland der Völker zu
sein. Ein wichtiges kompositionelles Mittel seines Buches sind

dabei lange Reden (5-7 Bergpredigt, 10 Aussendungsrede, 13 Gleichnisrede, 18 Gemeinderede, 23 Rede gegen Gesetzeslehrer und Pharisäer, 24f. Endzeitrede), in die er Mk.- und Q-Stoffe zusammenführt. Ein Erzählungszyklus um die wunderbare Geburt wird dem Mk.-Rahmen vorgeschaltet, ein Osterzyklus nachgeschaltet. Die im Abendland populäre Fassung der Weihnachtsgeschichte ist praktisch eine Kollage aus Mt. 1f. und Lk. 2f.; andere Evangelien bieten keine Geburtsgeschichten.

Verfaßt wohl von einem Judenchristen, legt Mt. einen besonderen Ton auf Jesus als den neuen Mose (vgl. außer den Geburtsgeschichten auch die Bergpredigt als neue Tora) und Erfüller der atl. messianischen Prophetien (»Reflexionszitate« aus dem AT). Doch bejaht Mt. entschieden auch die Heidenmission, in die er sein Werk geradezu einmünden läßt (Mt. 28, 18-20: Missionsbefehl Jesu; in dieser Fassung von Mt. formuliert). Die Tempelzerstörung und die schmerzliche Trennung zwischen Juden und Christen sind vorausgesetzt: Mt. schreibt – vielleicht in Syrien – wohl um 80–90 n. Chr. Sein Buch findet sofort weiteste Verbreitung unter den jungen Gemeinden. Der traditionelle Verfassername – der sich auf den Zöllner und Apostel Levi bzw. Matthäus bezieht – ist mit einiger Sicherheit falsch: Mt. ist nicht Werk eines Mannes der ersten Stunde. Judenchristen haben später Fassungen des Textes geschaffen, in denen der toraobservante Zug unterstrichen und die Heidenmission abgelehnt wird. Es ist unbestritten, daß diese Fassungen, aus der Kirchenväter wie Hieronymus gelegentlich zitieren, sekundär sind. In mittelalterlich-jüdischen Texten begegnet uns im späten 14. Jhdt. außerdem eine hebräische Matthäusfassung, die in den letzten Jahren diskutiert wurde, weil sie eine Reihe altertümlicher Züge trägt und jedenfalls nicht aus der Vulgata übersetzt ist.

Literatur: Ulrich Luz, Das Evangelium nach Matthäus. 4 Bände. Neukirchen-Vluyn 1985–2002 (Bd. 1 neubearbeitet 2002) * Ders., The Theology of the Gospel of Matthew. Cambridge 1995 (dt.: Die Jesusgeschichte des Matthäus. Neukirchen-Vluyn 1993) * William D. Davies u. Dale C. Allison, The Gospel According to Saint Matthew. 3 Bände. Edinburgh 1988–2000 * Hebräischer Matthäus: George Howard, Hebrew Gospel of Matthew. 2. Aufl. (stark verbessert) Macon, GA 1995 * Judenchristliche Fragmente: A. F. J. Klijn, Jewish-Christian Gospel Tradition. Leiden u.a. 1992.

Das Lukasevangelium. Anders als die anderen Evangelisten schreibt der nach einem Paulusmitarbeiter traditionell »Lukas« genannte Autor sein Evangelium als Teil eines literarisch gestalteten größeren Zweirollenwerkes. Das Lukasevangelium findet seine Fortsetzung in der Apostelgeschichte (s. sofort). Anders als Mt. läßt er Mk.- und Q-Stoffe alternieren (»Blocktechnik«). Sein Sondergut enthält u.a. die bekannten Beispielerzählungen Jesu (»Der verlorene Sohn«, »Pharisäer und Zöllner«, »Der barmherzige Samariter« u.a.). Lk. unterstreicht auch sonst die soziale Dimension des Auftretens Jesu, seine Zuwendung zu Armen und Frauen. In gepflegtem Griechisch geschrieben, erhebt Lk. anders als die anderen Evangelisten explizit den Anspruch, eine wohlrecherchierte Gesamtdarstellung des Lebens Jesu zu bieten, wobei er sich auf Augenzeugen beruft. Dies kommt zum Ausdruck in einem Proömium (mit Widmung an einen Theophilus), welches er nach dem Brauch hellenistischer Historiker seinem Werk voranstellt (Lk. 1, 1-4). Lukas schreibt wohl parallel zu Mt. vor einem stärker heidenchristlichen Hintergrund (z.B. in Cäsarea?) um 80–90 n. Chr.

Literatur: François Bovon, Das Evangelium nach Lukas. 3 Bände (ein 4. Band steht noch aus). Neukirchen-Vluyn 1989–2001 * Joseph A. Fitzmyer, The Gospel According to Luke. 2 Bände. Garden City 1983–1985 * Hans Klein, Das Lukasevangelium. Göttingen 2006 * Joel B. Green, The Theology of the Gospel of Luke. Cambridge 1995.

Die Logienquelle (Q). Wie aus dem Gesagten hervorgeht, ist Q als Buch nicht erhalten. Doch läßt sich aus Matthäus und Lukas Text und Aufbau dieser verlorenen frühchristlichen Schrift mit großer Plausibilität und vermutlich weithin vollständig erschließen; beide Evangelien haben den Traditionen der Logienquelle offenbar hohen Respekt entgegengebracht. Diese Rekonstruktionsarbeit ist vor allem durch das International Q Project (IQP) 1989–1996 geleistet worden. Das vorläufige Ergebnis dieser Arbeit ist die »Critical Edition of Q« (s. im Literaturverzeichnis). Ein ursprünglicher Titel des Werkes, ein Eingangslogion o.ä. (vgl. Kap. 10 zum Thomasevangelium) sind natürlich nicht zu erschließen: sie fielen der Redaktion der »Großevangelien« zum Opfer. Gesammelt wohl in den frühen 60er Jahren (der Jüdische

Krieg zeichnet sich noch nicht ab), könnte Q aus Palästina selbst stammen. Dabei ist weniger an Galiläa zu denken (wo Paulus, die Apg. und alle anderen frühen Zeugen keine christlichen Gemeinden erwähnen), sondern eher an Jerusalem selbst. Doch sind Zeit und Ort der Logienquelle in der Forschung durchaus umstritten. Neben einigen wenigen erzählenden Texten (der Versuchungsgeschichte, dem »Hauptmann von Kapernaum«, einigen Gleichnissen Jesu) bot sie vor allem Sprüche Jesu zu vielen verschiedenen Themen. Eine durchgehende Christologie wird nicht sichtbar, doch ist das in einer Spruchsammlung vielleicht auch gar nicht zu erwarten. Aus dem Schweigen von Q über manche Themen (auch über die Passion) darf daher jedenfalls nicht zu viel geschlossen werden; auch die alttestamentlichen Spruchsammlungen lassen viele zentrale Themen israelitischer Religionsgeschichte nicht sichtbar werden. Manche Sprüche waren schon in Form komponierter Reden tradiert, u.a. einer Grundform der späteren Bergpredigt. Viele berühmte Jesusworte wie die Seligpreisungen oder das Vaterunser wären uns ohne Q nicht bekannt. Einiges spricht dafür, daß die Sammlung den Namen des Apostels Matthäus als ihres Gewährsmannes trug (wie das Thomasevangelium denjenigen des Thomas). Es ist nicht unmöglich, daß sie von einem Anhänger der ersten Stunde kompiliert wurde; viele ihrer Traditionen führen dicht an den historischen Jesus heran.

Literatur: Paul Hoffmann und Christoph Heil (Hrg.), Die Spruchquelle Q. Studienausgabe. Griechisch und Deutsch. Darmstadt und Leuven 2002 (die Resultate der Critical Edition) * James M. Robinson, Paul Hoffmann, John S. Kloppenborg (Hrg.), The Critical Edition of Q. Synopsis Including the Gospels of Matthew and Luke, Mark and Thomas with English, German, and French Translations of Q and Thomas. Leuven und Minneapolis, MN 2000 * Christopher M. Tuckett, Q and the History of Early Christianity. Studies on Q. Edinburgh 1996 * John S. Kloppenborg Verbin, Excavating Q. The History and Setting of the Sayings Gospel. Edinburgh 2000.

Das Johannesevangelium und die Johannesbriefe. Lieblingsbuch aller Mystiker und christlichen Esoteriker, bietet das Johannesevangelium eine entfaltete Christologie als meditative Vertiefung der Jesusgeschichte. Es fordert daher zu einer anderen Art der

Lektüre heraus als die Synoptiker. Schon Clemens Alexandrinus (um 200 n. Chr.) nannte diese »körperliche« (somatische) Evangelien, Johannes aber das pneumatische (»geistliche«) Evangelium. Während Jesus in den Synoptikern in Gleichnissen und kurzen, kerygmatischen Kernsätzen spricht, und sein eigenes Personge- heimnis ganz in den Hintergrund tritt, redet der johanneische Christus in langen, meditativen, oft situationsgelösten Reden. Diese thematisieren fast ausschließlich soteriologische Themen: Jesu Verhältnis als »Sohn« zum »Vater«, seine Sendung und seinen Auftrag, die Erwählung der Jünger, das neue Gebot der Liebe als Kennzeichen christlicher Gemeinschaft, die Sendung des Geistes (des »Parakleten«) nach Hinrichtung und Auferste- hung Jesu. Im Gegensatz zu den Gleichnissen des historischen Jesus redet der johanneische Christus in symbolischen Bildreden und Ich-bin-Worten. Damit kann Joh. als Explikation des in den Synoptikern nur Impliziten, als vertiefende Interpretation Jesu gelten, die sich selbst als inspiriert versteht (14, 26). Doch enthält das Evangelium auch historische Notizen von hohem Wert, z. B. über die Chronologie der Passion Jesu.

Gelegentlich vorgeschlagene Frühdatierungen haben sich nicht durchsetzen können. »Johannes« schreibt wohl um 90, nach einer Mehrheitsmeinung in Syrien oder Kleinasien (Ephe- sus), nach Meinung anderer (auch des Verfassers dieses Buches) jedoch in Ägypten. Gewährsmann der Schrift ist ein namentlich nicht genannter »Lieblingsjünger«, den spätere kirchliche Über- lieferung mit dem Zebedaiden (Zebedäussohn) und Apostel Johannes identifiziert haben. Dieser wurde auch zum Verfas- ser des Buches erklärt. Das ist jedoch angesichts des immensen Abstandes zum historischen Jesus unwahrscheinlich. Falls der »Lieblingsjünger« tatsächlich die Gründerfigur eines »johannei- schen Kreises« oder einer johanneischen Gemeinde war, wird man an einen Verfasser aus der nachfolgenden Generation zu rechnen haben. Eine Art »johanneischer Schule« wird aus dem »wir« in Joh. 21, 24 sichtbar. Doch ist Kap. 21 eine Art Nach- trag (sowohl 20, 30f. wie auch 21, 24f. sind Buchschlüsse). Ob Johannes die Synoptiker kannte oder nicht vielmehr ganz aus den mündlichen Traditionen und der Spiritualität seiner eige- nen Gemeinde schöpfte, ist in der jüngeren Forschung heftig umstritten.

Wohl vor dem gleichen Hintergrund einer spezifisch johanneischen Gemeinde oder Gruppe sind die drei Johannesbriefe entstanden. Der 1. Johannesbrief ist eigentlich eine Meditation über Christus, die Christen, den Geist, die Liebe und die Gefahren der Endzeit. Doketische Gegner, welche das wahre Menschsein Jesu bestreiten und in ihm nur ein reines Himmelswesen sehen, werden abgewehrt. Der sog. 2. und 3. Johannesbrief geben Einblick in tiefe Konflikte unter christlichen Gruppen im Umfeld der johanneischen Gemeinde; sie beanspruchen von einem »Presbyteros« (Ehrentitel: »Ältester«) geschrieben zu sein, der bei den Angesprochenen hohen Respekt genossen haben muß. Ob die drei Johannesbriefe und das Johannesevangelium vom selben Autor (eine durchaus plausible Sicht) oder von zwei oder drei verschiedenen Autoren stammen, und in welcher Reihenfolge man sich ihre Entstehung zu denken hat, ist in der Forschung umstritten.

Literatur: D. Moody Smith, The Theology of the Gospel of John. Cambridge 1995 * Rudolf Bultmann, Das Evangelium des Johannes. Göttingen 1941 = 21. Aufl. 1986 (einflußreiche, faszinierende existenzphilosophische Auslegung, die in wesentlichen Grundthesen aber nicht mehr zu halten ist) * Udo Schnelle, Das Evangelium nach Johannes. Leipzig 1998 3. Aufl. 2004 * Ulrich Wilckens, Das Evangelium nach Johannes. Göttingen 1998 * Hartwig Thyen, Das Johannesevangelium. Tübingen 2005 (deutet ganz als Relecture der Synoptiker) * Martin Hengel, Die johanneische Frage. Ein Lösungsversuch. Tübingen 1993.

Die Apostelgeschichte. Wie das Lukasevangelium unter dem Namen des Paulusmitarbeiters Lukas tradiert, sind die »praxeis apostolon« (Taten der Apostel, so der griechische Titel) eine Missionsgeschichte des frühen Christentums. Von den Anfängen in der Jerusalemer Urgemeinde (die in hohem Maße idealisiert wird, und z. Zt. der Abfassung offenbar schon lange nicht mehr existiert) über die Konversionen von Heiden führt der Weg der Erzählung auch räumlich von der Peripherie in die Mitte des römischen Imperiums (vgl. Proömium und Eingangsszene 1, 1-11). Hauptfiguren sind Petrus und vor allem Paulus: an ihnen zeigt der Verfasser die Maßstäbe eines apostolischen Zeitalters auf, das er gerne zum Vorbild für seine Zeitgenossen machen möchte. Dabei wird die Auseinandersetzung mit der paganen und jüdischen Umwelt der ersten Christinnen und Christen in farbigen, vielfältigen, z.T. auch humorvollen Szenen inszeniert. Die Apg. läßt auch eine Annäherung zwischen Christentum und römischem Reich als denkmöglich erscheinen. Die dem Verfasser bekannte Hinrichtung des Paulus in Rom wird nicht mehr erzählt; das Buch endet mit der positiven Szene des in der Welthauptstadt frei predigenden Apostels. Mit Apg. 15 wird ein Modell für innerchristliche Konfliktbewältigung geboten; der Bericht unterscheidet sich in manchem von den Aussagen des Paulus (Gal. 2) über das gleiche Ereignis. Obwohl die Missionsreisen des Paulus ausführlich erzählt werden, verrät der Verfasser keine Bekanntschaft mit spezifisch paulinischer Theologie; auch dessen Briefe werden nicht erwähnt. Dies u.a. spricht gegen die altkirchliche Zuschreibung an den Paulusmitarbeiter Lukas. Ansonsten gilt das o. zum Evangelium des Lukas gesagte: Apg. ist wohl einige Jahre später geschrieben, vielleicht an der Wende vom 1. zum 2. Jhdt. Die Apostelgeschichte existierte im 2. oder 3. Jhdt. in zwei divergierenden Fassungen, von denen die des sogenannten »Westlichen Textes« (Handschrift D und altlateinische Zeugen) deutlich länger ist. Obwohl sie wertvolle und verläßliche Informationen über die christlichen Anfänge enthält, folgt Apg. in manchem doch einem romanhaften Erzählstil.

Literatur: Jacob Jervell, The Theology of the Acts of the Apostles. Cambridge 1996 * Charles K. Barrett, A Critical and Exegetical Commentary on the Acts of Apostles. 2 Bände. Edinburgh 1994–1998.

Die nichtpaulinischen Briefe des Neuen Testaments. 1.-3. Johannes haben wir bereits erwähnt. Der sogenannte Hebräerbrief ist eine komplexe Betrachtung über das Verhältnis zwischen Altem und Neuem Bund. In der Alten Kirche fälschlich Paulus zugeschrieben, stammt das sprachlich und gedanklich anspruchsvolle Buch aus der Zeit um 80 von einem unbekannten Verfasser. Erwogen wurde (aus bedenkenswerten Gründen) als Autorin auch Priscilla, eine frühchristliche Missionarin, von der wir im NT öfters hören. Unter dem Namen des Apostels Petrus sind zwei Briefe tradiert, vermutlich beide pseudepigraph (unter dem Namen einer Autorität der Vergangenheit verfaßt), obwohl das für 1. Petr.

nicht ganz sicher ist. 2. Petr. benutzt den kleinen Judas-Brief als Vorlage und ist wohl einer der jüngsten Texte des Neuen Testaments (um 120?). Der Jakobus- und der Judasbrief wollen von Mitgliedern der Familie Jesu stammen, was durchaus möglich ist. Der Jakobusbrief ist eine weisheitliche Mahnschrift in gutem Griechisch. Merkwürdig ist, daß der Brief eine Reihe von auffälligen Affinitäten zu Jesusworten besitzt, ohne diese als »Herrenworte« zu zitieren: ein Hinweis auf das gemeinsame Frömmigkeitserbe der Familie Jesu? Der Bruder Jesu Jakobus, zu dessen Lebzeiten diesem gegenüber distanziert, hatte sich durch eine Ostervision zum Glauben an den Messias Jesus bekehrt (1. Kor. 15, 7), und war eine Führungsgestalt der Jerusalemer Gemeinde geworden. Wie in vielen jungen Religionsgemeinschaften erkennen wir in Umrissen eine gewisse Konkurrenz zwischen der Familie der Stifterpersönlichkeit und deren ersten Anhängern. Die Liste der Osterzeugen 1. Kor. 15, 3–8 könnte bereits einen Ausgleich zwischen beiden entstehenden Autoritätsansprüchen darstellen. Viele Gelehrte halten Jakobus (und Judas) jedoch für pseudepigraph. 1.-3. Joh., Jak., Jud., 1. u. 2. Petr. werden seit Euseb (um 320 n. Chr.) als »katholische Briefe« bezeichnet (»allgemein«, weil sie nicht wie die Paulinen an Einzelgemeinden, sondern an alle Christen adressiert seien).

Die Apokalypse des Johannes. Im späteren Kanon programmatisch an den Schluß des Neuen Testaments gestellt (als Ausblick auf Weltgericht und Ewigkeit), ist die »Apokalypsis Ioannou« (»Offenbarung des Johannes«) von ihrer Gattung her die einzige apokalyptische Schrift des Neuen Testaments. Doch sind apokalyptische Passagen bei Paulus und in den Evangelien nicht selten: die Apokalyptik ist »die Mutter aller christlichen Theologie« (nach einer etwas überspitzen These von Ernst Käsemann, Exegetische Versuche und Besinnungen. 2 Bände. Göttingen 1960–1964 6. Aufl. 1970, hier 2, 100). Die Johannesoffenbarung (wie sie deutsch oft heißt) ist das Werk eines kleinasiatischen Propheten, der wohl um 95 schreibt, am Ende der Regierung Kaiser Domitians, der eifrig die Selbstvergottung betrieben hatte. Sieben Sendschreiben an kleinasiatische Gemeinden (Apk. 2f.) sind der eigentlichen Vision (Apk. 4-22) vorangestellt. Kap. 1 ist eine Christophanie (Christuserscheinung): der erhöhte Christus erscheint dem Johannes auf Patmos, um ihm zu zeigen »was in Kürze geschehen soll« (1, 1). Eine Identität des Verfassers Johannes (der Name ist sicher nicht pseudepigraph, da der Autor in Briefkontakt mit vielen Gemeinden steht) mit demjenigen des Evangeliums ist von der Alten Kirche wohl nur aufgrund einer Verwechslung vermutet worden. Vom Inhalt der Bücher her deutet nichts auf eine solche Vermutung. Der Seher und Prophet Johannes unterscheidet sich auch selbst deutlich von der Gruppe der Apostel. Im Rahmen seiner apokalyptischen Vision betreibt er eine Wesensschau einer vergehenden Welt, zugleich eine heftige Zivilisationskritik und Abrechnung mit dem Machtapparat des römischen Imperiums (man kontrastiere die Positionen des Paulus und Lukas). Für die Christengemeinden Kleinasiens, die im Schatten sich abzeichnender Verfolgungen leben, wird sein Buch zu einer wichtigen Trostschrift.

Literatur: Otto Böcher, Die Johannesapokalypse. Darmstadt 4. Aufl. 1998 * David Aune, Revelation. 3 Bände. Nashville, TN 1997f. * Richard Bauckham, The Theology of the Book of Revelation. Cambridge 1993.

Die Sprache des Neuen Testaments. Während das Alte Testament zum größten Teil in Hebräisch, einer westsemitischen Sprache, geschrieben ist (verwandt mit dem Aramäischen, dem Ugaritischen und dem Phönizischen), sind alle Bücher des Neuen Testaments griechisch überliefert und so auch ursprünglich geschrieben. Gelegentliche Vermutungen, das eine oder andere dieser Bücher sei eine Übersetzung (aus dem Hebräischen oder Aramäischen), haben sich nicht verifizieren lassen. Die Form dieser Gräzität wird als »Koine« (»gemeinsame (Sprache)«) bezeichnet. Sie hat sich nach dem Alexanderzug in der gesamten hellenistischen Welt durchgesetzt und ist gegenüber dem klassischen, etwa attischen Griechisch in vieler Hinsicht verändert und vereinfacht. Mit ein wenig Schulgriechisch (auch ohne Graecum) läßt sich das Neue Testament leicht lesen: insgesamt ist es sprachlich durchaus nicht schwierig. Probleme bereiten gelegentliche Semitismen (aus dem Aramäischen und Hebräischen ins Griechische übernommene Konstruktionen, semantische Verschiebungen u.ä.). Das anspruchsvollste Griechisch schreibt der Verfasser des Hebräerbriefs, aber auch Lukas hat ohne Frage eine literarische Bildung besessen. Markus dagegen, ein volkstümliches Erzähltalent, schreibt ein eher schlichtes Griechisch. Johannes benutzt eine stark elementarisierte, konzentrierte Sprache. Die Johannesoffenbarung bedient sich einer diesem gegenüber völlig divergenten, sehr merkwürdigen, sakral-archaischen Grazität mit zahlreichen Verstößen gegen die griechische Grammatik, die aber offenbar beabsichtigt sind. Paulus schreibt ein leidenschaftlich-bewegtes, oft sich auch sprachlich überschlagendes Griechisch, das kaum mit der Kraft und Schnelligkeit seiner Gedanken mithalten kann; viele oder alle seiner Briefe sind offenbar einem Schreiber diktiert. Einzig der Römerbrief ist in Ansätzen ein langsam gewachsenes, systematisches, ruhig sich entfaltendes Schreiben, das einzige Buch des Neuen Testaments, das man als theologische Lehrschrift bezeichnen kann.

Literatur: Walter Bauer, Griechisch-deutsches Wörterbuch zu den Schriften des Neuen Testaments und der übrigen urchristlichen Literatur. Neu bearbeitet von Kurt und Barbara Aland. Berlin u. New York 6. Aufl. 1988 * Friedrich Blass, Albert Debrunner, Friedrich Rehkopf, Grammatik des neutestamentlichen Griechisch. Göttingen 17. Aufl. 1990 * Marius Reiser, Sprache und literarische Formen des Neuen Testaments. Eine Einführung. Paderborn u.a. 2001.

Der Canon Muratori. Um 200 stand der Umfang des christlichen Kanons im wesentlichen fest. Mit der Ausgrenzung gnostischer, montanistischer und markionitischer Gruppen wurde auch deren Schrifttum als theologisch inakzeptabel bewertet. Damit wehrten sich die christliche Kirchen gegen ein Auseinanderreißen von Schöpfung und Erlösung, gegen eine Abwertung der materiellen Welt, gegen eine Diffamierung des Alten Testaments und gegen ein Erstarren des Christentums als ekstatisch-enthusiastischer Kleingruppe von sektenähnlicher Struktur. Aus dieser Zeit stammt die älteste erhaltene Kanonliste, die uns nur in einer lateinischen Übersetzung erhalten ist: der »Canon Muratori«. Enthalten in einem Mailänder Sammelcodex etwa des 8. Jdhts. (ergänzt durch 4 Bruchstücke aus Codices des 11./12. Jhdts. (Montecassino), von dem italienischen Historiker Ludovico A. Muratori entdeckt und 1740 publiziert, ist die Forschung um diesen schmalen Text nie abgeflaut. Für die gottesdienstliche

Lesung werden empfohlen: 4 Ev. (Reihenfolge Mt./Mk./Lk./Joh.;
doch sind der Text zu Mt. und der Anfang zu Mk nicht erhalten;
zu Joh. wird eine ausführliche Enstehungslegende referiert),
Apg., dann 13 Paulusbriefe, nämlich (wie Apk. 2f.) an 7 Gemeinden (1. und 2. Kor., Eph., Phil., Kol., Gal., 1. und 2. Thess.,
Röm.) und 4 Briefe an Einzelpersonen (Phil., Tit., 1. und 2. Tim.),
weiter Jud. und 2 Johannesbriefe (aber welche?), die Weisheit
Salomos (deren Pseudepigraphie bekannt ist), Apk. und eine für
heutige Kirchen apokryphe Petrusapokalypse. Der Pastor Hermae (»Hirt des Hermas«) sei als Werk der jüngeren Vergangenheit (Datierung: Episkopat des Pius von Rom) nicht apostolisch,
aber für private Lektüre geeignet. Der Hebräerbrief, 1. und 2.
Petrus, Jakobus und ein Johannesbrief sind nicht erwähnt. Die
lateinische Fassung des Canon Muratori stammt offenbar aus
dem späten 4. oder frühen 5. Jhdt, wie aus sprachlichen Indizien
folgt. Ein griechisches Original ist aber plausibel (Übersetzungs-
fehler zur Weisheit, daneben jedoch ein lateinisches Wortspiel).
Die Angaben zu Pastor Hermae und die antihäretische Front legen eine Abfassung Ende des 2. Jhdts. nahe. Eine Spätdatierung
(4. Jhdt.) konnte sich nicht durchsetzen und scheitert schon an
der genannten antihäretischen Front des Textes, welche nur die
Verhältnisse im 2. Jhdt. im Blick hat.

Entstanden wohl in Rom (jedenfalls im Westen), aber ohne
bindenden Charakter, ist der Canon Muratori ein wesentliches
Dokument der Bemühung um eine verbindliche Sichtung der
für die Kirche ausschlaggebenden Bücher. Allerdings war mit
ihm die Entwicklung noch nicht abgeschlossen. Im 2. und 3.
Jahrhundert hören wir von Konflikten um das Johannesevangelium und die Johannesbriefe, vor allem aber um Apokalypse und Hebräerbrief. Die kleine christliche Splittergruppe der
Montanisten, entstanden in Kleinasien um 160 und auch in
Nordafrika recht erfolgreich, verehrt die Sprüche ihrer Prophetinnen und Propheten als eine Art »drittes Testament«. Für die
weitere Kirchengeschichte war der »offene Kanon« der Montanisten jedoch bedeutungslos.

Andererseits ist es um einige Texte geradezu rätselhaft still
(d.h. sie werden weder zitiert noch erwähnt), die doch später
unangefochten Teil des Kanons sind. Das gilt für die Apostelgeschichte (die früh unabhängig vom Lukasevangelium tradiert

wird) und vor allem für den Jakobusbrief, den vor Origenes kein christlicher Autor zitiert. Im 39. Osterfestbrief des Athanasius (um 299–373) aus dem Jahr 367 wird der Umfang des Neuen Testaments präzise so bestimmt, wie er in heutigen Bibeln steht. Doch referiert Athanasius nur, was zu dieser Zeit längst Konsens in der entstehenden Großkirche ist. Wenige Jahre zuvor fehlte in den Kanonlisten, etwa bei Kyrill von Jerusalem, im allgemeinen nur noch die Johannesoffenbarung. Die syrischen und äthiopischen Kirchen besitzen traditionell einen minimal abweichenden Kanon, haben sich in ihren gedruckten Ausgaben des Neuen Testaments jedoch im 19. Jhdt. der Mehrheit der Kirchen angeschlossen.

Literatur: Ronald E. Heine, The Montanist Oracles and Testimonia. Macon, GA 1989 * Bruce M. Metzger, Der Kanon des Neuen Testaments. Düsseldorf 1993 * Hans Freiherr von Campenhausen, Die Entstehung der christlichen Bibel. Tübingen 1968 (Anfänge der Kanonbildung u.ä.).

Textüberlieferung des Neuen Testaments und Anfänge eines christlichen Buchwesens. Aus dem 1. Jhdt. besitzen wir keine direkten Textzeugen der neutestamentlichen Schriften. Ab dem 2. Jahrhundert beginnt dann eine Reihe kleinerer und größerer Papyrusfragmente und -bücher aus Ägypten die neutestamentlichen Schriften textlich zu dokumentieren. Nur in Ägypten waren die äußeren Bedingungen gegeben, daß Papyri unter Müllhalden, in verlassenen Häusern, in Gräbern etc. erhalten bleiben konnten. So besitzen wir etwa 20 Evangelienfragmente aus dem 2. Jhdt. und sehr frühen 3. Jhdt. (davon 11 solche des Johannesevangeliums). Die frühen Christen haben schon im 2. Jhdt. (vielleicht in Ansätzen schon früher) eine eigene Buchkultur entwickelt. Im Gegensatz zu der in der heidnischen Welt für Bücher verbreiteten (als eleganter geltenden) Rollenform bedienen sie sich der praktischeren Codexform, die vorher nur für private Notizbücher u.ä. verwendet wurde. Sie wurde seitdem und bis heute zur herrschenden Form des Buches (mit Seiten, zwischen denen man hin- und herblättern kann). Geschrieben wurde auf Papyrus und Pergament. Ein eigentümliches System von Abkürzungen »heiliger Worte« (Nomina sacra) wie »Theos« (Gott),

Jesus, Christus, »Pneuma« (Geist), »Soter« (Erretter), »Kyrios« (Herr), Israel u.a. wird nur von christlichen Abschreibern, von diesen aber sehr konsequent verwendet: ein deutliches Indiz für eine sich kontinuierlich und zusammenhängend entwickelnde altkirchliche Buchkultur. Ab dem 4. Jhdt. werden dann mit großem Aufwand umfängliche Codices des Gesamtbibel geschaffen, von denen einige frühe Exemplare erhalten sind (Codex Sinaiticus, Codex Vaticanus). Außerdem setzt sich bald ein stark vereinheitlichter Texttyp durch (der sogenannte byzantinische oder Reichstext, dem die Mehrheit der griechischen Textzeugen angehört, und der bis zum Beginn der textkritischen Arbeit im 18. und 19. Jhdt. der einzige bekannte NT-Text war).

Literatur: Larry W. Hurtado, The Earliest Christian Artifacts. Manuscripts and Christian Origins. Grand Rapids, Michigan u.a. 2006 (bietet u.a. eine Liste aller bekannten christlichen Handschriften des 2. und 3. Jhdts.) * Harry Y. Gamble, Books and Readers in the Early Church. A History of Early Christian Texts. New Haven u. London 1995 * Thomas J. Kraus u. Tobias Nicklas (Hrg.), New Testament Manuscripts. Their Texts and Their World. Leiden u. Boston 2006 (darin u.a. 53–104 Marco Frenschkowski über die Geschichte der ältesten christlichen Bibliothek in Cäsarea) * Stanley E. Porter (Hrg.), Handbook to Exegesis of the New Testament. Leiden 1997 * Novum Testamentum Graece. Hrg. (...) von Barbara und Kurt Aland u.a. Stuttgart 27. Aufl. 1995. Korrigierte Nachdrucke. (»Nestle-Aland«, führende Textausgabe). Im Erscheinen: Novum Testamentum Graecum. Editio Critica Maior. Hrg. vom Institut für neutestamentliche Textforschung. Stuttgart 1997ff. * Größere Nachschlagewerke: Theologisches Wörterbuch zum Neuen Testament, hrg. von Gerhard Kittel und Gerhard Friedrich. 10 Bände in 11 Teilbänden. Stuttgart u.a. 1933–1979 u.ö. * Exegetisches Wörterbuch zum Neuen Testament, hrg. von Horst Balz und Gerhard Schneider. 3 Bände. Stuttgart 1980–1983 2. Aufl. 1992 * Theologisches Begriffslexikon zum Neuen Testament. Neubearbeitung, hrg. von Lothar Coenen und Klaus Haacker. 2 Bände. Wuppertal u. Neukirchen 1997–2000 * David E. Aune, The Westminster Dictionary of New Testament & Early Christian Literature and Rhetoric. Louisville u. London 2003.

Einleitungen in das Neue Testament. »Einleitungen« heißen Übersichtswerke, welche die historischen Entstehungsbedingungen und Verfasserschaftsfragen der biblischen Bücher behandeln. Entgegen ihrem etwas irreführenden Titel setzen sie oft bereits einiges an Vorkenntnissen voraus. Einige wichtige

Titel zum NT: Paul J. Achtemeier, J. B. Green, M. M. Thompson, Introducing the New Testament. Its Literature and Theology. Grand Rapids, Michigan 2001 * Raymond E. Brown, An Introduction to the New Testament. New York 1997 * Karl-Wilhelm Niebuhr (Hrg.), Grundinformation Neues Testament. Göttingen 2000 (gut zum ersten Einstieg) * Udo Schnelle, Einleitung in das Neue Testament. Göttingen 1994 5. Aufl. 2005 (alle Auflagen sind jeweils deutlich verbessert) * Gerd Theißen, Das Neue Testament. München 2002.

4. Die Bibel als Sammlung und ihre Übersetzungen

Die Bibel als Sammlung. Die Aufnahme eines Textes in eine heilige Sammlung, seine Kanonisierung ändert den Modus seiner Rezeption. Er wird nun als Teil eines Ganzen wahrgenommen. Im Fall der Bibel sprechen z. B. nur Fachleute von der Theologie des Matthäusevangeliums oder des Paulus oder der Apokalypse. Christinnen und Christen nehmen die Bibel vielmehr meist als Gesamtgröße war. Sie werden daher eher sagen: »in der Bibel steht …«, als: »der Theologe Paulus schreibt …«. Tatsächlich ist es oft ein eigener Lernakt, zu begreifen, daß die Bibel eigentlich eine ganze Bibliothek ursprünglich selbständiger Bücher ist. Griechisch *ta biblia* heißt freilich einfach »die Bücher«; das ist der Ursprung unseres Wortes Bibel. Gemeint ist natürlich: die Bücher schlechthin, sc. die heiligen Bücher.

Die ältesten Übersetzungen. Das hebräische Alte Testament ist früh und mehrfach ins Griechische übersetzt worden. Von besonderer Bedeutung ist dabei die Septuaginta (abgekürzt: LXX). Dieses Wort hat eine doppelte Bedeutung. Von Hause aus bezeichnet es eine Übersetzung der Tora (der »fünf Bücher Mose«), d.h. des Kernbestandes Heiliger Schriften Israels, die im 3. vorchristl. Jhdt. in Ägypten angefertigt worden ist. Nach einer im sogenannten »Aristeasbrief« erhaltenen Legende ha-

ben 70 (bzw. eigentlich 72; daher der Name »Septuaginta« »70«)
Übersetzer im Auftrag des ptolemäischen Königs Ptolemäus II.
Philadelphos 70 Tage gearbeitet. Verschiedene Fassungen der
Legende steigern das wunderbare Element: unabhängig voneinander hätten die Übersetzer doch präzise den gleichen Text
geliefert. Mit solchen Vorstellungen soll die göttliche Inspiration
der griechischen Fassung untermauert werden. Im Zuge des 3.
und 2. vorchristlichen Jahrhunderts wurden dann (meist wohl
in Alexandrien, obwohl das keineswegs sicher ist) auch die anderen alttestamentlichen Bücher übersetzt. Zugleich begann das
griechischsprechende Judentum Ägyptens (z. T. auch Palästinas)
eigene religiöse Literatur in erheblichem Umfang zu produzie-
ren, z. T. in Anknüpfung an aus dem AT bekannte literarische
Formen. Für die griechischsprechenden Christen, d.h. etwa für
die paulinischen Gemeinden, war diese griechische Übersetzung des AT ihre primäre Referenzgröße, die einzige »Bibel«,
die ihnen direkt zugänglich war. Bald nahm der Begriff Septuaginta (bzw. natürlich dessen griech. Fassung: *hebdomekonta*) eine
weitere Bedeutung an: er meinte jetzt nicht nur die Übersetzung
der Tora, sondern eine größere Sammlung von Texten in griechischer Sprache, zu denen auch die griechische Fassung des
Sirach-Buches, die »Weisheit Salomos«, die 4 Makkabäerbücher
(die jeweils eigenständige literarische Werke sind), das Buch Judit (ein hellenistisch-jüdischer Roman), erweiterte griechische
Fassungen von Ester und Daniel und manch anderes gehörten.
Ihre Sprache ist durchgehend die gewöhnliche Koine (Normal-
sprache) der hellenistischen Welt; ein besonderes »Judengrie-
chisch« hat es nicht gegeben.

Die in der älteren Forschung vertretene Auffassung, das
alexandrinische Judentum habe einen anderen, weiteren Kanon
vertreten als das palästinische, hat sich nicht halten lassen. In
ihrer weiteren Gestalt ist die Septuaginta eine christliche Sammlung jüdischer Texte in griechischer Sprache. Das rabbinische
Judentum hat sich von der Septuaginta (in beiden Bedeutungen) früh distanziert, vermutlich hauptsächlich, weil sie von
Christen »vereinnahmt« war. Ältere jüdische Autoren wie der
Religionsphilosoph Philon, ein Zeitgenosse Jesu, hatte sie dagegen noch problemlos zitiert und sogar als primäre Referenzgröße verwenden können (sie galt ihm ebenso wie der Urtext als

inspiriert; vgl. sein De vita Moses 2, 40). Ab dem 2. Jahrhundert haben griechischsprechende Juden jedoch eher andere Übersetzungen benutzt bzw. neu geschaffen, die dann ihrerseits auch – wenn auch in geringerem Umfang – unter Christen bekannt wurden, insbesondere die um große Wortgenauigkeit bemühte des Aquila (um 125 n. Chr.), die bis ins 6. Jhdt. von Juden verwendet wurde. Andere griechische Übersetzungen sind mit den Namen Symmachus und Theodotion verbunden. Die genaue Textgeschichte der einzelnen Bücher der verschiedenen griechischen Übersetzungen ist recht kompliziert und Gegenstand intensiver Forschung. Es ist z. B. nicht einmal deutlich, ob es je wirklich »einen« Urtext der LXX gegeben hat, oder nicht von Anfang an mit einer Mehrheit von Textformen zu rechnen ist.

Im 3. Jhdt. hat der große christliche Gelehrte Origenes (etwa 185-253/4) eine parallele Textausgabe des hebräischen Bibeltextes mit allen ihm greifbaren Übersetzungen ins Griechische geschaffen. Auf Unterschiede (etwa Textauslassungen- und -ergänzungen, die nicht selten sind) hat er durch besondere Zeichen (insbesondere Asterisci und Obelisci, kleine Sterne und Kreise) im Text eigens hingewiesen. Mit Origenes beginnt im Christentum die wissenschaftliche Arbeit am Bibeltext. Sein monumentales Werk (die »Hexapla« »Sechsspaltige«, weil sie in ihrem Hauptteil sechs Textspalten nebeneinander gestellt hatte, zu manchen Texten noch mehr als diese) ist zwar nur in Fragmenten erhalten (eine Neuausgabe ist in Vorbereitung, die beim Verlag Peeters, Leuven, erscheinen wird). Sie hat aber auch die spätere Arbeit allein durch ihre Existenz beflügelt und inspiriert. (Wie aus dem gesagten schon folgt, umfaßte die Hexapla nur das Alte Testament). Andere frühe christliche Übersetzungen sind ins Syrische, Koptische, Lateinische, Armenische und im späten 4. Jhdt. auch ins Gotische erfolgt. Die von Wulfila (Ulfilas, gest. 383) angefertigte gotische Bibel (die leider nicht vollständig erhalten ist) stellt das erste größere schriftliche Zeugnis einer germanischen Sprache dar. Der Übersetzer stand dem Arianismus nahe; über sein Leben sind wir durch eine frühe Biographie (Auxentius von Durostorum) gut im Bilde. Insgesamt sind diese frühen Übersetzungen nicht nur für die Textgeschichte der Bibel wichtig, sondern zugleich wichtige Stimmen früher Theologiegeschichte. Ihre sprachliche und kulturelle Vermittlungsleistung darf nicht unterschätzt werden – die gesamte Antike hat sonst keine ähnlich umfänglichen Übersetzungsleistungen hervorge- bracht (griechische Literatur wurde in geringem Umfang ins Lateinische, kaum jedoch umgekehrt übersetzt).

Im Judentum wurden besonders wichtig die Übertragungen ins volkstümliche Aramäische. Doch reichen diese sogenannten Targume (hebr. *tirgem* »übersetzen, erklären«) kaum in neutesta- mentliche Zeit zurück. Nur einige wenige frühe Fragmente für Übersetzungen ins Aramäische wurden in Qumran gefunden, und rabbinische Überlieferungen erwähnen eine Hiob-Überset- zung bereits für das 1. Jhdt. n. Chr. Später werden Targume je- doch immer notwendiger. Aramäisch und Hebräisch sind zwar sehr nahe verwandte Sprachen (etwa wie Deutsch und Hollän- disch), doch ging die Kenntnis des Hebräischen offenbar stark zurück Die Targume sollten den hebräischen Text nicht ersetzen oder gar verdrängen, sondern nur ergänzen, d.h. verständlich machen. Zum Teil bewegen sie sich dicht am Urtext, zum Teil schreiben sie ihn auch narrativ und interpretierend fort. Nicht selten (aber auch dies keineswegs immer) werden Anstößig- keiten des hebräischen Textes (Anthropomorphismen, d.h. all- zu »menschliche« Ausdrucksweisen über Gott) beseitigt bzw. durch Umschreibungen abgemildert. Für Gott selbst tritt dann z. B. sein »Wort« (*memra*, mask.) oder seine »Präsenz« (*schekhin- ta*, hebr. *schekhina*, fem.) ein. Der *Meturgeman*, der Übersetzer (dazu arab. *targuman* > dt. *dragoman* »Übersetzer) übersetzt von Hause aus mündlich, doch haben sich parallel zur Redaktion der Talmude auch textstabile Fassungen herausgebildet, die schließlich niedergeschrieben und später gedruckt wurden. Targum »Onqelos« zur Tora (Endredaktion wohl in Babylonien, 3. Jhdt.?), Neofiti I, Jeruschalmi I (auch »Ps.-Jonatan« genannt) und Jeruschalmi II (der »Fragmententargum«) ebenfalls zur Tora, sowie Targum Jonatan zu den Propheten haben dabei eine besondere Bedeutung. Namentlich Onqelos besitzt im traditio- nellen Judentum eine quasi kanonische Geltung; eine alte Regel besagt, daß die wöchentliche Schriftlesung zweimal in der Fas- sung des Originals, einmal in derjenigen des Targum Onqelos gelesen wird (babylon. Talmud, Traktat Berakhot 8a). Obwohl die Targume erst spät endredigiert wurden, enthalten sie sehr altes und z. T. deutlich vorchristliches Material (z. B. Ps.-Jonathan zu Gen. 15, 19; Num. 24, 21 und Dtn. 33, 11). Die Übersetzungen zu den »Schriften«, dem dritten Teil des jüdischen Kanons, sind deutlich jünger und erreichten nie jene quasi-kanonische Geltung, die etwa Onqelos und Jonatan innehaben. Dieser quasi-kanonische Rang der Übersetzung kann sich bis zu der Legende steigern, Onqelos sei bereits Mose am Sinai offenbart worden, dann in Vergessenheit geraten, und der Verfasser (nach der Überlieferung ein Proselyt des 2. Jhdts. n. Chr.) habe den Text nur wiederhergestellt (Traktat Megilla 3a).

Im christlichen Bereich setzen verschiedene syrische Übersetzungen des Alten und Neuen Testaments die aramäische Sprachtradition fort, deren älteste deutliche Zeugnisse ins 3. Jhdt. zurückführen. Die syrische Peschitta (»die Einfache«, vielleicht im Gegensatz zur Hexapla; der Begriff erst seit dem 9. Jhdt.) ist ursprünglich wohl in Edessa entstanden, und ist heute die offizielle Bibel der meisten syrischen Christen (Jakobiten und Nestorianer, die sie allerdings in stark divergierenden Schriften schreiben und drucken). Ihr alttestamentlicher Teil könnte auf das 2. Jhdt. zurückgehen und ist kaum von einem jüdischen Targum abhängig, sondern offenbar direkt aus dem hebräischen Text übersetzt. Die Peschitta zum Neuen Testament ist deutlich jünger (Anfang 5. Jhdt.?).

Literatur: Alfred Rahlfs, Septuaginta. 2 Bände. Stuttgart 1935. Bearbeitete Neuausgabe von Robert Hanhart, 2. Aufl. Stuttgart 2006 * Vetus Testamentum Graecum. Göttingen 1926ff. (vielbändige Standardausgabe, noch unabgeschlossen) * Septuaginta Deutsch. Das griechische Alte Testament in Übersetzung. Hrg. von Wolfgang Kraus und Martin Karrer. 2 Bände (Übersetzung, Erläuterungen). Angekündigt für: Stuttgart 2007 * Michael Tilly, Einführung in die Septuaginta. Darmstadt 2005 * Targume: Martin McNamara (Hrg.), The Aramaic Bible. The Targums. Edinburgh 1988ff. (kommentierte engl. Übersetzung der aramäischen Fassungen, bisher 19 Bände, fast vollständig) * Bernard Grossfeld, S. David Sperling, Art. Bible Translations. Ancient Versions: Aramaic, Encyclopaedia Judaica. 2. Aufl., 3, Detroit u.a. 2007, 588–595.

Das Phänomen »kanonischer« Übersetzungen. In späteren Stadien der Christentumsgeschichte haben vielfach Übersetzungen einen »quasi-kanonischen« Rang eingenommen. Die lateinische Vulgata ist die offizielle Bibel der Römisch-Katholischen Kirche (nicht etwa der Urtext!), weil sie in Textgestalt und Bedeutung große Einheitlichkeit und Eindeutigkeit besitzt. Seit 1592 wurde sie in einer textlich vereinheitlichten Fassung verbreitet (Clementina), die 1979 durch die überarbeitete »Nova Vulgata« ersetzt wurde. Im Mittelalter der westlich-lateinischen Kultur war die Vulgata in großer Ausschließlichkeit Bezugspunkt für Frömmigkeit, Liturgie und theologische Wissenschaft. Im deutschen Protestantismus lutherischer Prägung hat dann bekanntlich die Lutherbibel, wenn auch in gegenüber den frühen Fassungen stark variierter Form, eine solche quasi-kanonische Stellung inne. Diese Beobachtung ist erstaunlich, hat aber Parallelen in der weiteren Religionsgeschichte: Übersetzungen, vor allem wenn sie sprachlich von großer prägender Kraft sind, nehmen selbst eine quasi-kanonische Stellung ein. Martin Luther übersetzte 1522 das Neue Testament (»Septembertestament«), sowie bis 1534 die Vollbibel. Das Prinzip der ausschließlichen Orientierung an den Grundsprachen trat dabei erst allmählich in den Vordergrund. Luthers erste übersetzerische Arbeiten sind noch deutlich an die Vulgata angelehnt. Keine neuere deutsche Übersetzung konnte sich langfristig im lutherischen Protestantismus neben ihr halten (obwohl neuere Fassungen sprachlich stark modernisiert sind). Von kirchlichen Theologen – die an einen historisch-kritischen und darin entsakralisierten Umgang mit ihrer Tradition gewöhnt sind – wird dieses Phänomen selbst oft mit einer gewissen Verwunderung zur Kenntnis genommen. Der deutsche Protestantismus lutherischer Prägung kehrt sozusagen auch sprachlich immer wieder zu Luther zurück. Manche Texte (wie den 23. Psalm) können sich viele evangelische Christen schlechterdings in keiner anderen Form vorstellen als derjenigen der Lutherbibel. Sie wurde erst Ende des 19. Jhdts. sehr behutsam neuerem Deutsch angepaßt. Weite Verbreitung fand die Revision von 1912 (das ist die Bibel, an welche die meisten älteren evangelischen Christen denken, wenn sie von der »originalen« Lutherbibel sprechen). Weitere Revisionen erschienen 1956, 1975 (mit radikalen Eingriffen in die Sprachgestalt) und 1984 (unter Zurücknahme vieler einschneidender Modernisierungen). Eine vergleichbare »kanonische« Stellung hat in manchen englischsprachigen konservativen Kirchen die »King-James-Version«, die im Auftrag von König James I. von Großbritannien (zuvor James VI. von Schottland) erarbeitet wurde und die 1611 zuerst erschien. Sie hat für britische Christen einen ähnlichen sakralen, doch zugleich erdverbundenen Klang wie für deutsche Lutheraner die Lutherbibel. Eine förmliche »King James only«-Bewegung hat in den USA und in Großbritannien während des ganzen 20. Jahrhunderts (heute aber nur noch mit geringer Anhängerzahl) für die ausschließliche Geltung dieser Übersetzung gekämpft, sogar über Konfessionsgrenzen hinweg. Der Komplex »Heilige Schrift« färbt hier gewissermaßen auf die Übersetzung ab. Sie wird selbst zu einer nicht ohne weiteres ersetzbaren Repräsentation des Kanons. Auch andere Heilige Schriften haben ihre Wirkung primär in Übersetzungen gewonnen (vgl. Kap. 14 und 16 zum Buddhismus).

5. ANSÄTZE KANONISCHER TEXTSAMM- LUNGEN IM ALTEN ORIENT

Schriftlichkeit und Religion. Eine Schriftkultur ist um 3000 v. Chr. sowohl in Ägypten als auch im südlichen Mesopotamien (dem heutigen Iraq) entstanden. Um 2000 v. Chr. besaßen bereits eine Reihe orientalischer Völker und Sprachen Möglichkeiten der bequemen und leicht reproduzierbaren Verschriftlichung. Nach schlichten Wirtschaftsurkunden und Listen gehören religiöse Texte überall zu den ältesten Zeugnissen entstehender Literaturen. Manche dieser frühen Texte wurden über Jahrhunderte hinweg tradiert, und in mehrere Sprachen übersetzt. Diese Wertschätzung macht solche Texte aber noch nicht zu Heiligen Schriften im Sinne unserer Arbeitsdefinition. Gustav Mensching hatte vor Jahrzehnten auch bereits darauf hingewiesen, daß der Besitz von heiligen Büchern eine Religion noch nicht zur Buchreligion macht: das gilt erst dann, wenn das Buch auch in der Mitte der religiösen Praxis angesiedelt ist (wie im Islam) (»Die Religion«. Stuttgart 1959, 108). Tatsächlich besitzen die Religionen des Alten Orients nur Ansätze zu dem, was man Heilige Schriften nennen kann. Diese Ansätze liegen meist in Form fixierter, also relativ textstabil überlieferter Sammlungen vor, welche eine religiöse Funktion besaßen und zumindest einige der Kennzeichen Heiliger Schriften ausweisen (»kanonische Sammlungen«). Wir können an dieser Stelle nur einige bekanntere und leicht zugängliche Beispiele solcher Texte Revue passieren lassen.

Literatur: Sammlungen von Textübersetzungen: James B. Pritchard (Hrg.), Ancient Near Eastern Texts Relating to the Old Testament. Princeton, NJ 3. Aufl. 1969 * Otto Kaiser (Hrg.), Texte aus der Umwelt des Alten Testaments. 3 Bände. Gütersloh 1982–1997 u. Ergänzungslieferungen 2001ff.. Ab 2004 erscheinen als »Neue Folge« weitere Bände (abgekürzt TUAT, unverzichtbar) * William W. Hallo, K. Lawson Younger (Hrg.), The Context of Scripture. Canonical Compositions, Monumental Inscriptions, and Archival Documents from the Biblical World. 3 Bände. Leiden 1997–2002 (enthält viele Neufunde).

Der König als primärer Offenbarungsempfänger. Eine Besonderheit altorientalischer (auch altägyptischer) Offenbarungsvorstellungen ist, daß Offenbarungsempfänger oft der König selbst ist. Er empfängt himmlische Tafeln und reicht sie an seine Untertanen weiter, die Gottheit spricht im Traum zu ihm, er ist der primäre Adressat des vielfältigen Orakelwesens, Propheten (wie diejenigen in Mari, s.o. Kap. 2.) sind in erster Linie zu ihm gesandt. Der König vermittelt den Kontakt zwischen himmlischer und irdischer Welt. Er hat damit auch eine priesterliche Funktion (wie er in manchen Ritualen eine nicht ersetzbare Rolle spielt). Später, in hellenistischer Zeit, wird dies zum Legendenmotiv. Persische (Vischtaspa, Hystaspes), jüdische (David, Salomon), ägyptische (Thutmosis, Nechepso), babylonische (Nabonid), aber auch noch römische (Numa) u.a. Könige werden zu Empfängern göttlicher »Geheimnisse«. Auffällig ist, daß dies in der Offenbarungsliteratur oft nicht etwa lebende Könige sind, sondern selbst solche der Sage und Legende. In abgesunkener Form (etwa in Astrologie, Alchemie und Magie) lebt dieser Topos bis in die Spätantike weiter. In seiner Frühform ist der König z. B. Empfänger des Auftrags, Gesetze zu schaffen. Der berühmteste Gesetzeskodex des altbabylonischen Reiches, der Codex Hammurapi, erzählt in seinem Prolog (den jedoch nicht alle Fassungen enthalten), wie der Stadtgott Babylons

Marduk von den anderen Göttern zum Götterkönig gemacht und König Hammurapi (nach der »mittleren Chronologie« 1793–1750 v. Chr.) zum erwählten Werkzeug dieser Götter wird (Übersetzung: Rykle Borger, in: TUAT I, 1, Gütersloh 1982, 39–80). Die Gesetze des Codex Hammurapi gelten gewissermaßen als »Auftragsarbeit« der Götter, besonders Marduks. In ihnen erfüllt sich der Auftrag der Götter, in ihrem Sinn und Namen Herrschaft und Recht auszuüben. Auch die zahlreichen mantischen Texte (Orakeltexte), die einen wesentlichen Aspekt babylonischer und assyrischer Kultur ausmachen, sind oft in erster Linie an den König gerichtet. Zuweilen erhält ein König eine Instruktion darüber, wie ein Tempel zu bauen ist, z. B. Gudea von Lagasch oder in Israel König David (1. Chron. 28, 19; man beachte, daß dieser Text innerhalb des AT einer jungen Schicht angehört).

Enuma elisch. Im altbabylonischen Schöpfungsepos Enuma elisch (»Als droben [der Himmel noch nicht genannt war ...]«, die ersten Worte des Textes) nimmt Marduk, der Stadtgott Babylons, dem Urwesen Kingu die Schicksalstafeln ab und heftet sie an seine eigene Brust: die Mächte des Chaos werden vom Königtum Babylons und seinem Gott im Zaum gehalten. Der Text erzählt ausführlich von der Schaffung der Welt und der Einrichtung ihrer Ordnungen, die u.a. durch einen Kampf Marduks mit dem Urmeer Tiamat zustande kommen (vgl. im Kontrast zu diesem »Chaoskampfmotiv« hebr. Tehom »Urmeer« als passive Größe in Gen. 1, 2). Das epische Gedicht in akkadischer Sprache gehört damit zur kosmogonischen Literatur, die in allen alten Literaturen einen wesentlichen Platz einnimmt (Übersetzung: W. G. Lambert, in: TUAT III, 4. Gütersloh 1994, 565–602). Schließlich wird es zum Hieros Logos eines zentralen Rituals der babylonischen Religion: des alljährlich stattfindenden Akitu- oder Neujahrfestes im Frühling.

Seit der Antike verschollen, wurde der Text des Enuma elisch im 19. Jhdt. in der Tontafelbibliothek des assyrischen Königs Assurbanipal (reg. 669–627 v. Chr.) in Ninive wiederentdeckt. Entstanden sein dürfte das epische Gedicht Ende des 2. vorchristl. Jahrtausends. Wir erwähnen den Text hier als Beispiel der Gattung »Kultlegende mit ätiologischen und kosmogonischen

Zügen«, die im Alten Orient öfters manche Aspekte dessen ab-
deckt, was in späteren Religionen Heilige Schriften sind.

Das Motiv der himmlischen Schicksalstafeln (wir sind ihm
schon in Kap. 1 begegnet), in denen der Offenbarungsempfänger lesen darf bzw. aus denen ihm geheiligte Worte übergeben
werden, hat in Judentum, Christentum und Islam eine eigentümliche Entwicklung durchgemacht, die wir hier nur en passant erwähnen können. Das alte Israel kennt bereits die Idee
eines Buches der Lebenden im Himmel (Ps. 69, 29; Ex. 32, 32),
und auch Lk. 10, 20 sind die Namen der Jünger Jesu »im Himmel aufgeschrieben« (vgl. Hebr. 12, 23). Dann bedient sich vor
allem die Eschatologie des Motivs: das Gericht über die Toten
wird nach Aufzeichnungen vorgenommen, die im Himmel aufbewahrt werden (Ps. 56, 8; Dan. 7, 10; Offenb. 20, 12; Ascensio
Isaiae 9, 22). In der apokryphen Henochliteratur der hellenistischen Epoche sind die himmlischen Tafeln, die der Offenbarungsempfänger sehen darf, Inbegriff der Zukunft und anderer
Offenbarungsinhalte (äthiopischer Henoch 81, 1f.; 93, 1-3; 106,
19; 108, 7; vgl. auch Dan. 10, 21), doch kennt diese Literatur auch
die himmlischen Aufzeichnungen böser Taten (äthiopischer Henoch 89, 61-77; 90, 17. 20 usw.). Im apokryphen jüdischen »Jubi-
läenbuch« (um 150 v. Chr.) fließen diese Motive zusammen: die
himmlischen Tafeln beinhalten hier nach wie vor die Zukunft,
sind aber auch in geheimnisvoller Weise mit der Tora und ihren
Geboten identisch (Jubiläen 3, 10-14 u.o.) und insofern himmlischer Unterpfand des Heils des erwählten Gottesvolkes. Im Islam wird die Identifikation der Himmelstafeln mit dem geoffenbarten Heiligen Buch schließlich ihren Höhepunkt finden. Für
Enuma elisch steht diese vielschichtige Weiterentwicklung des
Motivs noch in der Zukunft; die himmlischen Tafeln verkörpern
hier das herrschaftliche Wissen über die Zukunft.

Das Gilgamesch-Epos. Das Gilgamesch-Epos ist zwar der berühmteste altorientalische Text schlechthin, es wurde aber niemals als Heilige Schrift verehrt. Es hatte vielmehr die Stellung
eines geschätzten Klassikers inne. Wir betrachten diese Dichtung hier gerade in diesem Sinn als Grenzfall, der den Unterschied beider Textgruppen deutlicher werden läßt. Zuerst in sumerischer Sprache niedergeschrieben, dann in altbabylonischer

Zeit erweitert, gehören Gilgamesch-Stoffe zu den Konstanten altmesopotamischer Kultur. Fassungen des Stoffes bzw. Episoden aus dem Gesamtzusammenhang der Gilgamesch-Tradition sind in sumerischer, babylonischer, assyrischer, hurritischer und hethitischer Sprache erhalten. Auch aus Syrien und Palästina sind Fragmente bekannt. Berühmt wurde in der Neuzeit zuerst die Fassung, welche in der Tontafelbibliothek des schon erwähnten Assurbanipal in Ninive gefunden wurde. Die Tafeln dieser Version sollen von dem Dichter Sin-leqi-unninni stammen, der im 12. Jahrhundert v. Chr. gelebt hat. Diese babylonische »Standardversion« umfaßt etwa 3600 Verszeilen auf 11 Tafeln (Neuausgabe aller erhalten Textzeugen, Übersetzung und Kommentar: Andrew R. George, The Babylonian Gilgamesh Epic. 2 Bände. Oxford 2003). Eine 12. Tafel ist eine sekundäre Ergänzung, die eine anderen sumerischen Text – »Bilgames und die Unterwelt« – relativ mechanisch übersetzt). Andere Fassungen sind z.T. kürzer, z. T. auch länger.

Gilgamesch (so die bekannteste babylonische Namensform, die sich in anderen Versionen stark unterscheidet; sumerisch: Bilgames) war der Überlieferung zufolge König der sumerischen Stadt Uruk und zu zwei Dritteln Gott, zu einem Drittel Mensch. Das epische Werk berichtet seine Heldentaten (u.a. die Errichtung der Stadtmauern von Uruk) und seine homoerotisch gefärbte Freundschaft mit dem »wilden Menschen« Enkidu. Als dieser stirbt, wird Gilgamesch auch mit seiner eigenen Sterblichkeit konfrontiert: die Unsterblichkeit haben ihm die Götter vorenthalten. Gilgamesch macht sich auf die Suche nach dem sagenhaften »Kraut der Unsterblichkeit«. Auf dieser Reise – die ihn bis an die Enden der Welt führt – kann er schließlich Utnapischtim gegenübertreten, dem babylonischen (ursprünglich sumerischen) Noah. Die berühmte XI. Tafel des Epos (in seiner altbabylonischen Form) erzählt, wie Utnapischtim die Sintflut überleben durfte. In einem Schlafentzugstest (Initiationsmotiv) versagt Gilgamesch zwar, erhält das gesuchte Kraut aber dennoch als Gabe. Auf dem Rückweg stiehlt es ihm eine Schlange (deren abgestreifte alte Haut zurückbleibt): der Mensch kann die Schranken der Sterblichkeit schließlich doch nicht überwinden. Mit dem Gilgameschepos steht am Beginn der Weltliteratur ein Text von zeitloser Größe und Eindrücklichkeit. In Gilga-

meschs Suche nach der Unsterblichkeit wird die Sehnsucht nach
einer Transzendierung der Möglichkeiten menschlichen Lebens
greifbar. Gilgameschs Scheitern beschreibt die Grenzen auch
des »heroischen« Menschen. Auch zu Themen wie Zivilisation
und Barbarei, Sexualität und Freundschaft, vor allem aber zur
Konfrontation mit dem Rätsel des Todes hat der epische Text
Tiefgründiges zu sagen. Für unseren Kontext ist Gilgamesch
als Rezeptionsphänomen wichtig, aber kann kaum als »Heilige Schrift« gelten. Wir betrachten ihn hier als Grenzphänomen
– als sozusagen erstes Beispiel eines religiösen »Klassikers«,
dessen Stoff und Text über viele Jahrhunderte tradiert, variiert
und adaptiert wurde und der insofern eine primäre Referenzgröße für eine ganze Kultur darstellt. Namen und Stoffe aus der
Gilgamesch-Überlieferung tauchen noch in hellenistischer Zeit
(aramäische Henoch-Literatur), in der römischen Kaiserzeit bei
dem Polymathen Aelian (De animalibus 12, 21) und im manichäischen »Gigantenbuch« auf, und später noch auf mandäischen
Zauberschalen und bei dem Syrer Theodor bar Khonai (9. Jhdt.
n. Chr.). Im frühen 20. Jhdt. wird der Text dann in seiner Bedeutung wiederentdeckt, und sofort auch vom Bildungsbürger-
tum rezipiert. Thomas Mann hat Elemente der Gilgamesch-My-
thologie in seine Roman-Tetralogie »Joseph und seine Brüder«
(1933ff.) verwoben. Heute ist der Sagenkreis um Gilgamesch der
neben der Bibel bekannteste Stoff aus dem Alten Orient überhaupt.

Pyramidentexte, Totenbücher, Sargtexte u.ä. Auch die ägyptische
Literatur kennt »kanonische Sammlungen«, die mehrfach eine
über Jahrhunderte stabile Textform annehmen, mit Ehrfurcht
behandelt und auch zitiert werden, also eine Vorstufe zu Heiligen Schriften im engeren Sinn darstellen. Wir müssen uns an
dieser Stelle mit Hinweis auf diese sogennante »Totenliteratur«
und ihr Umfeld begnügen. Seit Beginn der ägyptischen Schriftkultur werden erst dem König, später auch seinen Gefolgsleu-
ten und dem Adel, ja in Ansätzen schließlich auch Menschen
aus dem breiten Volk Texte, d.h. Bücher in Rollenform mit ins
Grab gegeben. Diese Totenliteratur hat den Zweck, den Weg ins
Jenseits leichter zu machen, welches in Form präziser Jenseitsto-
pographien visualisiert wird. Das »Land im Westen« (bzw. un-

ter der Erde oder in einem nicht näher lokalisierbaren Jenseits), das Totenreich (ägypt. *Duat* »Unterwelt«), ist in der (übrigens regional stark differierenden) ägyptischen Religion imaginativ breit entfaltet. Der Weg in und durch dieses Land des Jenseits ist voller Gefahren, Entbehrungen und vor allem Prüfungen: die Totenliteratur will hier dem Toten Hilfe und Orientierung anbieten. Sie stellt also den – in der Religionsgeschichte durchaus nicht einzigartigen – Fall dar, daß sakrale Schriften nicht für die Lebenden, sondern für die Toten bestimmt sind. Sie gehören in das Gebiet der Grabbeigaben, und unterscheiden sich damit z. B. vom sog. »Tibetischen Totenbuch«, das dem Sterbenden bzw. gerade Verstorbenen in erster Linie vorgelesen wird. (Auch inhaltlich gibt es nur wenige Berührungen). Schon in den Pyramiden des Alten Reichs sind die »Pyramidentexte« bezeugt (v.a. aus der 5. und 6. Dynastie), die in diesem Sinn zu den ältesten literarischen Überlieferungen Ägyptens gehören. Diese Literatur wurde unter veränderten Rahmenbedingungen in den »Sargtexten« und »Totenbüchern« fortgesetzt. Jüngere Sammlungen schöpfen aus dem Spruchgut der älteren Sammlungen. Von »Sargtexten« spricht man in Hinsicht auf das Mittlere Reich. Ab der 18. Dynastie (ab etwa 1551 v. Chr.) mit dem Beginn des Neues Reiches spricht man von »Totenbüchern«. Ihre Reproduktion wird bis in die frühe Römische Kaiserzeit fortgesetzt. Die sakrale »Mächtigkeit« dieser Literatur stand für den ägyptischen Menschen offenbar außer Frage.

Für die ptolemäische Spätzeit ist exemplarisch Papyrus Turin 1791 (Titel eigentlich »Heraustreten ans Tageslicht«), ein Text, den bereits 1842 Karl Richard Lepsius als ersten größeren Totenbuchtext herausgegeben hatte. Lepsius hat auch eine bis heute übliche Numerierung der Sprüche eingeführt, obwohl die Reihenfolge in den Textzeugen durchaus variiert. Seitdem sind zahlreich weitere Fassungen bekannt geworden. Beschwörungsformeln und Anrufungen, hymnische Texte, vor allem aber auch liturgische und sakrale Anweisungen stehen neben mythologischen Schilderungen des Jenseits. Der Tote soll befähigt werden, im Jenseitsgericht zu bestehen, Grabbeigaben zu nutzen, sich im Jenseits frei bewegen zu können, Dämonen und andere Gefahren zu besiegen (bzw. ihnen gar nicht erst zu begegnen) und in Gemeinschaft mit den Göttern eintreten zu können. Eine berühmte oft dargestellte Szene ist die nachtodliche »Seelenwägung«, die über das weitere Geschick der Seele je nach ihren guten oder bösen Taten entscheidet. Daneben stehen auch magisch-rituelle Identifikationen mit der Gottheit (»Ich bin Osiris«), deren Bedeutung sich dem modernen Lesenden nur mühsam erschließt, weil er sie als »theologische« oder philosophische Aussagen mißversteht. Im allgemeinen redet der Tote in 1. Ps. Sg.; der Sarg- oder Totenbuchtext gibt sozusagen eine Formular an die Hand, um im Jenseits zu bestehen.

Man hat mit einem gewissen Recht von einer »Demokratisierung« der Jenseitsliteratur gesprochen. Ab dem Mittleren Reich erscheinen zahlreiche Sprüche aus den Pyramidentexten, die dem König gewidmet waren, auch in Gräbern von Hofleuten und hohen Beamten. Später setzt sich dieser Prozeß auf noch breiterer Ebene fort. Zugleich erhöht sich damit die Affinität dieser Literatur zum Rezeptionsmodus einer Heiligen Schrift; »normale« Menschen mußten die Texte ja zumindest in Umrissen kennen, um sie für ihre nachtodliche Existenz bereitstellen zu wollen und zu können. Die Königsideologie kann nach modernen Begriffen überaus groteske Züge annehmen. So schildert der berühmte »Kannibalenhymnus« (Pyramidentexte Spruch 273–274) die Machtergreifung des toten Königs als des Sonnengottes in Form einer kannibalischen Mahlzeit. Bei dieser ißt der König das Fleisch der Götter, um sich ihre magischen Kräfte anzueignen. Spruch 125 (von etwa 200) des Totenbuches des Neuen Reichs ist als »negatives Sündenbekenntnis« oder »negative Beichte« bekannt ist und soll die Unschuld des Toten vor dem Jenseitsgericht affirmieren. Der Tote spricht vor einer großen Seelenwaage stehend, die anzeigt, ob er die Wahrheit gesprochen hat oder nicht, wie aus einer beigefügten Abbildung hervorgeht.

Bis in die späteste Zeit (solange überhaupt in Hieroglyphen geschrieben wurde, d.h. bis zum Beginn der Römischen Kaiserzeit) wurden auf manchen Gräbern frühe Pyramidentexte des Alten Reichs sorgfältig kopiert (die zu dieser Zeit sprachlich kaum noch verständlich gewesen sein können). Auch dies erinnert an die oft buchstabengetreue Überlieferungsweise Heiliger Schriften. Verwandte Texte sind das »Pfortenbuch« und andere Jenseitsführer, die aus der Totenliteratur im engeren Sinn schöpfen und rituellen und lehrhaft-weisheitlichen Zwecken dienen. Berühmt ist etwa das »Zweiwegebuch« (12. Dynastie), der älteste erhaltene ausführliche Jenseitsführer, der sozusagen eine Topographie des Jenseits darstellt und in längeren und kürzeren Fassungen existiert. Der Weg der Seele in der Unterwelt wird dabei oft analog dem Weg der »Sonnenbarke« gedacht. Ein später Ausläufer der Totenbuchliteratur sind die zwei »Bücher vom Atmen«, die etwa ab der Perserzeit wichtig werden. Von einer Verlagerung ins Magische kann man insofern sprechen, als die Texte eine zunehmende Neigung haben, sich mit konkreten Abzweckungen zu verbinden, die sich dann oft in einem separaten Titel ausdrückt.

Literatur: Raymond O. Faulkner, The Ancient Egyptian Coffin Texts. 3 Bände. Warminster 1973–1978. Reprint in 1 Band: Warminster 2004 * James P. Allen (Üb.), The Ancient Egyptian Pyramid Texts. Leiden 2005 * Erik Hornung, Das Totenbuch der Ägypter. Zürich 1979. Neuausgabe Düsseldorf 2004.

Ägyptische Heilige Schriften in hellenistischer und römischer Zeit. Leider wissen wir nichts darüber, ob diese gesamte Literatur eine spezifische Rolle spielte, als sich aus den Traditionen der Isis- und Osirisreligion in hellenistischer Zeit missionierende Mysterienkulte bildeten. Das Schicksal der Seele im Totenreich der nächtlichen Unterwelt war offenbar ein zentrales Thema zumindest der Isismysterien, wie Apuleius sie im 2. Jhdt. n. Chr. in seinem Roman »Asinus aureus« (»Der goldene Esel«, auch »Metamorphosen« zitiert) schildert (Buch XI). Immerhin scheint es in hellenistisch-römischer Zeit zu Kanonisierungsvorgängen in ägyptischen Kulten gekommen zu sein, über die wir leider nur wenig informiert sind. Bestimmte hymnische Texte (sog. Aretalogien »Tugendreden«) über die Götter, vor allem Isis und Sarapis (eine gräzisierte Weiterentwicklung von Osiris-Apis), wurden in Form von Stelen öffentlich sichtbar gemacht und offenbar auch literarisch tradiert, vielleicht als eine Art missionarischer Propagandaliteratur. Auf dem berühmten griechischen Oxyrhynchus Papyrus 1381 spricht Isis in 1. Ps. Sg. und stellt sich als Heilbringerin, kosmische Göttin und Stifterin konkreter Wohltaten (etwa Schutz bei Reisen zu Meer) vor. Obwohl wir einiges an ähnlichen Texten und Textfragmenten besitzen, sind uns die Modi der Verbreitung und eventuellen kultischen Verwendung dieser Literatur undeutlich.

Wir besitzen jedoch noch deutlichere Indizien für Sammel- und Kanonisierungsvorgänge im Ägypten der ptolemäischen und römischen Epoche. Der Horus-Tempel von Edfu (erbaut zwischen 237 und 57 v. Chr.) enthielt ein Archiv heiliger Texte (dieses erbaut zwischen 140 und 124 v. Chr.), dessen Katalog uns als Wandinschrift erhalten ist (auch wenn die Bücher selbst verloren sind). Der Raum selbst ist nur klein: es handelte sich sicher nicht um ein allgemeines Archiv, sondern offenbar speziell um einen Raum für Heilige Schriften. Genannt werden mythologische, liturgische, magisch-religiöse und andere Texte; die zweigeteilte Liste ist formal als Anrede an den Gott Horus gestaltet. Der christliche Schriftsteller Clemens Alexandrinus (um 200 n. Chr.) bezeugt darüber hinaus, daß ägyptische Kulte in Alexandrien einen klarumrissenen Kanon von 42 Schriften besassen. Jeder Priester, der bei den Prozessionen zusammen mit den Götterbildern feierlich auftrat, mußte bestimmte Bücher aus diesem Kanon auswendig kennen. In seinem Werk Stromata (»Teppiche«) schreibt er (VI, 4, 35, 2-37, 3): »Die Ägypter treiben nämlich eine eigentümliche Philosophie, z. B. beweist dies ihre eigentümliche heilige Kultusfeier. Als erster tritt nämlich aus dem Heiligtum der Sänger, indem er eines der Sinnbilder der Musik trägt. Dieser soll, sagt man, zwei Bücher seinem Gedächtnis eingeprägt beherrschen von den Schriften des Hermes, von welchen das eine Hymnen der Götter enthält, das zweite eine Beschreibung königlichen Lebens. Nach dem Sänger schreitet der Horoskop (gemeint ist hier ein Tempelamt) heraus, der als Sinnbilder der Astrologie einen Stundenzeiger und einen Palmzweig in der Hand trägt. Dieser muß die astrologischen Schriften unter den Büchern des Hermes, vier an der Zahl, auswendig kennen, von denen das eine von der Ordnung der Fixsterne handelt, das zweite von den Planeten, das dritte von den Begegnungen und Erscheinungen von Sonne und Mond, das noch übrige von den Aufgängen (der Sterne). Dann tritt der heilige Schriftwart hervor mit Federn auf dem Haupte und einem Buch und einem Kästchen in der Hand, in welchem die Schreibtinte sich befindet und das Rohr, mit welchem sie schreiben. Er muß

die sogenannten Hierogylphenschriften kennen; diese handeln
von der Weltkunde (Kosmologie) und Geographie, von dem
Stand der Sonne und des Mondes und von den fünf Planeten,
der Bodenbeschaffenheit Ägyptens und der Beschreibung des
Nils, von der Beschaffenheit der Ausrüstungsgegenstände in
den Tempeln und der ihnen geweihten Grundstücke, von den
Maßen und von den in den Tempeln gebrauchten Dingen. Dann
folgt den Zuvorgenannten der Ankleider (der Götterbilder) mit
der Elle der Gerechtigkeit und dem Spendenbecher; dieser kennt
alle Bücher, welche die Erziehung behandeln und die sogenannten Kälberschlachtbücher; das sind nämlich zehn Bücher, welche sich auf die Verehrung derer, die bei ihnen als Götter gelten,
beziehen und den ägyptischen Kultus umfassen, nämlich von
den Opfern, von den Erstlingen, von den Hymnen, von den Gebeten, von den Aufzügen, von den Festen und dergleichen handeln. Nach diesen allen tritt der Prophet heraus, der in seinem
Gewandbausch offen den Wassereimer trägt; ihm folgen die,
welche die Prozessionsplatte mit den Broten tragen. Dieser lernt
als Vorsteher des Tempels die zehn sogenannten hieratischen
Bücher; sie umfassen das die Gesetze, die Götter und die ganze
Erziehung der Priester Betreffende. Der Prophet ist ja bei den
Ägyptern auch der Vorsteher über die Verteilung der Einkünfte.
Zweiundvierzig an Zahl also sind die notwendigen Bücher des
Hermes; von diesen erlernen die Zuvorgenannten die Sechs-
unddreißig, welche die ganze Philosophie der Ägypter enthalten,
die Pastophoren die übrigen sechs, welche medizinische sind,
d.h. über die Einrichtung des Körpers, über die Krankheiten,
über die Gliedmaßen, über die Heilmittel, über die Augen, und
zuletzt über die weiblichen Krankheiten handeln.« (Übersetz-
zung von Franz Overbeck, Basel 1936, 514f.; Anmerkungen in
Klammern sind Verdeutlichungen MF).

  Dieser Text ist von außerodentlichem Interesse für Kanonisierungsvorgänge am Ausgang der ägyptischen Religionsgeschichte und zeigt auch, wie die heiligen Schriften jeweils bestimmten Tempelämtern zugeordnet waren. »Geheimwissen«
war dies alles nicht: Clemens ist über den Inhalt der Bücher
informiert, und deutet auch nicht an, daß diese in irgendeiner
Weise Arkandisziplin gewesen wären. Man beachte die Sym-
bolzahl 42: der Kanon ist eine festumrissene, abgeschlossene

Größe. Er hatte offenbar vor allem mythologische, astrale und kultisch-rituelle Inhalte.

Literatur: Garth Fowden, The Egyptian Hermes. A Historical Approach to the Late Pagan Mind. Princeton, NJ 1986 (57–59 zu den beiden erwähnten Buchlisten aus Edfu bzw. aus Clemens Alexandrinus) * Richard Jasnow u. Karl-Th. Zauzich, The Ancient Egyptian Book of Thoth. 2 Bände. Wiesbaden 2005.

6. Ansätze kanonischer Textsammlungen bei Griechen und Römern

*H*eilige Schriften in der klassischen Antike? Griechen und Römer haben keine Bücher besessen, welche unsere Kriterien »Heiliger Schriften« in eindeutiger Weise erfüllen. Insbesondere hat weder die griechische noch die römische Religion je eine Institution besessen, welche ein Maß an religiöser Einheit oder Normierung hätte durchsetzen können, wie es sich in einer gemeinsamen Heiligen Schrift ausdrückt. Beide Religionen konstituieren sich primär im Kult – dem Kult der griechischen Städte, dem römischen Staatskult, den Kultformen der vielfachen Kultvereine (einschließlich der Mysterien) und den tausendfachen Formen der privaten Frömmigkeit. Wir begegnen in antiker Kultur jedoch zwei Rezeptionsphänomenen von Literatur, welche sich Heiligen Schriften zumindest annähern. Einmal sind die beiden klassischen Epen Griechenlands (Ilias und Odyssee) in hohem Maße zur zentralen und nahezu allgegenwärtigen Referenzgröße für griechische Kultur geworden: Homer »definiert« griechisch-hellenistische Kultur in einer Intensität und Ausschließlichkeit, die in ihrer Quantität (nicht inhaltlich!) an die Koranrezeption der islamischen Länder erinnert. Kein anderer Dichter wird z. B. auch nur entfernt vergleichbar oft zitiert. Weiter sind vor allem die Techniken antiker Homerauslegung zu bedenken (s. im folgenden).

Ein weiteres Rezeptionsphänomen von Literatur kommt dem noch näher, was wir Heilige Schriften zu nennen gewohnt sind. In spezifischen Gruppen (Philosophenschulen, Mysterienvereinen u.ä.) werden Heilige Bücher tradiert, die in der religiösen Lebensmitte dieser Gemeinschaften stehen und für deren Anhänger vollkommene Träger göttlicher Offenbarungen sind. Diese Texte sind zwar nie »allgemeingültig« etwa für alle Verehrer griechischer Götter und Göttinnen, aber sie haben für kleine, durchaus exklusive Kreise den Charakter Heiliger Schriften innegehabt. In diesem Umfeld begegnen wir Sammel- und Kanonisierungsvorgängen, die als Katalysator z. B. für die Sammlung des Neuen Testamentes von beachtlicher (noch wenig erforschter) Bedeutung waren.

Literatur: Roland Baumgarten, Heiliges Wort und Heilige Schrift bei den Griechen. Hieroi Logoi und verwandte Erscheinungen. Tübingen 1998 (behandelt nur einen Ausschnitt der in Frage kommenden Texte und Rezeptionsphänomene) * Leonard V. Rutgers, P. W. van der Horst u.a. (Hrg.), The Use of Sacred Books in the Ancient World. Leuven 1998.

Ilias und Odyssee. Es ist weniger die kulturelle Omnipräsenz homerischer Figuren und Themen, welche Ilias und Odysse für unser Thema wichtig machen, sondern vor allem das Phänomen der Deutung. Heilige Schriften werden rezipiert, indem sie gedeutet werden. Auf den ersten Blick sind die Epen Homers Dichtung, die sogar in eigenartiger Brechung und Profanität von den Göttern erzählen. (Darin hat man einen Spiegel der archaischen Feudalgesellschaft und ihrer Distanz zur religiösen Tradition sehen wollen). Als Epiker wurde er auch von Juden und Christen gelesen – für den jüdischen Religionsphilosophen Philon ist Homer »der Dichter« schlechthin, den er regelmäßig mit dieser Floskel zitiert, ebenso wie es heidnische Autoren tun. Aber Homer galt auch weithin als der vollkommene Philosoph, als Weiser und als Quelle aller Weltkenntnis. Dies unterscheidet sich deutlich von jeder modernen Homerrezeption, nähert ihn aber der Art und Weise an, wie z. B. Juden ihre heiligen Überlieferungen lasen. Um diese Sicht aufrechtzuerhalten, waren elaborierte Auslegungsmuster entwickelt worden, nicht zuletzt in der Spätantike solche allegorischer Art. Allegorie bedeutet, daß ein Text in allen seinen Einzelzügen als Chiffre für etwas ganz anderes steht (etwa für Einsichten der Kosmologie, philosophische Erkenntnis, ethische Richtlinien). Der Neuplatoniker Porphyrios hat uns im 3. nachchr. Jahrhundert in seiner Schrift »De antro nympharum« ein schönes Beispiel hinterlassen, wie eine auf den ersten Blick harmlose Homerpassage (die Schilderung einer Höhle, Odyssee XIII, 102–112) zum Träger eines komplexen Symbolismus initiatorischer und kosmologischer Art wird; die Höhle wird Symbol für die materielle Welt.

Tatsächlich ist die Bibelauslegung des antiken Judentums und der Alten Kirche nicht wenig durch solche in der Kaiserzeit bereits traditionellen Techniken der Homerallegorese geprägt. Diese – im älteren Hellenismus entwickelt – schöpft ihrerseits aus den Techniken, welche vormals für die Auslegung von Orakeln und vor allem Träumen etabliert waren. Das zu Deutende wurde dabei zur Chiffre für einen Tief- und Hintersinn, der nur dem geschulten Deuter zugänglich war. Das Deutungsgeschehen war in Traumdeutung und Mantik (Wahrsagekunst) professionalisiert worden, d.h. die Träger (und Trägerinnen) lebten von ihrer Kunst. Wir können diesen Zusammenhängen hier nicht weiter nachgehen. Wichtig ist, daß Homer in antiker Philosophie weithin als kunstvoll gedeuteter und zu deutender Autor erscheint, in dem alle Weisheit der Welt gefunden werden kann. Im Schulunterricht bildete er die Basis: Lesen und Schreiben lernten griechische Kinder in nicht geringem Maße an Homertexten (wobei die Alphabetisierungsrate in der röm. Kaiserzeit deutlich höher war als etwa im europäischen Mittelalter). Aus der Zeit zwischen etwa 300 v. Chr. und 700 n. Chr. sind über 2000 Homerpapyri erhalten, viele davon offenbar aus dem antiken Schulbetrieb. Die daraus auch resultierende halbgebildete ständige Präsenz von Homer (und Vergil-)Versen auch im Munde einfacher Menschen karikiert Petronius vielfach in seinem Satiricon (1. Jhdt). Als die Christen anfingen, ein eigenes Bildungswesen aufzubauen, war diese Omnipräsenz homerischer Mythen für sie durchaus ein Problem; Johannes Chrysostomus (ca. 349–407 n. Chr.) etwa, dem wir die ältesten (im engeren Sinn) pädagogischen Schriften eines christlichen Autors verdanken, empfiehlt, gerade kleinen Kindern nicht »erfundene Mythen« zu erzählen, sondern die Geschichten der Bibel wie Kain und Abel oder Jakob und Esau (De liberis educandis). Aber auch christliche Autoren konnen sich der kulturellen Übermacht eines (freilich nach unseren Vorstellungen anachronistisch »gedeuteten«) Homers kaum entziehen. Für Juden war er das Symbol hellenistischer Kultur und Religion schlechthin (vgl. etwa Mischna Jadajim 4, 6 u.ö.). Heidnische Rhetoren konnten in ihrem öffentlichen Streitgespräch mit Homerzitaten argumentieren wie Jesus und der Teufel in der Versuchungsgeschichte mit solchen aus dem Alten Testament (Lukian, Revivescentes sive Piscator 3). Im Zauber sind Homerverse allgegenwärtig. An öffentliche Koranrezitationen im arabischen Radio erinnern die in Athen regelmäßigen öffentlichen Homerrezitationen (Diogenes Laertios I, 57), die es sicher auch in Antiochien und anderen Städten gab. Der Einwand, dies wären keine »sakralen« Rezitationen gewesen, verkennt umgekehrt die kulturelle (nicht nur im engeren Sinn religiöse) Bedeutung z. B. von Koranrezitationen in islamischen Ländern. Der Koran »definiert« arabisch-islamische Kultur, und das grenzt zumindest an die Art und Weise an, wie Homer griechisch-hellenistische Kultur definiert.

Diese für den modernen Leser in ihrem Charakter befremdliche Wertschätzung Homers übertrug sich mutatis mutandis auf das römische Nationalepos, Vergils Äneis (entstanden etwa zwischen 25 und 19 v. Chr. und gegen den Willen des Dichters – der das Werk noch nicht für ausgereift hielt – posthum publiziert). Als die römischen Armeen das jüdische Widerstandsnest Masada im Jahr 73 n. Chr. eroberten, hatte mindesten einer der Soldaten ein Exemplar der Äneis im Rucksack (ein Fragment mit Äneis IV, 9 wurde aufgefunden). Petronius' halbgebildet-«prolliger« Charakter Trimalchio läßt sich von einem Juden (!) aus der Aeneis vorlesen. Wahrsagung, d.h. Versuche, die Zukunft vorherzusagen, konnten in der Spätantike mithilfe von Vergilsprüchen vorgenommen werden (sog. Sortes Vergilianae »vergilische Losorakel«). Das zeigt sehr deutlich, daß das Verhältnis zu diesen Texten kein nur »ästhetisches« war. Homer und Vergil waren für antike Menschen aller Bildungsschichten nicht nur kulturelles Erbe, sondern Träger von »Macht« – und eben darin grenzen sie an Heilige Schriften.

Hermetica und Corpus Hermeticum. Der Begriff Hermetica
bzw. hermetische Literatur bezeichnet drei ganz unterschiedliche Textgruppen: 1. Das Corpus Hermeticum (der Begriff ist
neuzeitlich) ist eine wohl in der Spätantike zusammengestellte
Sammlung von 17 kurzen popularphilosophischen Traktaten
in griechischer Sprache, die sich formal als Offenbarungen des
ägyptischen Gottes Thot (griechisch Hermes Trismegistos »der
Dreimalgroße«) darstellen (gezählt als Nr. I-XVIII, da Nr. XV
fehlt). Oft wird dabei die alte Unterweisungsform der Lehrre-
de eines Vaters an seinen Sohn gewählt, die diesen Texten auch
schon in römischer Zeit ein archaisches Flair verliehen haben
muß. Diese sogenannte »hermetische Literatur« verbindet ägyp-
tisch-mythologische Elemente mit Inhalten griechischer Philosophie, die sich jedoch zum größeren Teil einer herkömmlichen
Schulzuweisung verweigern. Platonisches, Neuplatonisches,
Stoisches ist nicht selten, aber meist wenig spezifisch und nicht
selten eher banal. Die Inhalte der Traktate sind kosmogonischer,
philosophischer, ethischer und religiöser Art; sie entsprechen
oft den konsensfähigen und allgemeinen Vorstellungen von
Gottheit und Mensch, die viele Gebildete der Spätantike auch
sonst geteilt haben. Von einer eigenen profilierten »hermetischen Philosophie« kann man insofern kaum sprechen. Das Ne-
ben- und Miteinander tendentiell gnostisch-weltverneinender
und tendentiell neuplatonischer, stärker weltbejahender Texte
(um es auf einen sehr plakativen Begriff zu bringen) ist auffällig
und bis heute nicht abschließend erklärt. (Der Neuplatonismus
seinerseits hat die Gnosis durchaus abgelehnt). In das Umfeld
dieses Corpus Hermeticum gehören eine Reihe weiterer Texte,
die z. T. nur in Auszügen (40 Texte bei dem Exzerptensamm-
ler Johannes Stobaios, 5. Jhdt.) bzw. in lateinischer (Ps.-Ascle-
pius) oder armenischer Übersetzung vorliegen (»Definitionen
des Hermes Trismegistos für Asklepios«, ein vielleicht sehr alter Text). Zwei Papyri des späten 2. Jhdt.s kennen bereits eine
Zählung hermetischer Traktate. Kyrill von Alexandrien (gest.
444) kennt eine Sammlung von 15 hermetischen Schriften, die
in Athen zusammengestellt worden sei. Es muß also vor unserer erhaltenen Sammlung (die wohl erst frühbyzantinisch ist)
bereits ältere Zusammenstellungen hermetischer Texte gegeben
haben, über die wir leider nichts Sicheres wissen.

Auch in der Sammlung gnostischer Texte aus Nag-Hammadi wurden hermetische Texte gefunden: die Leser- und Rezipientenkreise waren offenbar verwandt, obwohl die Inhalte oft stark divergieren. Man kann diese Literatur in ihrer Vielschichtigkeit, aber auch ihren inhaltlichen Inkonsequenzen gut mit moderner Esoterik vergleichen. Philosophisch interessierten Christen war sie nicht fremd: Kirchenautoren wie Ps.-Justin (Cohortatio ad gentiles), Laktanz, Arnobius, Augustinus, Marcell von Ankyra, Fulgentius, Johannes Malalas und viele andere erwähnen und zitieren hermetische Texte nicht selten, manchmal um eine Übereinstimmung zwischen christlichen Überzeugungen und »uralter Weisheit« zu demonstrieren, als deren Vertreter Hermes galt, manchmal auch ablehnend (Augustinus, De civitate dei VIII, 23).

2. Unter dem Namen des exemplarischen göttlichen Weisen der Spätantike, Hermes Trismegistos, wurden auch magische, okkulte, alchemistische, v.a. aber astrologische und medizinisch-astrologische Bücher tradiert. Ein bekanntes Beispiel sind die »Kyraniden«, welche angebliche okkulte Eigenschaften von Pflanzen, Steinen und Tieren auflisten (hrg. v. Dimitris Kaimakis, Meisenheim am Glan 1976). Einige dieser Texte verwenden die Lehre von den Dekangöttern, 36 Gottheiten des Zodiakus (je drei pro Sternzeichen, entsprechend 10° des Bogens), und geben sich darin als Übermittler ägyptischer Astrologie zu erkennen. Die ältesten dieser Texte können in ptolemäische, also vorrömische Zeit zurückgehen, wofür eine Reihe äußerer Zeugnisse sprechen. Oft ist der fiktive Autorname nicht mehr als ein blasses Stereotyp, so wie im jüdisch-christlichen Bereich magische Texte ab der Spätantike nicht selten unter dem Namen des Königs Salomon standen. Diese sogenannte magische Hermetik ist in viel geringerem Umfang erforscht als die philosophische Hermetik. Früher wurden beide Textgrupen in scharfer Opposition voneinander abgegrenzt: darin wirkten freilich nur die Berührungsängste der akademischen Forschung gegenüber magischen und okkulten Texten nach. Seit geraumer Zeit ist bekannt, daß beide Textgruppen hermetischer Literatur nicht isoliert voneinander zu sehen sind. Ähnlich den Neuplatonikern hatten die hermetischen Philosophen ein vitales Interesse an Magie. Hermetische Texte waren offenbar die religiöse Litera-

tur »hermetischer Zirkel« (am ehesten in Ägypten), über die wir nur wenig wissen. Der offenbar älteste und inhaltlich ergiebigste Texte des Corpus Hermeticum ist der Traktat »Poimandres«. Der Name ist wohl eigentlich ägyptisch, konnte von Griechen aber als »Menschenhirte« verstanden werden. Er dürfte auf das frühe 2. Jhdt. n. Chr. zurückgehen, die weiteren hermetischen Traktate auf das spätere 2. und 3. Jhdt. Ein philosophisch interpretierter Mythos der Weltentstehung mündet in ethische und theologische Gedanken sowie schließlich einen Hymnus auf die Gottheit. Neben griechischen und ägyptischen Einflüssen liegen jüdische Bezüge (u.a. zu den Büchern Genesis und Psalmen) auf der Hand. In Ägypten war angesichts der großen jüdischen Diaspora (die allerdings bei einem Aufstand 115–117 n. Chr. stark dezimiert wurde) jüdische Theologie auch für Heiden leicht zugänglich. Religionsgeschichtlich gehört die Hermetik in die spätantike Tendenz einer religiösen Absicherung des philosophischen Denkens durch Offenbarungsschriften, die mit einer immensen Sehnsucht nach religiösen ekstatischen Erfahrungen und mystischen Erlebnissen im Sinne eines »Seelenaufstiegs« verbunden ist. »Ich will das Seiende kennenlernen und seine Natur verstehen und Gott kennenlernen« schreibt der Offenbarungsempfänger des Poimandres (Corpus Hermeticum 1, 3). Wie alle Mystik schlägt auch diese in Magie um, wenn sich die mystische Erfahrung entzieht. Zugleich verschwindet in dieser Literatur die heilsame Spannung zwischen Wissenschaft, Philosophie und Religion (welche es in der älteren griechischen Philosophie sehr wohl gegeben hatte): alle drei werden nun ganz auf Offenbarungen begründet.

Literatur: Jens Holzhausen, Das Corpus Hermeticum deutsch. 2 Bände. Stuttgart-Bad Cannstatt 1997 * Garth Fowden, The Egyptian Hermes. A Historical Approach to the Late Pagan Mind. Princeton, New Jersey 1986. Neuausgabe 1993 (dort ausführlich zu allen genannten frühen Zeugen der Hermetik).

Harranische Sabier. Eine eigenartige Karriere hat hermetische Literatur noch einmal in der islamischen Welt erlebt (z. T. in Übersetzung, z. T. in Fortschreibung in Gestalt eigener Schriften). Die orientalischen »Sabier« hatten als eigene heidnische

Religionsgemeinschaft in Harran und Bagdad bis weit in die islamische Zeit hinein überlebt und waren für ihre Astrologie und ihre astralen Kulte berühmt. Freilich wurden ihnen auch Menschenopfer und illegitime Magie nachgesagt. Als sie als »Volk des Buches«, also als Besitzer authentischer Offenbarungsschriften gelten und damit religiöse Duldung im Islam der Abbasidenzeit erringen wollten, wählten sie Hermes Trismegistos als einen ihrer Propheten. Das scheint Anfang des 9. Jhdts. gewesen zu sein, obwohl wir die Abfolge der Ereignisse nicht sicher herstellen können. Hermetische Literatur besaß hier für längere Zeit auch formal den Rang der Heiligen Schriften einer Religionsgemeinschaft, vergleichbar mit Bibel und Koran. Dabei verbindet sich die arabische hermetische Literatur oft mit elaborierten Auffindungslegenden, die stark an diejenigen der tibetischen Überlieferung erinnern. Die sabische Religion (die wir hauptsächlich aus dem Bericht arabischer Historiker wie Mas'udi kennen) überlebte bis etwa zur Mongoleninvasion des 13. Jhdts. (1258 Eroberung Bagdads). Diese hat ja auch sonst viele Teile des kulturellen Erbes der mittelalterlichen islamischen Kultur zerstörte. Als Gräber der beiden hermetischen Weisen Hermes und Agathodaimon (welche die Muslime mit den biblischen Gestalten Seth und Idris = Henoch identifizierten) galten den arabischen Autoren ab dem 10. Jhdt. durchgehend die beiden großen Pyramiden von Gizeh. In arabischer Literatur werden sie oft diskutiert. Die Astralreligion der Sabier tradiert neben semitischen (babylonischen?) auch neuplatonische Inhalte. Leider ist sie nur wenig erforscht. Ihre Einflüsse sind im Abendland etwa im Buch Picatrix, einer ursprünglich arabischen, aber mehrfach übersetzten Grundschrift der mittelalterlichen Magie zu spüren. Zu ihren geheiligten Schriften gehörten neben Hermetica auch die sogenannten »Prophetien des Harraniers Baba« (vgl. Rosenthal).

3. Als »hermetische Literatur« wird seit der Wiederentdeckung des Corpus Hermeticum und anderer Hermetica in der Renaissance auch allgemein geheimwissenschaftliche, okkult-esoterische Literatur bezeichnet, insbesondere im Umfeld der Alchemie. Der Ruf der älteren hermetischen Weisheit war dabei legendär. Als am fürstlichen Hof der Medici in Florenz 1463 zum ersten Mal ein griechisches Exemplar der Hermetica zu-

gänglich wurde (eine Handschrift mit 14 der 17 Traktate), stopp-
te der Fürst das laufende Projekt einer lateinischen Platonüber-
setzung durch Marsilio Ficino und beauftrage den Gelehrten,
erst das hermetische Corpus zu übersetzen: der Fürst wollte es
unbedingt noch vor seinem Tod lesen können. Es erschien ihm
wichtiger als Platon. Im 16. Jhdt. kam es zu einer regelrechten
»Hermolatrie«. 1614 bewies der hugenottische Philologe Isaac
Casaubon (1559–1614) dann jedoch, daß die hermetischen Texte keineswegs Reste vorsintflutlicher Weisheit sind, sondern
Produkte spätantiker Popularphilosophie. Seitdem sind sie im
Anmerkungsapparat gelehrter Philosophiegeschichten versun-
ken, und gelegentliche Nachdrucke durch esoterische Gruppen
haben sie nur spärlich wiederbeleben können.

Literatur: Tamara Green, The City of the Moon God. Religious Traditions of Harran. Leiden 1992 * Franz Rosenthal, The Prophecies of
Baba the Harranian, in: W. B. Henning (Hrg.), A Locust's Leg. FS Taqiz-
adeh. London 1962, 220–232 * Manfred Ullmann, Die Natur- und Ge-
heimwissenschaften im Islam. Leiden u. Köln 1972, 165–175. 289–293.
368–381. 418 u.ö. (zur arabischen Hermetik; auch zur Textgruppe 2. der
oben genannten griechischen und lateinischen Texte).

Hieroi Logoi (»heilige Worte«), Orakelsammlungen u.ä. In den antiken Mysterienkulten gab es kurze heilige Sätze von höchstem
Symbolgehalt, die zugleich äußerster Geheimhaltung unterla-
gen und durch Eide der Initiierten geschützt waren. Im Zuge
des Initiationsvorganges und seiner Rituale wurden sie als Deu-
te- und Rätselworte verwendet. Die christlichen Kirchenväter
haben sich an diese Eide nicht gebunden gefühlt, daher verdanken wir ihnen manches Detail über Kultformeln, die ohne Frage
als hochheilig galten. Ein Beispiel aus den eleusinischen Mysterien lautet: »Ich habe gefastet. Ich habe den Kulttrank (Kykeon)
getrunken. Ich habe aus der Truhe herausgenommen (wen oder
was, wird nicht gesagt). Nach meinem Werk, habe ich in den
Korb gelegt (wieder fehlt das Objekt) und vom Korb wieder in
die Truhe« (Clemens Alexandrinus, Protrepticos 2, 18 bzw. 21,
2; vgl. Arnobius 5, 26). Diese »heiligen Worte« haben manchmal
gewisse Ähnlichkeiten mit den Mantras der Inder, aber offenbar
nicht in Form heiliger Bücher existiert. In den Isismysterien wurden bei den öffentlichen Feiern und Prozessionen auch Texte aus

Büchern vorgelesen. Der lateinische Autor Apuleius beschreibt im 2. Jhdt. n. Chr. solche Feiern, und erwähnt dabei auch die im Tempelheiligtum aufbewahrten heiligen Bücher, welche »mit unverständlichen Schriftzeichen versehen waren; denn sie enthielten teilweise in Verkürzung Wörter einer Sprache, welche in Bildern von allerlei Tieren abgefaßt war, teilweise war ihre Lektüre durch verschlungene und nach Art eines Rades gewundene und wie Weinranken sich verschlingende Schriftzüge vor der Neugier der Uneingeweihten gesichert. Daraus verkündete er (der Priester) mir, was ich zum Zwecke der Einweihungsfeier unbedingt vorzubereiten hätte.« (Asinus aureus »Der goldene Esel« XI, 22, 7f., üb. von Rudolf Helm). Apuleius beschrieb natürliche »heilige Bücher« in Hieroglyphenschrift bzw. eher in demotischer Schrift (deren Kenntnis selbst unter ägyptischen Priestern zu dieser Zeit am Verschwinden war).

Last not least grenzen an die Rezeptionsweisen Heiliger Schriften auch antike Orakelsammlungen, von denen wir leider nur noch Fragmente besitzen. Seit alter Zeit wurden die Orakelsprüche Delphis, aber auch wanderndern Inspirierter aufgeschrieben und tradiert. Herodot zitiert zahlreiche Orakel; darin folgen ihm fast alle antiken griechischen und römischen Historiker. Jedoch erst in der Spätantike gehen die institutionellen Orakel dazu über, nicht nur politische Ratschläge zu erteilen und divinatorische Lebenshilfe zu leisten, sondern umfangreiche theologische und philosophische Gedanken zu propagieren. Die Orakelstätten werden damit aus Zentren der praktischen Mantik zur Quelle von hochverehrten Offenbarungsschriften, die sich formal an die alten Orakelsammlungen anlehnten, aber gänzlich andere Inhalte besassen. Im 2. Jhdt. n. Chr. war vor allem das Orakel des klarischen Apoll in Kleinasien für solche »philosophischen Orakel« berühmt. Es lehrte durch seine Sprüche eine Art apollinischen Monotheismus. Der Neuplatoniker Porphyrios (234– etwa 304) hat dann wenig später in einer Jugendschrift »Über die aus den Orakeln zu erhebende Philosophie« die wichtigsten Zeugnisse dieser philosophischen oder präziser gesagt theologischen Orakel gesammelt (hrg. von Gustaf Wolff, Porphyrius De philosophia ex oraculis haurienda librorum reliquiae. Berlin 1856 = Hildesheim 1983). Die Tendenz der Orakel zur Philosophie läßt sich schon um 100 n. Chr. bei Plutarch gut beobachten; sie steigert sich dann noch fast bis zum Ende des antiken Orakelwesens, ohne die praktische Mantik zu verdrängen. Vor allem war damit eine Anregung für literarische Offenbarungsschriften in Orakelform gegeben. Ihre wichtigsten Vertreter wurden die sogenannten Sibyllinen und die chaldäischen Orakel. »Sibyllen« sind weise inspirierte Frauen einer legendären Vergangenheit. Unter ihrem Namen liefen zahlreiche Texte ganz unterschiedlicher Art um (sogenannte Sibyllinen): Ritualbücher (die in der römischen Geschichte eine Rolle spielten, aber leider verloren sind), pagane Orakelsammlungen (offenbar schon zur Zeit Heraklits), ab dem 2. vorchristl. Jahrhundert jüdische Pseudepigraphen (die unter der Maske der alten »heidnischen Prophetin« Propaganda für Monotheismus und Judentum betrieben), später auch christliche Texte. Nach dem Siegeszug der Kirche wurden die für Christen interessanteren dieser Texte in ein Corpus gesammelt, welches uns erhalten ist, aber leider hauptsächlich nur jüdische und christliche Fälschungen enthält.

Wichtiger für unsere Umschau nach Heiligen Schriften sind die »Chaldäischen Orakel«, ein Grundbuch spätantiker Religiosität (Ruth Majercik, The Chaldaean Oracles. Text, Translation, and Commentary. Leiden 1989). Sie wurden im 2. Jhdt. n. Chr. wohl von einem gewissen »Julian dem Theurgen« geschrieben (im esoterischen Sprachgebrauch würde man sagen »gechannelt«, denn darauf läuft es hinaus). Ihre Inhalte ähneln stark denjenigen der Hermetica, wobei auch iranischer Feuersymbolismus eine Rolle spielt. Neben die Gottheit und den Weltlogos tritt eine Weltseele, die sich in ihrer eigentümlichen Ambivalenz gut der gnostischen Sophia oder Achamoth vergleichen läßt. Die Seele kann durch Reinigung und Schau in die himmlische Welt aufsteigen. Ähnlich den Prophetenbüchern in Judentum und Christentum wurden sie in neuplatonischen Kreisen des 3.–6. Jahrhunderts nicht nur mit tiefster Hochachtung als Offenbarungen der Gottheit verehrt, sondern in Form umfangreicher Kommentierungen zum Inbegriff eines »gedeuteten Textes«, in dessen kurzen, oft rätselhaften Sprüchen man alle Weltgeheimnisse finden zu können meinte. In byzantinischer Zeit (Michael Psellus, 1018–1096; Todesdatum umstritten) erlebten sie noch einmal eine kurze Renaissance an religiöser Wertschätzung. Alle von uns hier nur knapp zur Sprache gebrachten Texte wurden niemals von einer breiten Volksmenge verehrt, hatten aber in je bestimmten Glaubensgemeinschaften oder Schulen einen Status inne, der uns erlaubt, sie als antike Ansätze zum Phänomen Heiliger Schriften zu werten.

Was die Rezeption von Texten als tendenziell Heiliger Schriften betrifft, zitieren wir abschließend ein Dictum des neuplatonischen Philosophen Proklos (gest. 485), des letzten großen Vertreters der paganen antiken Philosophie. Sein Biograph Marinos (ein zur Philosophie konvertierter Samaritaner) schließt eine Würdigung seines Lehrers Proklos mit dessen Bemerkung: »Wenn ich die Macht dazu hätte, würde ich von allen alten Büchern nur noch die Lektüre der (chaldäischen) Orakel und des (platonischen) Timaios gestatten. Alle anderen Bücher würde ich aus dem Blickfeld unserer Zeitgenossen verschwinden lassen, weil sie nur Schaden bei denen anrichten, die sie ohne Sachverstand lesen« (Marinos, Vita Procli 38, p. 30 ed. I. F. Boissonade).

7. Ansätze kanonischer Textsammlungen bei den Völkern des Alten Europa (Edda u. ä.)

Christianisierung und die Reste vorchristlicher Überlieferungen. Was in Kap. 6 über Griechen und Römer zu sagen war, gilt weithin auch für die Völker des alten (d.h. vorchristlichen) Europa. Sie haben keine Textsammlungen oder Texte besessen, die vollständig unseren Kriterien Heiliger Schriften entsprechen würden. Doch auch hier gibt es wieder Grenzphänomene, Sammlungs- und Kanonisierungsvorgänge, die zu stabilen religiösen Texten geführt haben, auch wenn diese immer im Schatten des Christentums stattgefunden haben. Die verschiedenen europäische Völker haben sich ja im Zuge ihrer Christianisierung völlig unterschiedlich gegenüber ihren vorchristlichen religiösen Traditionen verhalten. Während z. B. in Deutschland, Spanien, Portugal, Frankreich oder slavischen Ländern die Reste vorchristlicher germanischer, keltischer, iberischer oder altslavischer Religion weithin geschwunden sind (außer im bäuerlichen Volksglauben, der überall konservativ ist, aber kaum Schrifttum produziert), gilt dies etwa für Irland und Island gerade nicht. In beiden Ländern ist es zu intensiven Sammeltätigkeiten gekommen, deren Produkte in der akademisch-volkskundlichen Renaissance alteuropäischer Überlieferungen im 19. Jhdt., und mehr noch in der esoterisch-neopaganen Renaissance der 2. Hälfte des 20. Jhdts. eine ausschlaggebende Funktion innehatten. Die düstere Zwischenzeit des Nationalsozialismus darf hier nicht übergangen werden, deren nationalistische Wiederbelebungsversuche germanischer Tradition nur deshalb nicht zu vollen Etablierung einer neopaganen germanischen Neureligion geführt haben, weil ihre Zeit dafür zu kurz war. Freilich war dies ein in hohem Maße modern und totalitär konstruiertes und instrumentalisiertes Germanentum, und es wäre unangemessen, neuere neopagane Bewegungen pauschal mit diesem Extremfall zusammenzustellen.

Es ist schwer zu sagen, warum sich die verschiedenen europäischen Völker gegenüber ihrem vorchristlichen Traditum so entgegengesetzt verhalten haben. Das Christentum hat hier offenbar einen eher geringen Einfluß ausgeübt: Kirchliche Bußbücher, Rechtsquellen, Predigten und ähnliche Texte lehnen die Relikte des Heidentums durchgehend in oft heftiger Polemik als Aberglauben und Götzendienst ab. Vieles wurde jedoch faktisch geduldet. Unser Thema sind jedoch nicht die Ausdrucksformen der (meist bäuerlichen) Volksreligion (die vielerorts das ganze Mittelalter hindurch nicht vollständig christianisiert war), sondern die großen religiösen und epischen Überlieferungen, die zum Teil eine stabile Gestalt angenommen hatten und Teil der Bildungskultur waren. Warum wurden sie von Iren, Isländern und in gewissem Sinn auch Finnen sorgfältig gepflegt, während sie von anderen Völkern vollständig verdrängt wurden? Die gleiche unterschiedliche Vorgehensweise ist auch in islamischen Ländern zu beobachten. Während von der vorislamischen Religion der Araber nur das erhalten blieb, was Mohammed in den Islam integrierte (etwa die Kaaba und ihren Kult), haben die iranischen Völker ihre epischen Traditionen, insbesondere ihre Königssagen, sorgfältig bewahrt. Das iranische Nationalepos,

das Schahname des Firdausi (etwa 934–1020), ist erst in islamischer Zeit gedichtet worden, wenn es auch aus sassanidischen
(vorislamisch-iranischen) Quellen schöpft, die zum Teil schriftlich vorlagen. Neben einem komplexen Geflecht kultureller und
religiöser Faktoren sind zur Erklärung dieser unterschiedlichen
Entwicklung auch die materiellen Überlieferungsbedingungen
von Schriftzeugnissen zu bedenken. Während das vorislamische Arabien zwar Inschriften (die oft nur den eigenen Namen
enthalten) in großer Zahl produziert hat, war die Buchkultur
doch noch unterentwickelt.

Solche Erklärungen greifen bei den alteuropäischen Völkern
nur zum Teil. Wichtiger dürften die leitenden Interpretamente sein, innerhalb derer die vorchristlichen Überlieferungen
wahrgenommen wurden. In Irland setzte sich offenbar früh
ein Euhemerismus durch: die Götter der alten Mythen wurden
zu historischen Königen und Königinnen, Helden, Zauberern
und Zauberinnen etc. erklärt. In ähnlicher Weise hatte im 3. vorchristl. Jhdt. der hellenistische Romanautor Euhemeros in seiner
»Heiligen Geschichte« (*Hiera anagraphe*) die griechischen Götter
als Heroen der Vorzeit gedeutet, die nach ihrem Tod als Götter
verehrt worden seien. Ansätze des Euhemerismus gab es auch
im germanischen Raum: Die Heimskringla des Snorri Sturluson
(zu diesem s. sofort), die Geschichte der norwegischen Könige,
umfaßt auch alte germanischen Götter wie Wotan, die als Könige der Frühzeit o.ä. gelten. Und auch die altsächsischen Königslisten des 7.-11. Jhdts. führen die englischen Herrscherhäuser
auf Namen zurück, in denen wir zum Teil germanische Götter
wiedererkennen. Es ist deutlich, daß eine euhemeristische Deutung der alten Götter (im Gegensatz zu einer dämonologischen)
leichter eine Tür zur Bewahrung des Traditionsgutes öffnen
konnte.

Die ältere Edda. Die Zeiten, in denen die ältere Edda als un-
gebrochener Ausdruck altgermanischer (gar »deutscher«) Ge-
sinnung und Überlieferung galt, sind lange vorbei. Auch unabhängig von den Verirrungen des Nationalsozialismus (der diese
Texte für sich zu instrumentalisieren versucht hat), hat die Forschung lernen müssen, sie nicht allein als Vehikel vorgeblicher
»uralter« Überlieferungen zu lesen, sondern primär als Produkte

ihrer eigenen Zeit und kulturellen Umgebung wahrzunehmen. Die Edda ist Ausdruck bestimmter imaginativer und kultureller Bedürfnisse in einer mittelalterlich-christlichen Gesellschaft Islands. Diese hat ihrerseits das »Heidnische« in bestimmter Weise wahrgenommen und ihrer eigenen kulturellen Imagination dienstbar gemacht.

Das Wort »Edda« bedeutet »Urgroßmutter« und soll wohl für das Alter der Überlieferungen sprechen. Es steht eigentlich nur für die jüngere oder »Prosa-Edda« (s. sofort). Als »ältere Edda« wird aber seit dem 17. Jhdt. auch (und heute sogar in erster Linie) eine Sammlung altisländischer Lieder, Mythen und Sprüche bezeichnet, die in einer Pergamenthandschrift von etwa 1270 (Codex Regius 2365) erhalten sind. 29 Gedichte gliedern sich in zwei Gruppen: 11 Gedichte handeln von den Göttern, 18 Gedichte von Helden der Vergangenheit. Die Anordnung der Texte ist nicht zufällig, sondern geplant, wie eine zweite Handschrift von etwa 1400 beweist. Entstanden sind die Texte wohl zwischen dem 10. und 12. Jahrhundert auf Island, also zum Teil schon in deutlich christlicher Zeit (Christianisierung Islands ab etwa 1000 n. Chr.). Wir nennen exemplarisch einige Texte. Hávamál, die »Reden des Hohen« (Odin), sind eine Sammlung alter Spruch- und Weisheitsdichtung und könnten partiell in Norwegen entstanden sein. In einem eher säkularen Kontext begegnen auch sehr eigentümliche Ritualschilderungen. »Skirnirs Ritt« berichtet eine Art Hieros Gamos (Heilige Hochzeit) und nähert sich der Form eines Dramas. Häufig finden sich didaktische Passagen in einer mythologischen Rahmenerzählung. Das Alvismál ist ein Rätselwettstreit, innerhalb dessen die Benennung aller möglichen Gegenstände in den Sprachen der Götter, Vanen, Menschen, Riesen, Elben und Zwerge vorgeführt würde (das Motiv einer eigenen Göttersprache kennt z. B. auch Homer). In den eddischen Heldenliedern werden u.a. Stoffe um Sigurd, Brynhild, Gunnar, Atli (Attila) u.a. behandelt, die im deutschen Sprachraum im Nibelungelied rezipiert wurden. Das erste und berühmteste Gedicht der älteren Edda trägt den Namen Völuspá (»Weissagung der Seherin«). Es erzählt in Form hochpoetischer Strophen sowohl eine Weltentstehung als auch einen Weltuntergang. Entstanden vielleicht um 1000 n. Chr., ist es nach heutiger Auffassung bereits christlich beeinflußt, schöpft aber doch aus den Quellen altnordischer germanischer Religion. Es zählt ohne Frage zu den bedeutendsten Dichtungen, die je in einer germanischen Sprache aufgezeichnet wurden.

Literatur (Edda): Gustav Neckel (Hrg.), Die Lieder des Codex Regius nebst verwandten Denkmälern. Bd. 1. Text. Heidelberg 5. Aufl. 1983; Bd. 2. Kurzes Wörterbuch. Heidelberg 3. Aufl. 1968 (Text und Wörterbuch, keine Übersetzung) * Die Edda. Götter- und Heldenlieder der Germanen. Aus dem Altnordischen übertragen, mit Anmerkungen und einem Nachwort versehen von Arthur Häny. Zürich 1987 (eine von vielen Übersetzungen) * Rudolf Simek, Lexikon der germanischen Mythologie. Stuttgart 2. Aufl. 1995 * Klaus von See u.a. (Hrg.), Kommentar zu den Liedern der Edda. Heidelberg 1997ff. (bis 2006 vier Bände).

Die jüngere Edda. Die jüngere oder Prosa-Edda ist ein Lehrbuch für isländische Dichter und Sänger (Skalden), das diesen sowohl notwendiges mythologisches Wissen als auch die Regeln der Poetik, die metrischen Formen und die sehr eigentümlichen »Kenningar« (fixierte, stabile Metaphern für zahlreiche Gegenstände und Personen) vermitteln will. Der Lehrstoff wird mit zahlreichen Zitaten illustriert. Die Prosa-Edda besteht aus drei Büchern nebst einer langen Vorrede und stammt von dem isländischen Gelehrten Snorri Sturluson (1179–1241), der sie um 1223 zusammengestellt hat. Snorri – interessanterweise kein Priester, sondern einer der wenigen Laiengelehrten seiner Zeit – warnt vor Rückfall in das Heidentum: für ihn ist der Wert seiner Stoffe ästhetischer und didaktischer Art. In jüngster Zeit werden eddische Texte in einem religiösen Sinn (also nicht nur aus historisch-antiquarischem Interesse) in großem Umfang in der neopaganen Szene rezipiert. Eddische Texte werden hierbei auch wieder in rituelle Vollzüge integriert. Solche neopaganen Anknüpfungen an germanische Religionen stehen meist unter dem öffentlichen Verdacht, »rechtslastig« oder gar rechtsradikal-deutschtümelnd zu sein. Manchmal steht hinter neogermanischen Gruppen jedoch eher das Bedürfnis, eine spirituelle Kontinuität zu eigenen Wurzeln zu finden und die Zeiten des nationalsozialistischen Mißbrauchs sozusagen zu überspringen. Dies mag naiv sein; rechtsradikal ist es deswegen noch nicht. Unbelastet von der deutschen Vergangenheit, erleben vorchristliche Religionen in neopaganem Gewand in anderen Ländern eine oft eindrückliche Renaissance, so wohl am erstaunlichsten (und in Mitteleuropa kaum bemerkt) in den baltischen Staaten.

Die heiligen Überlieferungen der Kelten. Cäsar berichtet in seinem »Gallischen Krieg« von den britischen und gallischen Druiden: »Die Druiden versehen den Gottesdienst, besorgen die öffentlichen und privaten Opfer und legen die Religionssatzungen aus. Bei ihnen finden sich junge Männer in großer Zahl zur Unterweisung ein, und sie genießen bei diesen hohes Ansehen. Denn bei allen öffentlichen und privaten Streitigkeiten urteilen und entscheiden sie. Sie setzen Belohnung und Strafe fest, wenn ein Verbrechen begangen wurde, ein Mord geschah, Erbschafts- oder Grenzstreitigkeiten ausbrechen. Fügt sich ein Privatmann oder ein Volk ihrem Entscheid nicht, so schließen sie den Betroffenen vom Gottesdienst aus. Das bedeutet bei ihnen die härteste Strafe. (…) Ihre Lehre soll in Britannien aufgekommen sein, und von dort nach Gallien gelangt sein, und auch jetzt noch reist, wer sie genauer erforschen will, meist dorthin, um sie zu lernen. Die Druiden ziehen gewöhnlich nicht mit in den Krieg und zahlen auch keine Abgaben wie die anderen, sind vom Waffendienst befreit und genießen Freiheiten von allen Leistungen. Durch so große Vorrechte verlockt, begeben sich viele freiwillig in ihre Lehre oder werden von ihren Eltern und Verwandten hingeschickt. Sie sollen dort Verse in großer Zahl auswendig lernen; deswegen bleiben einige 20 Jahre in der Lehre. Sie halten es für Sünde, sie schriftlich niederzulegen, während sie in fast allen übrigen Angelegenheiten, in Staats- und Privatgeschäften, die griechische Schrift benützen. Sie scheinen mir aus zwei Gründen dies eingeführt zu haben: Sie wollen nicht, daß die Lehre unter der Menge verbreitet werde, noch daß die Schüler, sich auf das Geschriebene verlassend, das Gedächtnis weniger übten. In der Regel geschieht es bei den meisten, daß sie, gestützt durch das Geschriebene, im Lerneifer und im Gedächtnis nachlassen. Vor allem wollen sie die Überzeugung hervorrufen, daß die Seelen nicht vergehen, sondern nach dem Tod von einem zum anderen wandern. Sie glauben, daß man vor allem durch diese Lehre, wenn die Todesfurcht beseitigt sei, zur Tapferkeit angespornt werde. Viel disputieren sie außerdem über die Gestirne und ihren Lauf, über die Größe der Welt und der Erde, die Natur der Dinge und über das Walten und die Macht der Götter und teilen das der Jugend mit.« (De bello Gallico 6, 13f.; Übersetzung Georg Dorminger).

Diese Passage des römischen Feldherren, der etwa zwischen 58 und 50 v. Chr. Gallien eroberte und auch nach Großbritannien übersetze, ist von außerordentlichem religionsgeschichtlichen Interesse. Zum einen illustriert sie, daß fixierte Überlieferungen, welche in ihrer Funktion den Platz Heiliger Schriften einnehmen, auch in oralen Gedächtniskulturen möglich sind. Zum anderen – um nur die Aspekte hervorzuheben, die für unser Thema wichtig sind – formuliert Cäsar hier das offenbar altkeltische Mißtrauen gegenüber dem geschriebenen Wort. Spuren dieser Haltung finden sich auch in Indien und vor allem im Iran unserer ältesten Zeugnisse. Wir werden jedenfalls gewahr, daß wir für den Komplex »Heilige Schriften« mit einem Umfeld stabiler sakraler Überlieferung in Kulturen zu rechnen haben, welche eine gepflegte orale Tradition kennen. Das gilt offenbar vor allem dann, wenn diese von einer sozial klar definierten Priesterkaste getragen wird.

Die Verse der Druiden selbst sind für uns vollständig verschollen; die durchaus nicht spärlichen keltischen Inschriften enthalten zwar Namen von Göttern und Göttinnen, aber keine mythologischen Zusammenhänge oder kosmogonischen Erzählungen. Man wird sie sich wohl nach Art der vedischen Texte Indiens vorzustellen haben. In christlicher Zeit wurde dann im Gegensatz dazu eifrig aufgeschrieben und gesammelt, vor allem in Irland, in geringerem Umfang (und zeitlich später) auch in Wales. Die Götter der Heiden werden dabei meist zu Helden der Vorzeit, d.h. sie werden euhemeristisch neuinterpretiert (s.o.). Die Sammler sind fast immer Kleriker. Die Vorstellung, christliche Mönche hätten immerzu alles Heidnische »ausgemerzt«, stammt aus der Mottenkiste antiklerikaler Klischees der Aufklärungszeit. Tatsächlich haben speziell irische Mönche eine immense Sammelarbeit geleistet. In Irland entstehen zwischem dem 7. und dem 13. Jhdt. in mehreren Stufen große Zyklen von nationalen Heldenerzählungen, die man als Teile eines großes Epos hören kann. Daß es – anders als später in Finnland – nicht zur Komposition eines zusammenhängenden irischen Epos gekommen ist, hängt mehr mit den Zufälligkeiten der Tradierung als mit dem Charakter des tradierten Materials zusammen. Gegenstand dieser epischen Dichtungen sind in erster Linie die Helden der vorchristlichen Zeit, aber auch z. B. Fahrten zu den mythischen Inseln des Westens. Daneben entsteht in großem Umfang hagiographische Literatur (Heiligenleben): in Irland ging beides immer Hand in Hand. Auch Konkurrenzszenarios über das Zusammentreffen heidnischer Druiden und christlicher Missionare sind häufig. Das Miteinander war durchaus nicht konfliktfrei. Das mittelalterliche Irland schuf ein Corpus von Texten, die nicht nur in der kulturellen Renaissance des 19. und 20. Jahrhunderts neu wichtig werden konnten. Diese Texte waren keine Heiligen Schriften in oder aus keltischer Zeit, aber sie haben in der spirituellen Wiederentdeckung keltischer Kultur im 20. Jhdt. Züge solcher angenommen. Im walisischen Raum entspricht vor allem das »Mabinogion« (»Erzählung der Jugend [sc. eines Helden]«), dessen 11 Prosaerzählungen in kymrischer Sprache im Weißen Buch von Rhydderch (um 1300), im Roten Buch von Hergest (um 1400) und in einigen Fragmenten erhalten sind. Nur die ersten vier Erzählungen sind die eigentlichen Pedeir Keinc y Mabinogi »Vier Zweige des Mabinogi«. Niedergeschrieben im 11. Jhdt., gehen die Erzählungen wohl z. T. in vorchristliche Zeit zurück. Ähnlich der Wiederentdeckung irischer Literatur wurde das Mabinogion ebenfalls im 19. Jhdt. als angeblich authentisches Zeugnis keltischer Imagination im kulturellen Gedächtnis Großbritanniens wiederentdeckt und zum Ansatz- und Referenzpunkt für neopagane Interpretationen. Diese kann man heute leicht z. B. über das Internet auffinden und müssen in unserem Rahmen nicht eigens vorgeführt werden. Eine der Erzählungen des Mabinogions ist eine höfisch stilisierte Fassung einer keltischen Variante des Demeter-Persephone-Mythos: ein von einem übermenschlichen Vater (ursprünglich einem Gott) gezeugtes Kind namens Pryderi wird von seinem Vater ins Jenseits entführt, worauf auf der Erde das Leben zum Stillstand kommt. Das Kind wird schließlich für seine Mutter zurückgewonnen, verliert aber sein Leben durch den Vater. Gerade die Jenseitsbilder, die Bedeutung des Kessels der Wiedergeburt und ähnliche mythische Motive fanden Interesse. Auch der älteste überhaupt erhaltene Romantext über König Artus

(kymrisch Arthur) ist Teil des Mabinogions, das nicht zuletzt
für die Gralforschung wichtig geworden ist.

Literatur: Dáithí Ó hÓgáin, The Lore of Ireland. An Encyclopedia
of Myth, Legend and Romance. West Link Park, Doughcloyne, Wil-
ton, Cork/Woodbridge 2006 * Helmut Birkhan, Kelten. Versuch einer
Gesamtdarstellung ihrer Kultur. Wien 1997. 3. Aufl. 1999 * Bernhard
Maier, Lexikon der keltischen Religion und Kultur. Stuttgart 1994 (populär) * Die vier Zweige des Mabinogi. Hrg. von Ludwig Mühlhausen.
Durchgesehen und erweitert von Stefan Zimmer. Tübingen 2. Aufl.
1988.

Das Kalevala. Zuletzt in unserem Durchgang zu Ansätzen
einer sakralen Aufwertung ehemals epischer Stoffe nach ihrer
Verschriftlichung nennen wir das finnische Kalevala (»Land des
Kalevala«, eines Heros eponymos). Ähnlich wie in Island und
Irland wurden in Finnland die alten epischen Traditionen nicht
durch das Christentum verdrängt, sondern ästhetisiert, folklo-
risiert und als nationales Traditum bewahrt. 1835 erschien die
erste Ausgabe des Kalevala (erweitert 1849 mit zusammen 22
795 Versen), die der Arzt und Altertumsfreund Elias Lönnrot
(1802–1884) zusammengestellt hatte. Lönnrot hat nur wenige
Verse (etwa 600) selbst geschaffen, aber doch die verschiedenen
Varianten harmonisiert und durch seine Komposition aus den
umlaufenden Stoffen ein Ganzes geschaffen. Lönnrot meinte
damit die verlorene Einheit eines alten Volksepos wiederherzu-
stellen, eine Auffassung, die sich nicht hat halten lassen. Für wissenschaftliche Arbeit an der finnischen Überlieferung taugt das
Kalevala nicht, doch seit Lönnrot haben finnische Gelehrte mit
beispiellosem Fleiß das Lied- und Erzählgut ihres Volkes gesammelt und stofflich und motivlich erforscht. 1908–1948 erschien in
33 Teilen eine Sammlung aller bekannten Dichtungen, Mythen,
Zaubersprüche und Gebete, aus denen das Kalevala zusammengewachsen ist (Suomen Kansan Vanhat Runot »Die alten Gedichte des finnischen Volkes«, zusammen 1 270 000 Verse). Inhaltlich spannt das Kalevala den Bogen von der Weltschöpfung
bis zur Christianisierung Finnlands, das den hauptsächlichen
Schauplatz bildet, dabei aber in einer mythischen Opposition zu
einer nicht lokalisierbaren nördlichen Gegenwelt Pohjola steht.
Die drei Hauptfiguren Väinämöinen, Ilmarinen und Lemmin-

käinen erleben allerlei Abenteur u.a. bei Brautfahrten (ein auch
im germanischen Raum beliebtes Szenario). Die Haupthandlung
entfaltet sich um das von dem Schmied Ilmarinen geschaffene
Wundergerät Sampo, eine Art Mühle, die Mehl, Salz und Geld
in beliebigen Mengen produziert. Sein Besitz garantiert uner-
meßlichen Reichtum und Wohlstand. Es wird von den Helden
– die allesamt über Wunderkräfte verfügen – aus dem Nordland
entführt, aber im Kampf unterwegs auf dem Meer zerstört; seine
Bruchstücke sinken ins tiefe Wasser (das darum »reicher« ist als
das feste Land). In diese Rahmenhandlung fügen sich zahlreiche
kleinere narrative Einheiten und anschauliche Schilderungen
ländlichen Lebens und ländlicher Feste.

Literatur: Kalevala. Das finnische Epos. Kommentiert von Hans
Fromm. Wiesbaden 2005 * Hans Fromm, Art. Kalevala, Enzyklopädie
des Märchens. Handwörterbuch zur historischen und vergleichenden
Erzählforschung 7 (1993), 879–885 * Lauri Honko, Finnische Mythologie, in: Wörterbuch der Mythologie II. Stuttgart 1973, 261–371.

8. DER KORAN

Koran und westliche Welt. Wie augenblicklich keine andere Heilige Schrift einer Weltreligion führt uns der Koran vor Augen, in welchem Maße unsere westeuropäische Wahrnehmung
heiliger Texte von kulturellen Rahmenbedingungen abhängt,
insbesondere der gesamtgesellschaftlichen »Stimmungslage«
gegenüber einer Religion und ihrer Darstellung in den Medi-
en und im öffentlichen Diskurs. Im gesellschaftlichen Streit um
das Gewaltpotential des Islam berufen sich viele Muslimas und
Muslime auf den Koran, um eine friedfertige, kooperations- und
intergrationsfähige Gestalt des Islam zu legitimieren, wie sie von
der überwältigenden Mehrheit der Muslime in Deutschland ja
auch tatsächlich gelebt wird. Umgekehrt berufen sich gewaltbe-
reite Extremisten auf Passagen des Koran, die sie als Aufforde-
rung zum unversöhnlichen Konflikt mit der westlichen Welt und
ihren Fundamenten interpretieren. Nicht-islamische Leserinnen

und Leser finden Plausibilitäten auf beiden Seiten, und sind ansonsten oft einfach verwirrt: Wer hat nun Recht? Die Wahrheit ist selbstverständlich, daß beide Seiten Recht haben. Solche Mehrdeutigkeiten gehören zum Wesen religiöser »Urliteratur«, und gelten mutatis mutandis auch für die Bibel der Juden und Christen. Christen entscheiden über die Vieldeutigkeiten ihrer biblischen Tradition entweder im Rekurs auf eine »Mitte der Schrift«, einen »Kanon im Kanon«, einen »Geist des Evangeliums« (so im Protestantismus), oder im Rekurs auf ein autoritatives kirchliches Lehramt (so in der Römisch-Katholischen Kirche). Im Islam existieren zwar Autoritäten einer Koranauslegung, die aber nicht von allen Muslimen gleichermaßen anerkannt werden.

Eine formale Vorbemerkung: arabische Namen geben wir im folgenden in stark vereinfachter Umschrift wieder, nur einige arabische religiöse Begriffe und die Namen der Suren des Koran werden auch in einer wissenschaftlichen Transkription referiert.

Mohammed als der Gesandte Allahs. Das Heilige Buch des Islam ist untrennbar mit der Person des Propheten verbunden. Anders als Jesus im Christentum gilt er nicht selbst als Heilbringer- oder Rettergestalt, sondern ganz als Bote, Botschafter des göttlichen Wortes, das im Koran seinen Ausdruck gefunden hat. Mohammed (arabisch Muhammad) tritt als rasūl Allāh auf, als »Gesandter Allahs«. Einen ähnlichen Anspruch erhob Mohammeds schärfster Konkurrent Musailimah (Ibn Habib al-Hanefi), der kurz vor Mohammeds Tod wirkte, und nach kurzzeitigen Erfolgen in der Schlacht von Jamamah von den islamischen Armeen vernichtet wurde. Mohammeds Prophetentum war auch unabhängig von solchen Konkurrenten durchaus umstritten: es polarisiert die Zuhörenden, wie jedes Prophetentum. »Neutrale Beobachtung« ist in der Botschaft Mohammeds nicht vorgesehen. Man kann die Botschaft annehmen oder ablehnen. Wir können das Leben des Propheten an dieser Stelle nicht rekapitulieren, erinnern aber an einige Details, die für die Entstehung des Koran von Bedeutung sind. Interessant sind die Erwartungen, die von arabischen Kritikern an einen Propheten gestellt wurden (man beachte die volkstümliche Darstellungsform): »Wir werden dir nicht glauben, bis du uns aus der Erde eine Quelle hervorbrechen läßt, oder bis du einen Garten von Palmen und Weinstöcken hast und durch ihn Bäche ausgiebig hevorbrechen läßt, oder bis du den Himmel auf uns in Stücken herabfallen läßt, wie du behauptet hast, oder Gott und die Engel vor unsere Augen bringst, oder bis du ein Haus aus Gold besitzt oder in den Himmel hochsteigst. Und wir werden nicht glauben, daß du hochgestiegen bist, bis du auf uns ein Buch herabsendest, das wir lesen können.« (Sure 17, 90-93; Übersetzung Khoury). Bemerkenswert ist hier die Verbindung von Himmelfahrt und Empfang eines heiligen Buches: diese Vorstellung ist altes orientalisches Erbe. Beiden Ansprüchen versucht Mohammed zu entsprechen. Die Berichte über eine Himmelfahrt des Propheten (arabisch mi'rādsch) sind im Koran zwar noch spärlich (Sure 17, 1 »Nachtfahrt« nach Jerusalem, vgl. die Schilderung einer Ekstase 53, 1-18), werden aber bald nach dem Tod Mohammeds breit entfaltet. Und die Nachfrage nach einem Heiligen Buch wird natürlich durch den Koran selbst befriedigt (auch wenn dieser erst nach Mohammeds Tod in Buchform gebracht wurde). Der mittelalterliche Liber Scalae Machometi kennt die Legende, Mohammed habe bei seiner Himmelfahrt (die ausführlich geschildert wird) aus Gottes eigener Hand eine geschriebene Fassung des Koran erhalten. Diese eigentümliche, 1264 aus dem Arabischen ins Lateinische und etwa gleichzeitig auch ins Altfranzösische (»Livre de l'Eschiele Mahomet«) übersetzte Schilderung einer Himmelfahrt Mohammeds war mit ihren Himmels- und Höllenschilderungen vielleicht eine der Quellen Dantes; im Mittelalter wurde sie vielfach fälschlich für ein Werk Mohammeds und eine Heilige Schrift des Islam gehalten. Die übliche islamische Vorstellung dagegen ist, daß der Koran nach und nach, in einzelnen Offenbarungen auf den Propheten herabgesandt worden sei (Sure 17, 106). Interessant ist dabei, daß Legenden aus islamischer Zeit den Dreischritt Himmelfahrt – Empfang eines Heiligen Buches – Offenbarung unter den Menschen sowohl in Hinsicht auf Zarathustra als auch auf Mani kennen.

Mohammed als Offenbarungsempfänger. Mohammed als Person ist uns nur durch die Quellen arabischer Hagiographie faßbar, die aber nur sehr entfernt vergleichbar ist etwa mit den christlichen Heiligenleben des Mittelalters. Neben dem Koran selbst sind dies einmal die Hadith-Literatur, die Aussprüche und Verhaltensweisen des Propheten als Vorbild für die Gläubigen sammelt und auf den mündlichen Überlieferungen der ersten Anhängerinnen und Anhänger beruht. Auch Frauen gehören zu den Traditionsträgern, vor allem ʿAʾischa, Mohammeds Lieblingsfrau. (Weil sie gegen ʿAli agitierte, erkennen Schiiten Hadithe, die unter ihrem Namen tradiert werden, nicht an). Außerislamische Zeugnisse über den Propheten beginnen zwar früh, sind aber polemisch und bieten zuerst nur wenig Information; erst als Damaskus erobert war und der Islam in den Jahren nach Mohammeds Tod (632) zur Weltmacht wurde, begann man sich in den Literatursprachen griechisch, syrisch, armenisch für ihn zu interessieren. Westliche, also lateinische Zeugnisse, sind noch jünger. Im Arabischen entsteht schließlich in Etappen die Sira-Literatur, welche das Leben Mohammeds zusammenfassend darstellt und erheblichen Umfang hat, aber natürlich nicht an modernen Standards der Quellenbenutzung gemessen werden kann. Die älteste dieser Biographien von Muhammad Ibn Ischak stammt aus der Zeit um 760 n. Chr.; sie ist nur erhalten in Auszügen eines noch späteren Werkes eines gewissen Ibn Hischam, der 834 n. Chr. starb. Wichtigste Quelle bleibt der Koran selbst, den der dritte Kalif ʿUthman um 650 sammeln und zusammenstellen ließ (dazu unten weiteres). Dieser bietet aber nur wenig im engeren biographische Information über den Propheten.

Um 570 geboren, ist Mohammed früh verwaist. Ein Onkel nahm ihn auf: Abu Talib, der Vater des Ali, der Mohammeds Tochter Fatima heiratete, die später eine große Rolle im Volksglauben spielt. Viele Jahre begleitet Mohammed die Karawanen der Witwe Chadidscha, die er dann auch heiratet. Damit hat er eine finanzielle Sicherheit gewonnen, die ihm erlaubt, viel Zeit in der Einsamkeit zu verbringen, wo er nach dem Vorbild christlicher Mönche religiöse Übungen vollbringt. Früh scheint Mohammed eine visionär-ekstatische Veranlagung besessen zu haben, die sich nur auf diese Weise entfalten konnte. Folgende Episode gehört nicht zur ältesten Überlieferung, kann aber dennoch alt sein und hat großes intrinsisches Interesse: (der Prophet spricht über seine Kindheit) »Ich wurde bei einer Amme des Stammes Saʿd Ibn Bakr gestillt. Als ich mit einem Jungen, der zusammen mit mir gestillt wurde, hinter dem Zelt die Schafe hütete, da kamen zwei Männer mit weißen Gewändern und mit einem Gefäß aus Gold, das mit Schnee gefüllt war, auf uns zu. Sie packten mich, spalteten meinen Leib, nahmen mein Herz heraus, öffneten es und zogen aus ihm einen schwarzen Klumpen heraus, den sie beiseite warfen. Dann wuschen sie mein Herz und meinen Leib mit dem Schnee, bis sie mich ganz gereinigt hatten.« Das ist die berühmte »Herzwäsche«, die zum Typ der schamanischen Berufungsvisionen gehört. Auch der angehende Schamane oder die Schamanin hat typischerweise ein visionäres Erlebnis, in dem sein oder ihr Körper zerstückelt wird, oder das Fleisch von den Knochen geschabt wird. Mohammed erfährt etwas Ähnliches offenbar als Reinigungserlebnis. Doch erst um 610, als Mohammed etwa 40 Jahre alt ist, erlebt er eine Berufungserfahrung. Mit ihr beginnt die Geschichte des Islam im engeren Sinn. Im tiefen Schlaf erscheint ihm der Engel Gabriel mit einem Buch in der Hand und fordert ihn auf, zu lesen. Als literarischer Niederschlag gilt die 96. Sure des Korans, die einhellig als die älteste angesehen wird: »Lies im Namen deines Herren, der erschaffen hat, den Menschen erschaffen hat aus einem Embryo. Lies. Dein Herr ist der Edelmütigste, der durch das Schreibrohr gelehrt hat, den Menschen gelehrt hat, was er nicht wußte. Nein, der Mensch zeigt ein Übermaß an Frevel, daß er meint, er wäre auf niemanden angewiesen.« (Übersetzung Khoury). Als er aus dem Schlaf erwacht, sieht er den Engel am Horizont stehen, der noch einmal zu ihm spricht: »Muhammad, du bist der Prophet Gottes, und ich bin Gabriel«. Durch sein Erlebnis erschüttert, kehrt er nach Hause zurück. Chadidscha tröstet ihn, ein Freund, Waraqa ibn Naufal, läßt ihn verstehen, daß er eine Berufung zum Propheten des arabischen Volkes erfahren hat.

Mohammed beansprucht, kein Wahrsager (arab. kāhin) oder Besessener (arab. madschnūn) zu sein (Sure 52, 29). Dennoch hat er vor allem mit den altarabischen Kahinen gewisse Ähnlichkeiten. Die Überlieferung beschreibt den Offenbarungsvorgang wie folgt (es spricht der Prophet selbst): »Ich höre ein Getöse; bei diesem Getöse werde ich wie vom Schlage getroffen. Niemals kommt eine Offenbarung zu mir, ohne daß ich glaube, meine Seele würde von mir genommen.« Die spätere Sira-Literatur beschreibt: »Wenn er eine Offenbarung empfing, empfand er Schmerzen und sein Gesicht verfärbte sich. Es wird auch erzählt, daß er durch diese geheimnisvolle Macht zu Boden geworfen wurde und eine Zeitlang wie ein Betrunkener dalag. Einmal empfing er einen Offenbarung, während er auf einem Kamel ritt; das Tier schrie dabei und spreizte die Vorderbeine so weit auseinander, daß es schien, sie müßten brechen. Das Kamel kniete nieder, stand dann wieder auf und stand mit versteiften Beinen, bis das schwere Gewicht der Offenbarung vom Propheten gewichen war, und der Schweiß tropfte von der Stirn des Propheten. Aber nicht bloß während eines Rittes, sondern auch beim Essen oder auf der Kanzel überrschte ihn die göttliche Eingebung. Sie stellte sich auch nicht selten ein, wenn jemand den Propheten um einen Entscheid in einer religiösen Frage anging«. Ob solche Passagen wirklich auf das autobiographische Zeugnis des Propheten zurückführen, wissen wir nicht. Man beachte das visionäre und ekstatische Element. Christliche Quellen haben Mohammed gern zum Epileptiker gemacht, was aber unwahrscheinlich ist und vor allem den immensen religiös-innovativen Charakter seiner Botschaft nicht erklärt. Auch sprengt Mohammed ohne Frage die Grenzen dessen, was das altarabische Ekstatikertum vorgibt.

Literatur: Tor Andrae, Mohammed. Sein Leben und sein Glaube. Göttingen 1932 = Hildesheim u. New York 1977 (dort 34–42 Zitate zum Offenbarungsempfang) * Ibn Ishaq, Das Leben des Propheten. Übersetzt von Gernot Rottner. Kandern 1999 (gekürzte Übertragung) * Adel Theodor Khoury, Wer war Muhammad? Lebensgeschichte und prophetischer Anspruch. Freiburg i. Br. 1990 * Rudi Paret, Mohammed und der Koran. Stuttgart 1985 * Annemarie Schimmel, Und Muhammad ist sein Prophet. Die Verehrung des Propheten in der islamischen Frömmigkeit. München 3. Auf. 1995.

Von Mohammed zum Koran. Um erste Anhängerinnen und Anhänger muß Mohammed lange ringen. Es sind – wenn man den frühen Islam sozialgeschichtlich betrachtet – ähnlich wie bei den meisten neuen Religionen offenbar vor allem junge Menschen, daneben Entwurzelte, die in der Stammesgesellschaft keinen rechten Platz mehr haben. Ähnlich der frühen Jesusbewegung findet der Islam seine ersten Anhänger am unteren Ende des sozialen Spektrums. Aber während im Christentum der soziale Aufstieg und die Entwicklung von einer religiösen zu einer auch politischen Größe etwa 300 Jahre in Anspruch genommen hat, geschieht dies im Islam sofort, noch zu Lebzeiten des Propheten, zumal der Islam rasch zu einer Militärmacht wird. Die Anhänger des Propheten werden zur Armee. Schon bei Mohammeds Tod ist fast die ganze arabische Halbinsel erobert. Doch davor liegt eine konfliktreiche Zeit. In Mekka selbst hat Mohammed Feinde. 622 muß er fliehen und zieht mit seinen Getreuen nach Medina, dem alten Yathrib (Rückkehr 630). Mit diesem Jahr beginnt die arabische Zeitrechnung. Die Stadt wird nicht zuletzt von jüdischen Stämmen bewohnt. Mohammed kann bald die vollständige Kontrolle über die Stadt an sich bringen. Mit den Juden kommt es zum Bruch. Zwei der jüdischen Stämme werden vertrieben, der dritte wird militärisch vernichtet: alle Männer werden getötet, alle Frauen und Kinder in die Sklaverei verkauft; so jedenfalls nach islamischer Darstellung. In der jüngeren Forschung hat es eine Rolle gespielt, daß die ältesten christlichen Quellen den Bruch zwischen den Juden und Mohammed deutlich später datieren, und noch die Armee, die 638 Jerusalem eroberte, bestand nach christlichen Quellen aus Juden und Muslimen gemeinsam. Auch der erste islamische Militärstatthalter in Jerusalem ist kein Moslem, sondern Jude. Diese Diskrepanz der Quellen ist zumindest merkwürdig.

Deutlich ist in jedem Fall, daß sich Mohammed auch religiös vom Judentum stärker abwendet und dem Islam ein national-arabisches Gesicht verleiht. Die vorgeschriebene Gebetsrichtung wird von Jerusalem nach Mekka geändert; zugleich taucht in den Offenbarungsreden jetzt erstmalig die Behauptung auf, Abraham (arabisch Ibrahim) selbst habe die Kaʿaba mit seinem Sohn Ismael (arabisch Ismaʿil) gegründet (Sure 2, 127f.; 3, 95-97; 14, 35-41). Abraham wird damit zum ersten Moslem und Vorbild aller Gläubigen (2, 124; vgl. im Neuen Testament Gal. 3, 8); explizit wird gesagt, daß er nicht als Jude oder Christ gelten könne.

Die kulturellen Wurzeln des Koran. Die Landschaften Arabiens waren jahrhundertelang Rand des Kulturlandes gewesen. Im Süden, im heutigen Jemen, hatte es dereinst blühende Hochkulturen gegeben. In Mohammeds Tagen war das vergangen.

Politisch bewegte man sich im Schatten der beiden Großmäch-
te, des römisch-byzantinischen Reiches im Nordwesten, des
persisch-sassanidischen Reiches im Nordosten. Beide waren
geschwächt, nicht zuletzt durch ihre häufigen Kriege und gelegentliche Auseinandersetzungen mit den wilden Stämmen, die
seit Jahrhunderten immer wieder neu aus Zentralasien herüber-
kamen: Hunnen, Awaren, Alanen und später, in islamischer
Zeit, die türkischen Völker. Arabien war kein Staat, sondern bestand aus den flexiblen Territorien verschiedener Stämme. Das
Leben wurde primär bestimmt durch die Zugehörigkeit zu und
dem Status in einem dieser Stämme. Die wenigen Städte waren
vor allem Märkte, d.h. Handelszentren, deren Häuser oft weit
verstreut lagen. Der Normalzustand des Lebens zwischen den
Stämmen ist der Krieg, der aber nur den Charakter vereinzel-
ter Überfälle und Raubzüge hat. Die Nomaden leben von der
Viehzucht, das Leben wird durch die biologischen Rhythmen
der Herden und ihren Weidewechsel bestimmt. Ein Großteil der
Stämme ist jedoch längst sesshaft, so lebte man in Mekka vom
Handel, in Medina vom Anbau von Gerste, Gemüse und vor
allem Datteln. Kamele sind der wertvollste Besitz.

Die Religion der vorislamischen Araber war ein Polytheismus auf dem Weg zu einem noch etwas blassen Monotheismus.
Fremden Beobachtern fiel vor allem der Kult heiliger Steine auf.
Gemeint sind entweder große, auffällige, freistehende Felsen,
oder gelegentlich Meteorsteine, die in ein kleines Heiligtum
integriert sind. Schon Clemens Alexandrinus um das Jahr 200
bemerkt, als er die Religionen der verschiedenen Völker charakterisiert, als besonders typisch: die Araber verehren den Stein
(Protrepticus 4). Männliche Götter spielen nur eine untergeordnete Rolle, obwohl Allah und andere durchaus bekannt sind.
Andere Namen zählt die 71. Sure auf. Wichtiger sind die großen
weiblichen Göttinnen: Al-Lat, die schon Herodot ein Jahrtausend früher erwähnt und die auf einer nabatäischen Inschrift
als »Mutter der Götter« erscheint, al-Manat, die Schicksals-,
Glücks- und Todesgöttin und vor allem al-ʿUzza, die Hauptgöt-
tin der Quraischiten, des Stammes, der Mekka beherrscht. Populär wurde sie mit der Venus zusammengestellt (jedoch nicht
unbedingt förmlich identifiziert). In syrischer Literatur heißt sie
Kaukabta »das Sternchen«; sie ist die arabische Aphrodite. Der

Koran erwähnt diese drei Göttinnen Sure 53, 19-25 (vgl. 37); den Heiden galten sie als Töchter Allahs, was für den Monotheismus Mohammeds unannehmbar war.

Der Heilige Stein ist Ort der Hierophanie und Kratophanie, der Erscheinung und Manifestation göttlicher Gegenwart und Kraft. Solche Heiligen Steine hat es auch sonst in der Alten Welt gegeben, z. B. war das zentrale Heiligtum der großen Muttergöttin Kleinasiens, Magna Mater, wie die Römer sie nannten, ein heiliger Meteorit, der im Jahr 205 v. Chr. nach Rom gebracht worden war. Mohammeds Integration dieses Kultes geschah durchaus nicht ohne Skepsis von mancher Seite: Umar, der zweite Kalif, sagte, er hätte den Stein nie verehrt, wenn er nicht zugesehen hätte, wie der Prophet ihn geküßt habe. Um den Heiligen Stein herum befindet sich ein heiliger Bezirk (»charam«, eigentlich »unerlaubt«, verwandt mit unserem Wort Harem). In ihm sind bestimmte kultische Tabus zu beachten: Tiere dürfen nicht getötet, Bäume nicht gefällt werden, und ähnliches. Aber diese Elemente traditioneller arabischer Religion haben dem Islam doch nicht seinen alles entscheidenden Stempel aufgepägt. Das sollte einem Buch vorbehalten bleiben. Der Koran hat den Islam zu der Buchreligion schlechthin gemacht.

Die Entstehung des Korans. Das Wort Koran, genauer Qurʾān (im Arabischen gedeutet als Verbalsubstantiv zu einem Verb qaraʾa »vortragen, lesen«) ist höchstwahrscheinlich in Wahrheit ein Lehnwort aus dem Syrischen (qeryānā »Lesung (im Sinne von: Perikopenlesung«). Mohammed selbst hat seine Offenbarungsreden seinen Anhängern mündlich vorgetragen. Diese haben sie nachgesprochen, bis sie sie auswendig konnten. Die Frage eventuell schon zu Lebzeiten Mohammeds vorhandener schriftlicher Aufzeichnungen ist sehr umstritten und kann hier nicht diskutiert werden. Jedenfalls werden viele Texte bald nach dem Tod des Propheten (und vielleicht schon früher) auf losen Zetteln, Baumrinde, Palmblättern, Scherben, Leinen- und Seidentüchern, sogar geglätteten Knochen und anderen Schreibmaterialien fixiert, wie sie für eine Gesellschaft auf dem Weg zur Schriftkultur typisch sind. Auch legten damals wie heute viele Muslime großen Wert darauf, alle Offenbarungen auswendig zu kennen, zumal viele prophetische Reden unmittelbar die muslimische Praxis betreffen. Dabei sind zu Lebzeiten des Propheten Veränderungen noch häufig; vgl. z. B. das Alkoholverbot Sure 50, 90f. mit früheren Stellen, die noch kein solches Verbot implizieren (16, 69; 4, 43). Diese Flexibilität des Propheten im inneren Dialog mit den Veränderungen seiner Gemeinde wird von Muslimen selbstverständlich strikt geleugnet. Sie sehen den Koran ja als irdischen Reflex einer himmlischen Offenbarungsschrift (3, 7; 13, 39; 43, 2–4; 56, 77-80; 85, 20f.), nicht als Ergebnis religiöser Denkprozesse des Mohammed. Für Muslime gilt Mohammed niemals in einem westlichen Sinn als »Autor« des Koran, nur als Übermittler. Zwar hat die islamische Tradition ein feines Gespür für die menschlich-allzumenschliche Seite des Propheten, die keineswegs verdrängt wird. Doch beziehen sich solche Nachrichten niemals auf den Wortlaut des Koran, der in keiner Richtung islamischer Theologie als geplantes oder gar schriftstellerisches Werk des Mohammed gesehen wird. Erstaunlicherweise wird die Möglichkeit einer göttlichen Aufhebung von Koranversen im Koran ausdrücklich bejaht (2, 106): auch der Koran begrenzt nicht Allahs Allmacht. Berüchtigt ist die Episode von den »satanischen Versen«, die Mohammed als »Einflüsterungen Satans« zurückzog. Sie gehörten nach der sicher nicht erfundenen Überlieferung zur 53. Sure (Vers 21f.) und sprachen von der Rolle der drei Göttinnen der Ka'aba. Volkstümlich galten diese als Töchter Allahs; die später zurückgezogenen Verse anerkannten ihre Rolle als Fürbitterinnen. Religionspsychologisch läßt sich das Geschehen als Ausgrenzung weiblicher Elemente im Gottesbild deuten.

Unter Abu Bakr, dem ersten Kalifen, laufen organisierte Sammelprozesse an. Mit einer Sichtung wird Mohammeds letzter Sekretär Zayd Ibn Thabit beauftragt. Abu Bakrs Nachfolger 'Umar (634–644) vertraut eine erste Niederschrift seiner Tochter Hafsa an, die eine der zahlreichen Witwen Mohammeds ist. Mit dem Namen des dritten Kalifen 'Uthman (644–656) schließlich verbindet sich die abschließende Sammlung und Redaktion der Suren des Koran. Beauftragt wird wieder Zayd ibn Thabit. Zahlreiche Fassungen der einzelnen Suren werden notiert und vereinheitlicht. Nach der Überlieferung wird ein Vers nur niedergeschrieben, wenn mindestens zwei Zeugen aussagen, ihn wörtlich so aus dem Mund des Propheten gehört zu haben. Nur für sechs Verse des Koran findet sich kein zweiter Zeugen außer Zayd ibn Thabit selbst. Es entsteht zwischen 650 und 656 die bis heute übliche Fassung des Buches, die in 114 Suren eingeteilt ist. »Sura« (Plural arab. suwar) meint einen selbständigen Teil des Koran, sozusagen ein Kapitel. Eine Sure kann ihrerseits aus Prophetensprüchen ganz unterschiedlicher Herkunft bestehen, d.h auch die Suren sind komponierte literarische Gebilde. Ordnungsprinzipien sind dabei z. T. inhaltlicher, z. T. formaler Art; oft ist auch keinerlei Planung erkennbar. Die einzelnen Verse (arab. aya, Plural ayat, wörtl. »Zeichen«) können kurz und rhythmisch oder auch in längerer Prosa gehalten sein. Oft enden sie mit einem Prosareim. Ihre Abgrenzung und Zählung variiert in verschiedenen Ausgaben; die ältesten Handschriften geben noch keine Einteilung in Verse wieder. Auch die Reihenfolge der Suren variiert noch bis ins 10. Jhdt. (Über eine zweite Koranredaktion eines al-Hasan al-Basri unter Abd al-Malik (685–705) wissen wir nur sehr wenig).

'Uthman läßt von Mekka aus Abschriften der neuen Ausgabe in die vier Haupstädte des Reiches schicken, nach Medina, Damaskus, Kufa und Basra. Nach islamischer Legende werden zwei dieser Urexemplare in Taschkent und Istanbul aufbewahrt: doch sind diese in kufischer Schrift des 9. Jhdts. gehalten und stammen sicher nicht aus der Zeit 'Uthmans. Außerdem ergeht der strenge Befehl, alle abweichenden Sammlungen und Niederschriften zu vernichten. Insbesondere alle privaten Aufzeichnungen sollten verbrannt werden. Dennoch ist die Tenazität der Überlieferung groß. Die klassischen arabischen Korankommentare (Tabari, Zamakhschari, Razi, Baydawi) zitieren und diskutieren regelmäßig »nicht-othmanische« Lesarten. Dabei handelt es sich meist um von der traditionellen Lesung abweichende Vokalisierungen und Dialektvarianten, aber doch öfters auch um einen abweichenden Konsonantentext. Wir besitzen eine Reihe von verstreuten Nachrichten, daß es sehr wohl schriftlich fixierte nicht-othmanische Ausgaben gegeben hat, auch wenn diese sich im Machtapparat des entstehenden Kalifenstaates langfristig nicht halten konnten. Auch nicht in den Koran aufgenommene Offenbarungen Mohammeds werden in der frühen islamischen Literatur in erheblichem Umfang zitiert (z. B. der »Steinigungsvers«, der Steinigung bei Ehebruch vorschreibt). Die endgültige Fixierung des Textes hängt mit der Entwicklung der arabischen Schrift (die aus einer nabatäischen Kursive stammt) von einer »scriptio defectiva« zu einer »scriptio plena« zusammen. Vokal- und Betonungszeichen werden erfunden, vor allem die Punkte, welche zur Unterscheidung formgleicher Buchstaben gebraucht wurden. Abschriften in »scriptio plena« haben sich jedoch nur langsam durchgesetzt. Der Koran blieb – wir haben darauf schon mehrfach hingewiesen – immer in erster Linie ein mündlich rezitiertes Buch. Heute ist in der islamischen Welt unangefochten eine gedruckte Ausgabe in Gebrauch, welche 1923 in Ägypten erschien.

Literatur: Hartmut Bobzin: Der Koran. Eine Einführung. München 5. Aufl. 2004 (das beste knappe Buch zur Sache) * Adel Th. Khoury, Art. Koran, in: ders.; Ludwig Hagemann; Peter Heine, Islam-Lexikon. Geschichte – Ideen – Gestalten. Überarbeitete Neuausgabe Freiburg i. Br. 2006, 360–375 * Hans Zirker, Der Koran. Zugänge und Lesarten. Darmstadt 1999 * Michael Cook, Der Koran. Eine kurze Einführung. Stuttgart 2000 bzw. 2002 * Tilman Nagel: Der Koran. Einführung – Texte – Erläuterungen. München 3. Aufl. 1998 * Das die deutsche Forschung ein Jahrhundert prägende Werk und bis heute wohl die wichtigste Einzelmonographie zum Koran ist: Theodor Nöldeke: Geschichte des Qorans. Göttingen 1860. Völlig neu bearb. v. Friedrich Schwally, Gotthelf Bergsträsser u. Otto Pretzl. 3 Bände. Leipzig 1909–1938. Nachdruck in einem Band Hildesheim 1981). Über Nöldeke vgl. Marco Frenschkowski, Art. Theodor Nöldeke, Biographisch-Bibliographisches Kirchenlexikon 6 (1993), 979–983 * Stefan Wild (Hrg.), The Quran as Text. Leiden u.a. 1996 * Bernhard Maier, Koran-Lexikon. Stuttgart 2001 * Encyclopaedia of the Qur'ān. Hrg. von Jane Dammen McAuliffe u.a. 6 Bände. Leiden 2001–2006.

Inhalt und Chronologie des Koran. Bereits die arabischen Korankommentare unterscheiden Suren und Verse aus verschiedenen Epochen des Auftretens Mohammeds. Die Kriterien der Zuweisung sind dabei z. T. inhaltlicher, z. T. formaler Art, und beruhen außerdem auf mündlichen Traditionen. Die westliche Koranwissenschaft hat seit dem 19. Jhdt. diese Forschung vorangetrieben. Im deutschen Sprachraum wurde dabei ein Modell herrschend, das durch die schon erwähnte Monographie von Theodor Nöldeke und Friedrich Schwally formuliert wurde. Danach werden drei mekkanische und eine medinische Periode unterschieden. Die Perioden enden ungefähr mit der Auswanderung muslimischer Familien nach Abessinien (615), der Rückkehr Mohammeds aus der Stadt Ta'if (wohl 620), und schließlich dem einschneidensten Ereignis seiner äußeren Biographie, der Auswanderung von Mekka nach Medina 622 (Hidjra). Spätere Koranforscher wie R. Blachère (Introduction au Coran. Paris 2. Aufl. 1959; Le Coran. 2 Bände. Paris 1949/50) und Adel Theodor Khoury (s.u.) haben dieses Modell in Details variiert, aber im Grundansatz übernommen.

Die Botschaft der frühen mekkanischen Suren ist v.a. das bevorstehende Weltgericht, das mit glühenden Farben ausgemalt wird. Mohammed redet hier noch ganz nach Art der arabischen Seher, mit vielen rätselhaften Andeutungen und Schwüren. Die ersten Suren sind vielleicht 96, 74, 111, 106, 108, 104, 107, 102, 105, 92, 90, 94, 93, 97, 86, 91, 80, 68, 87 und 95. Es folgen noch weitere mekkanische Stücke, u.a. 113 und 114. In der zweiten und dritten mekkanischen Periode werden die Stücke länger, das Prosaelement tritt stärker in den Vordergrund. Straflegenden und Höllenandrohungen werden breit entfaltet. Geschichtliche Anspielungen sind selten. Die in Medina verkündeten Suren unterscheiden sich hiervon deutlich. Das prophetisch-eschatologische Element tritt zurück: Mohammed wird zum Feldherren und Gesetzgeber der wachsenden islamischen Gemeinschaft. Die Abgrenzung gegenüber Judentum und Polytheismus wird klarer formuliert. Historische Anspielungen sind nun nicht mehr selten, so auf die Schlachten von Badr (3, 123), Uhud (3, 155-174) und Hunayn (9, 25), auf die martialische Ausrottung der Juden (59, 2-5; 33, 9-27), auf den sogenannten »Grabenkrieg« (33, 9-27). Dies alles sind Ereignisse der Jahre 622–632. Sure 33, 37-40 legitimiert der Prophet für sich selbst die Heirat mit Zaynab, der geschiedenen Frau seines Adoptivsohnes Zayd ibn Haritha, die der Sitte widersprach. In Medina sind die größeren Teile u.a. folgender Suren entstanden: 2, 98, 64, 62, 8, 47, 3, 61, 57, 4, 65, 59, 33, 63, 24, 58, 22, 48, 66, 60, 110, 49, 9, 5.

In der uthmanischen Ausgabe wurden die Suren im Prinzip der Länge nach geordnet (es gibt einige irrtümliche Abweichungen von diesem Schema). Nur die Eröffnungssure (1, arab. Al-Fātiḥa) wurde dem Gesamtkoran vorangestellt. Dies führt zu dem Ergebnis, daß Lesende, die mit den ersten Suren anfangen, zuerst die späten medinischen Stücke kennenlernen, die oft interne Fragen des Zusammenlebens regeln und lange, ausgesprochen monotone Prosapredigten bieten. Von größerer poetischer Kraft sind die frühen Texte, die Lesenden eher zugänglich sind, die z.B. vom Alten Testament geprägt sind. Es ist daher für den beginnenden nichtmuslimischen Koranleser nicht unbedingt die beste Idee, »von Anfang bis Ende« zu lesen (was ja auch etwa im Fall der Bibel wenig Sinn macht). Eher wird ein allmähliches Sich-Erarbeiten der Texte nach chronologischen und inhaltlichen Kriterien zu einem vertieften Verstehen führen. Wie im Fall praktisch aller in diesem Buch besprochener Heiliger Schriften wird sich dabei vieles erst bei wiederholter Lektüre und eingehender Beschäftigung erschließen. Allerdings geht die eigentümliche Sprachkraft des Arabischen in jeder Übersetzung verloren, so daß die Ästhetik des Korans – für Muslime von großer Bedeutung – für westliche nicht-muslimische Lesende praktisch unzugänglich bleibt, es sei denn, sie erlernen die Sprache. Im allgemeinen wächst der Respekt vor der äußeren Form des Koran, wenn man zumindest klassische Rezitationen von Koransuren in arabischer Sprache gehört hat.

Mohammed gilt im Koran als »Siegel der Propheten« (33, 40), also als letzter und abschließender Gottesbote in einer langen Reihe von Gottesboten. Zu dieser Reihe zählen Muslime die wichtigsten Gestalten des Alten Testaments ebenso wie Jesus, aber auch altarabische Propheten, über die wir sonst fast nichts wissen. Von diesen letzteren werden namentlich genannt Hud, der Prophet des Stammes ʿAd, Salih, der Propheten der Thamud, und Shuʿaib, der Prophet von Madyan bzw. der »Waldbewohner« (die islamischen Kommentatoren setzen diesen mit dem biblischen Jethro, dem Schwiegervater des Mose, gleich). Der Koran unterscheidet zwischen einfachen prophetischen Warnern und Mahnern (arab. nabi) und den förmlichen »Gesandten« (arab. rasul), die ein Heiliges Buch hinterlassen haben. Anspielungen auf biblische Geschichten sind häufig, übrigens weit mehr auf solche des Alten als des Neuen Testaments. Wie bereits erwähnt, ist der frühe Islam eher einer Devianzform des Judentums als des Christentums. Alle diese Anspielungen beruhen ausschließlich auf mündlicher Überlieferung. Mohammed hat ohne Frage weder das Alte noch das Neue Testament gelesen (ob er lesen und schreiben konnte, überliefern die islamischen Quellen unterschiedlich). Daher sind Mißverständnisse häufig, z. B. verwechselt der Koran Maria, die Mutter Jesu, mit Mirjam, der Tochter des 'Amram (arabisch 'Imram) und Schwester des Aaron (arab. Harun). Arabisch heißen beide Frauen Maryam. Aus solchen Passagen wird auch deutlich, daß Mohammed keinerlei Vorstellungen von den geschichtlichen Abläufen hat, sondern die biblischen Erzählungen nur als sozusagen zeitlose narrative Fragmente kennt. In der islamischen Kommentarliteratur haben solche offensichtlichen Sachfehler große Verlegenheit verursacht, da Irrtümer im Koran grundsätzlich nicht für möglich gehalten werden. Sehr merkwürdig ist auch der gelegentliche Brauch, biblische Namen in Verkleinerungsformen zu verwenden (Sulaiman für Schlomo = Salomon, 'Uzair für 'Esra). Neutestamentliches kennt Mohammed z. T. aus apokryphen Quellen, z. B. aus einem Kindheitsevangelium die Erzählung von dem Jesusknaben, der Tontauben zum Leben erweckt (5, 110). Berühmt und eine stete Irritation im islamisch-christlichen Gespräch ist die koranische Leugnung der Tatsächlichkeit der Kreuzigung Jesu (4, 159), die vielleicht aus gnostischen Quellen stammt. Ansonsten wird Jesus als Prophet oft erwähnt und respektiert, und kann sogar »Wort Gottes« und »Messias« heißen, ohne daß der Koran mit diesen traditionellen Begriffen spezifisch biblische Inhalte verbinden würde. Die Idee eines »Gottessohnes« ist für Muslime nicht erträglich und wird im Koran vielfach bestritten (112, 1-3), ebenso die Trinität (5, 73). Dabei unterliegt Mohammed freilich dem Mißverständnis, die christliche Trinität bestehe aus Vater, Sohn und Maria (5, 116).

Neben einer »linearen Prophetologie« kennt Mohammed auch die Idee, Allah habe zu den einzelnen Völkern jeweils Propheten in ihrer Landessprache geschickt, und er selbst sei in diesem Sinn zu den Arabern gesandt. Die religionsgeschichtlichen Hintergründe dieses weder jüdischen noch christlichen Prophetenmodells sind nicht recht klar. Tor Andrae u.a. haben an manichäische Vorbilder gedacht (Mani bezeichnet sich einmal als den Gesandten für die Babylonier, d.h. für den Iraq), aber das ist traditionsgeschichtlich eher fragwürdig. Zwar wirkt zoroastrische Mythologie im Koran nach (die Engel Harut und

Marut Sure 2, 102 sind etymologisch die iranischen Gottheiten Haurvatāt und Ameretāt), aber manichäische Elemente sind im allgemeinen nicht sichtbar. Von besonderem Interesse wäre, ob es in der paganen arabischen Gesellschaft vor Mohammed Ansätze, gegeben hat, andere Sehergestalten nach Analogie der biblischen Propheten zu sehen, oder ob dies erst Mohammed getan hat.

Literatur: Heinrich Speyer, Die biblischen Erzählungen im Qoran. Gräfenhainichen 1931 = Hildesheim u.a. 1988 * Carsten Colpe, Das Siegel der Propheten. Historische Beziehungen zwischen Judentum, Judenchristentum, Heidentum und frühem Islam. Berlin 1990 * Johann-Dietrich Thyen, Bibel und Koran. Eine Synopse gemeinsamer Überlieferungen. Köln, Weimar, Wien 2000.

Die Suren des Koran. Wir nennen exemplarisch die ersten 20 Suren mit ihren traditionellen Namen. Diese sind in der arabischen Welt (allerdings nicht ganz einheitlich) im Gebrauch, gelten jedoch nicht als Teil des geoffenbarten Textes. Die deutschen Übersetzungen variieren natürlich in den Ausgaben ohnehin. In der westlichen Wissenschaft werden die Koransuren bei Zitaten gezählt; im islamischen Raum werden sie grundsätzlich mit ihrem Namen (+ Versnr.) zitiert.

Sure 1: Die Eröffnung (Al-Fātiḥa)
Sure 2: Die Kuh (Al-Baqarah)
Sure 3: Die Sippe ʿImrans (Āl-ʿImrān)
Sure 4: Die Frauen (An-Nisāʾ)
Sure 5: Der Tisch (Al-Māʾida)
Sure 6: Das Vieh (Al-Anʿām)
Sure 7: Der Bergkamm (Al-Aʿrāf)
Sure 8: Die Beute (Al-Anfāl)
Sure 9: Die Buße (At-Tauba)
Sure 10: Jona (Yūnus)
Sure 11: Hūd (Hūd)
Sure 12: Joseph (Yūsuf)
Sure 13: Der Donner (Ar-Raʿd)
Sure 14: Abraham (Ibrāhīm)
Sure 15: Das Steinige (Al-Ḥiǧr)

Sure 16: Die Biene (An-Naḥl)
Sure 17: Die nächtliche Reise (Al-Isrā')
Sure 18: Die Höhle (Al-Kahf)
Sure 19: Maria (Maryam)
Sure 20: Ṭā Hā

113 der 114 Suren beginnem mit der Basmala, der Formel bi-smi llahi r-rahmāni r-rahim »Im Namen Gottes, des Allerbarmers, des Barmherzigen«. Diese steht auch Sure 27, 30, also 114 mal im Koran. Manche Suren haben am Beginn des Textes einzelne sogenannte »geheimnisvolle Buchstaben«, deren Bedeutung bis heute unerklärt ist, und die vielleicht Relikte des Redaktionsvorganges oder Abkürzungen sind. Die Suren 20, 36 und 38 heißen auch selbst nach diesen »geheimnisvollen Buchstaben«. Die Verszählungen variieren, u.a. danach, ob die Basmala als Vers mitgezählt wird oder nicht.

Übersetzungen des Koran: die ersten Schritte. Von den traditionellen Bedenken des Islam, ob der Koran überhaupt übersetzt werden könne und dürfe, haben wir bereits gesprochen. Die Einzigartigkeit des Koran impliziert für Muslime sozusagen auch eine Einzigartigkeit der arabischen Sprache. Diese wird als klassische Schriftsprache in den verschiedenen arabischen Ländern zwar durchaus unterschiedlich ausgesprochen, ist aber in geschriebener Form allen Gebildeten verständlich. Insofern hat es bis ins 20. Jahrhundert keine sozusagen »offiziellen Übersetzungen« gegeben. Doch wurden schon früh einzelne Verse übersetzt (schon zu Lebzeiten des Propheten ins Äthiopische, bald danach ins Persische). Von einer Übersetzung in eine Berbersprache aus dem Jahr 127 der Hidschra besitzen wir nur wenige Zitate, ebenso von syrischen Fassungen (die A. Mingana entdeckt hatte). Auch eine frühe Übersetzung in eine indische Sprache ist nicht erhalten, aber sehr wohl eine etwa gleichzeitige ins Persische, usw. Es hat also durchaus immer Koranübersetzungen gegeben: aber sie dienten eher der privaten Frömmigkeit, und wurden von der Mehrheit des islamischen Klerus nicht speziell gefördert. Aus dem Mittelalter existieren zahlreiche Glossen, kommentierende Übersetzungen u.ä., v.a. ins Persische und später ins Türkische, aber sie verdrängen niemals die eingehende Beschäftigung mit dem arabischen Original.

In christlichen Raum reichen die ersten Ansätze einer intellektuellen und apologetischen Auseinandersetzung mit dem Islam bis zu Johannes Damaszenus zurück (um 650 bis um 754), der in seiner monumentalen »Pege gnoseos« (»Quelle der Erkenntnis«), einer orthodoxen Dogmatik, im 2. Buch neben anderen Häresien auch den jüngst entstandenen Islam eingehend analysiert. Im Mittelalter verstärkt sich – auch angesichts erheblicher Missionsbemühungen (Franz von Assissi und Raimundus Lullus waren dabei die großen Vorkämpfer einer Mission unter Muslimen) – die Einsicht in die Notwendigkeit, solide Kenntnisse über den Islam und seine religiösen Traditionen zu gewinnen. Die Blickrichtung war dabei apologetisch: es sollte Material für ein kritisches Religionsgespräch mit dem Islam zusammengestellt werden. Tatsächlich hat es auch eine Reihe solcher förmlicher »Religionsgespräche« zwischen Theologen beider Religionen gegeben. Dies geschah meist vor einem großen Publikum, jedoch nur in islamischen Ländern, da in christlichen Staaten vor der Reconquista keine Muslime lebten. (Später wurde die Idee in asiatischen Ländern wiederaufgenommen). Dennoch konnte noch keine Kultur des Dialogs entstehen: die Abstände und Widerstände waren offenbar zu groß. Es war ein Abt des Closters Cluny, Petrus Venerabilis (1094–1156), der zum Initiator der Islamstudien in Europa wurde. Da er selbst kein Arabisch sprach, gewann er den aus England gebürtigen Robert von Ketton, der sich als Übersetzer astronomischer Texte aus dem Arabischen einen Namen gemacht hatte. 1143 vollendete Robert die erste lateinische Koranübersetzung. Gemeinsam mit anderen übersetzten islamischen Texten und diversen kommentierenden und apologetischen Begleitschriften christlicher Theologen entstand auf diese Weise das »Corpus Toletanum«, eine erste islamkundliche Bibliothek. Über mehrere Jahrhunderte vermittelte sie Wissen über den Islam. Autoren wie Thomas von Aquin schöpften für ihre kritischen Schriften in der Auseinandersetzung mit dem Islam aus den Kenntnissen, die hier zusammengetragen waren. Nach heutigen Maßstäben waren diese freilich noch bescheiden, und mit viel Legendärem durchsetzt. Immerhin war ein Anfang gemacht. 1312 ordnete das Konzil von Vienne an, daß an 5 Universitäten je zwei Lehrstühle für orientalische Sprachen errichtet werden sollten (can. 11). Der Anfang moderner Dialog-bemühungen – die ein friedvolles Miteinander der Religionen anstreben – kann bei dem katholischen Kardinal Nicolaus von Kues (Cusanus) (1401–1464) gesehen werden. In seiner umfang-reichen »Cribratio Alcorani« (»Durchsiebung des Korans«) von 1460/61 und anderen Schriften plädierte er entschieden für eine friedliche Diskussion ohne kriegerische Auseinandersetzung. (Nur für die Verteidigung sollte der Krieg gegen Muslime legi-tim sein). Den Islam verstand er im Prinzip als eine Weiterent-wicklung des nestorianischen orientalischen Christentums, also als eine christliche Häresie, die mit Argumenten und Freund-lichkeit, nicht mit Waffen zu überwinden sei. Damit war er frei-lich seinen Zeitgenossen weit voraus. Die türkische Invasion auf dem Balkan im 16. Jhdt. (Belagerung Wiens 1529) löste bei Euro-päern (wie Martin Luther) ausgesprochene apokalyptische Äng-ste aus, zumal die islamischen Armeen anfänglich militärisch überlegen schienen. Luther und viele andere rechneten fest mit einer islamischen Eroberung ganz Deutschlands: diese wird in christlichen Schriften dieser Jahre vielfach als praktisch sicheres, kurz bevorstehendes Ereignis behandelt. Die rasche innere Kor-ruption und militärische Maßlosigkeit des osmanischen Staates (Mehrfrontenkrieg, erklärtes Ziel der Weltherrschaft) schon im 16. Jhdt., verbunden mit regelmäßigen Janitscharenaufständen, hat jedoch einen weiteren Vormarsch verhindert.

Literatur: Clinton Bennett, In Search of Muhammad. London u. New York 1998 (Geschichte der westlichen Kenntnisse über Mohammed) * Hartmut Bobzin, Der Koran im Zeitalter der Reformation. Studien zur Frühgeschichte der Arabistik und Islamkunde in Europa. Stutt-gart 1995 (auch zu den vorreformatorischen ältesten Übersetzungen ins Lateinische, sehr materialreich) * Ludwig Hagemann, Christentum contra Islam. Eine Geschichte gescheiterter Beziehungen. Darmstadt 2. Aufl. 2005 * Marco Frenschkowski, Die Reformatoren und der Islam. Die Wahrnehmung des Islams zwischen Apokalyptik und Politik in der Reformationszeit, Blätter für Pfälzische Kirchengeschichte (…) 70 (2003), 311–332.

Neuzeitliche Übersetzungen des Koran. Eine erste Übersetzung ins Deutsche stammt von dem schwäbischen evangelischen

Pfarrer Salomon Schweigger (1551–1622), die 1616 in Nürnberg erschien. Ihr hatte jedoch nur eine italienische Version zugrundegelegen. Weitere Übersetzungen folgen v.a. ab dem 18. Jhdt. Im 19. Jhdt. versuchte der Orientalist Friedrich Rückert, große Teile des Korans in gebundener, oft gereimter Form so zu übertragen, daß einiges vom Klang des Arabischen im Deutschen ahnbar wird. Unter den neueren wissenschaftlichen Übersetzungen ins Deutsche nennen wir drei: »Der Koran. Übersetzt von Adel Theodor Khoury.« 12 Bde. Gütersloh 1987–2001; auch gekürzt einbändig: »Der Koran erschlossen und kommentiert von A. T. Khoury.« Düsseldorf 2005. Im hohe Präzision bemüht ist: Rudi Paret, »Der Koran. Übersetzung.« Stuttgart u.a. 5. Aufl. 1989, dazu ders., »Der Koran. Kommentar und Konkordanz.« Stuttgart u.a. 4. Aufl. 1990. Last not least erwähnen wir die Übersetzung von Hans Zirker (Darmstadt 2003), welche versucht, das »fremde« Element des Koran deutlicher sichtbar zu machen und daher den Anschluß an christliche Sprachtraditionen meidet. Für Johann Wolfgang von Goethe war der Koran ein Buch, »das uns, so oft wir auch daran gehen, immer von neuem anwidert, dann aber anzieht, in Erstaunen setzt und am Ende Verehrung abnötigt.«

Literatur: Thomas E. Burman, Tafsir and Translation: Traditional Arabic Qur'an Exegesis and the Latin Qur'ans of Robert of Ketton and Mark of Toledo, Speculum 73 (1998), 703–732 (über die ältesten europäischen Übersetzungen ins Lateinische) * Ismet Binark, Halit Eren, Ekmeleddin Ihsanoglu, World Bibliography of Translations of the Meanings of the Holy Quran: Printed Translations, 1515–1980. Istanbul 1986 * Koranauslegung: Helmut Gätje, Koran und Koranexegese. Stuttgart u. Zürich 1971 (mit Texten) * Ignaz Goldziher, Die Richtungen der islamischen Koranauslegung. Leiden 1920 u.ö. (Klassiker)

Neuansätze kritischer Koranwissenschaft. Ein wirklich historisch-kritischer und religionswissenschaftlichen Fragestellungen verpflichteter Korankommentar existiert nicht. Der monumentale deutschsprachige Kommentar des libanesischen Christen Adel Theodor Khoury ist eher an islamischen Traditionen der Textauslegung orientiert, und vermeidet alle radikalen Infragestellungen islamischer Traditionen. Leider ist er auch eher unübersichtlich und nur mühsam zu benutzen. Doch hat

es in der jüngeren Islamwissenschaft auch eine Wiederbelebung
der ehemals durchaus vorhandenen (Schwally, Jefferys, Lüling)
kritischen Koranforschung gegeben. Im deutschen Sprachraum
haben in den letzten Jahren verstärkt Ansätze ein Medienecho
gefunden, welche die christlichen, insbesondere syrisch-ara-
mäischen Anteile an der Entstehung des Koran neubedenken.
Dabei wird z. T. mit weitgehenden Vorlagen zu den erhaltenen
Korantexten gerechnet, d.h. auch literarkritisch argumentiert.
Nachdem bereits Günter Lüling vor vielen Jahre vergleichbare
Thesen begründet hat, sind seit 2000 die Thesen des »Christoph
Luxenberg« (der Autorname ist Pseudonym) vielfach auch in
der Öffentlichkeit wahrgenommen worden, welche schwierige Koranstellen unter Rückgriff auf ostaramäisches Sprachgut
erklären wollen, dabei aber vielfach harmonisierend wirken
und völlige gedankliche Kohärenz des Koran implizieren (»Die
Syro-Aramäische Lesart des Koran. Ein Beitrag zur Entschlüsse-
lung der Koransprache«. Berlin 2000. 3., korr. Aufl. Berlin 2006).
Die Diskussion über diese und ähnliche Thesen hat noch keinen Konsens erreicht. Ohne Frage gehört der Koran *auch* in die
Geschichte des orientalischen Christentums und seiner Wirkun-
gen, wie Alfred Adam seine Dogmengeschichte der Alten Kirche
bereits 1965 mit einem Kapitel über den Islam beendete (»Dogmengeschichte I. Die Zeit der Alten Kirche«. Gütersloh 1965. 4.
Aufl. 1981, 384–391). Doch sind die augenscheinlich jüdischen
Elemente im Koran oft ausgeprägter als die christlichen, was
nicht übersehen werden darf. Insbesondere setzt sich der Koran
oft eher vom Judentum ab als vom Christentum, was heißt, daß
dieses zentrale Referenzgröße war. Noch weitergehende jüngere Thesen, die auf eine Bestreitung der Geschichtlichkeit Mohammeds im herkömmlichen Sinn hinauslaufen, werden sich
schwerlich durchsetzen. Vgl. Karl-Heinz Ohlig, Gerd-R. Puin,
Die dunklen Anfänge. Neue Forschungen zur Entstehung und
frühen Geschichte des Islam. Berlin 2005. 3. Aufl. 2007; Karl-
Heinz Ohlig u.a., Der frühe Islam. Eine historisch-kritische Rekonstruktion anhand zeitgenössischer Quellen. Berlin 2007.

9. Das Avesta

Westliche Kenntnis Zarathustras. Seit Xanthos dem Lyder (5. Jhdt. v. Chr.) ist der Prophet des Iran auch bei griechischen (und später römischen) Schriftstellern namentlich bekannt. Aristoteles, Diodorus Siculus, Nikolaus von Damaskus, Plinius der Ältere, Plutarch, Aelius Theon, Philo v. Byblos und viele andere antike Autoren kennen ihn als die zentrale religiöse Figur des Iran. Doch wird Zoroaster (wie ihn die Griechen meist nennen) rasch zu einer Gestalt der orientalisierenden Sage. Eudoxus datierte ihn gar 6000 Jahre vor dem Tod Platons, was natürlich Fantasie ist. Immerhin besitzen u.a. Plutarch und Plinius (beide 1. Jhdt. n. Chr.) durchaus einiges an authentischen Informationen. Meist gilt er jedoch einfach als eine weise Gestalt aus dem Ostern, und als der Begründer der Magie (so z. B. bei Plinius in dessen Geschichte der Magie: Historia naturalis 30, 2f.). Eine eigenartige christliche Legende aus dem 3. Jhdt. läßt Zarathustra durch ein Feuer vom Himmel umkommen (Ps.-Clemens, Recognitionen 4, 27-29; Homilien 9, 4-6). Der iranische Feuerkult war ja eines der bekanntesten Kennzeichen der zoroastrischen Religion. Doch wurde auch im Christentum die Überlieferung der iranischen »Magier« nicht nur negativ gesehen (Mt. 2 sind sie die Vertreter heidnischer Hoffnung auf einen Welterlöser). In der römischen Kaiserzeit liefen unter Zoroasters Namen verschiedene apokryphe griechische Schriften um, die mit dem realen iranischen Zarathustra offenbar kaum etwas zu tun hatten (nur Fragmente sind erhalten). Doch besitzen wir die merkwürdige, vom älteren Plinius aus Hermippus von Smyrna (3. Jhdt. v. Chr.) übernommen Nachricht, Zoroaster habe 2 Millionen Verse hinterlassen. Zu diesen Büchern soll das (verlorene) Werk des Hermippus Inhaltsangaben enthalten haben (Plinius, Naturalis historia 30, 4). Da Hermippus aus den Ressourcen der Bibliothek von Alexandria schöpfen konnte, wird diese Nachricht nicht erfunden sein. Aber worauf bezieht sie sich? Auf die erwähnten griechischen Zarathustra-Apokryphen (so die Mehrheitsmeinung)?

Eine solche Auffassung ist chronologisch schwierig (die genannten Texte scheinen durchgehend jünger zu sein), und stieße sich
auch an der Angabe, daß es sich um Verse handelt, also Texte in
poetischer Form. Liegt hier vielleicht doch ein erste Zeugnis für
schriftlich fixierte zoroastrische Schriften vor? Wir werden auf
die damit verbundenen Fragen noch einmal zurückkommen.

In Mittelalter und Renaissance war Zarathustra wenig mehr
als ein legendenumwobener Name uralter Religionsgeschichte,
vergleichbar den Sibyllen, Orpheus, Bakis oder Hermes Trismegistos. Im Jahr 1700 publiziert der Oxforder Orientalist Thomas
Hyde (1636–1703) seine »Historia religionis veterum Persarum«
(2. Aufl. posthum 1760), in der er die antiken griechischen und
römischen Nachrichten über die vorislamische Religionsgeschichte des Iran einer systematischen Kritik unterzieht und
als erster in großem Umfange Quellen in orientalischen Sprachen (Arabisch, Persisch, Syrisch, Türkisch u.a.) heranzieht. Zur
Beschreibung der typischen Gut-Böse-Opposition, welche die
ganze zoroastrische Religion durchzieht (einschließlich der Göt-
terwelt und sogar der Tiere und Pflanzen), erfand Hyde den Begriff »Dualismus«. Eine wirkliche Kenntnis authentischer Texte
der zoroastrischen Religion brachte jedoch erst der französische
Philologe Abraham-Hyacinthe Anquetil-Duperron (1731–1805).
Da dem jungen Gelehrten eine eigentlich versprochene Unterstützung durch amtliche Stellen immer wieder vorenthalten
wurde, ließ er sich 1754 als einfacher Soldat rekrutieren, um so
endlich nach Indien zu gelangen, Manuskripte der verschollenen Religion des Zarathustra zu sammeln und die erforder-
lichen Sprachen zu erlernen. Indien hatte er im Blick, weil er
wußte, daß dort, v.a. im Raum Bombay, die (bis heute) größte
Ansiedlung von Zoroastriern lebt (in Indien »Parsen« gennant,
Perser; sonst heißen sie im Arabischen und anderen Sprachen
auch »Geber« u.ä.). Als dies dem französischen König zu Ohren
kam, ließ er ihm noch wenige Tage vor der Abfahrt eine ansehn-
liche Geldsumme zukommen und eine solide Unterstützung in
Indien selbst anlaufen, die Anquetil-Duperron dann dort rasch
viele Türen öffnete (Bereits 1723 waren einige Fragmente avestischer Texte nach England gelangt, von denen aber niemand
auch nur eine Silbe entziffern konnte). 1762 kehrte er nach Europa zurück, im Gepäck nicht nur avestische, sondern auch ve-

dische und andere indische Handschriften. Die Sprachen hatte
er von einheimischen Priestern erlernt. 1771 folgte schließlich in
3 Bänden die erste Übersetzung der Heiligen Schriften der Religion Zarathustras in eine europäische Sprache (»Zend-Avesta,
ouvrage de Zoroastre«), mit zahlreichen kommentierenden Bei-
gaben. Doch die Bildungswelt reagierte enttäuscht: anstatt orientalischer Geheimnisse und esoterischen Tiefsinns boten die
Texte dürre Ritualanweisungen und Gebetsformeln, dazu vage
Anspielungen auf eine für westliche Leser fast unverständliche
Mythologie (insbesondere in Form der ebenfalls übersetzen
nachavestischen Schrift Bundahischn). Es dauerte viele Jahrzehnte, bis sich die Erkenntnis durchgesetzt hatte, daß dies tatsächlich die authentische Tradition Zarathustras ist, während
das etwa aus der Renaissance vertraute Bild weithin nur eine
Fantasie gewesen war.

Erste Textausgaben erschienen Mitte des 19. Jahrhunderts
(Niels L. Westergaard, 1852–54), die dann 1886–1895 durch die
sorgfältige, bis heute grundlegende Ausgabe von Karl Friedrich
Geldner ersetzt wurden (bis auf einige kleinere Texte, die Geldner nicht ediert hatte). Es ist dies der gleiche Orientalist, dem
wir auch die grundlegende deutsche Fassung des indischen Rig-
Veda verdanken. Geldner konnte etwa 150 Handschriften ver-
werten, wurde sich über deren präzises Lemma allerdings erst
nach Abschluß der Ausgabe klar (so daß öfters der Anmerkungsapparat die älteren Lesarten bietet). Eine vollständige deutsche
Übersetzung (die allerdings die Ritualformeln z. T. nur abkürzt,
und daher den Text kürzer macht, als er eigentlich ist) publizier-
te wenig später der schließlich von den Nazis ermordete Fritz
Wolff (1880–1943) (»Avesta. Die heiligen Bücher der Parsen«.
Straßburg 1910 = Berlin 1960). Wolff orientierte sich dabei ganz
an dem genialen, bis heute für jede iranistische Arbeit unver-
zichtbaren Wörterbuch von Christian Bartholomae (»Altirani-
sches Wörterbuch«. Straßburg 1904 = Berlin u. New York 1979).
Wertvoll bleibt die französische, umfangreich kommentierte
Übersetzung von James Darmesteter (»Le Zend-Avesta«. 3 Bände. Paris 1892 = 1960). Eine heutigem Erkenntnisstand entsprechende Gesamtübersetzung liegt für keine europäische Sprache
vor, doch gibt es viele Teilausgaben und -übersetzungen. Trotz
dieser wissenschaftlichen Arbeit hörte Zarathustra nie auf, eine

Projektionsfläche für westliche Ideen des »weisen Magiers« u.ä. zu sein, von Mozarts »Sarastro« (»Die Zauberflöte«, 1791) bis zu Nietzsches »Also sprach Zarathustra« (1883–1891).

Literatur: Albert de Jong, Traditions of the Magi. Leiden 1997 (die antiken griech. und röm. Notizen über die iranische Religion iranistisch kommentiert) * Roger Beck, Thus Spoke not Zarathustra, in: Mary Boyce, Frantz Grenet, A History of Zoroastrianism. Bd. 3. Leiden 1991, 491–565 (griech. und röm. Zarathustra-Apokryphen) * Joseph Bidez, Franz Cumont, Les mages héllensées. 2 Bände. Paris 1938 = 1973 (kommentierte Sammlung der Fragmente antiker Zarathustra-Apokryphen; grundlegend, aber heute auch im Textbestand ergänzungsbedürftig) * Jenny Rose, The Image of Zoroaster the Persian Mage through European Eyes. New York 2000 * www.iranica.com.

Religiöser und sprachlicher Charakter des Avesta. Das Wort Avesta (mittelpersisch abestāg) bedeutet wohl »Lobpreis« (altiranisch *upa-stāvaka; die Etymologie ist nicht gesichert, auch »Grundtext« wurde vorgeschlagen), wird aber (auch in anderen orienalischen Sprachen wie dem Syrischen, Arabischen und Neupersischen) zu einer technischen Bezeichnung für das Corpus heiliger Texte der zoroastrischen Religion. Die überlieferten avestischen Texte sind im wesentlichen Ritualagenden. Auf mythologische und überhaupt narrative Themen wird meist nur kurz angespielt. Obwohl das Avesta auch manche geschichtliche Andeutung enthält, sind längere Geschichtstexte doch nicht Teil des überlieferten Bestandes. Auch die vielleicht auf Zarathustra selbst zurückgehenden Passagen enthalten zwar autobiographische Aussagen, sind aber doch keine Erzähltexte, eher Offenbarungsgespräche mit Ahura Mazda (dem höchsten Gott), Gebete, Hymnen, theologische Meditationen und Reflexionen. Sprachlich ist das Avesta in einer dem Altindischen sehr nahe verwandten indogermanischen Sprache verfaßt, die wir Avestisch nennen. Vermutlich hätten sich Inder aus der rigvedischen Kultur und iranische aus gathischer Zeit noch ohne Dolmetscher verständigen können, obwohl sich der Lautstand der Sprache z. T. sehr massiv verschoben hat. Das religiöse Vokabular ist jedoch weithin identisch. Im Gegensatz zum westiranischen Altpersischen der achämenidischen Inschriften (das direkt ausschließlich aus Inschriften der kurzen Zeit zwischen Darius I., 522–486

v. Chr., und Artaxerxes III., 359/8–338/7 v. Chr., bezeugt ist) ist das ostiranische Avestische über sehr lange Zeiträume tradiert worden. Die gathischen Texte (s. sofort) könnten sogar bis in das 2. vorchristl. Jahrtausend zurückreichen. Die sprachlich demgegenüber deutlich abgehobenen jungasvestischen Texte dürften mehrheitlich aus der Zeit in jedem Fall noch vor der Eroberung des Iran durch Alexander d. Gr. stammen. Das Avestische wurde ähnlich der Sprache der indischen Veden über Jahrhunderte nur mündlich tradiert. Als besondere priesterliche Tugend galt es, das Avesta vollständig memorieren zu können. (Bis zum Beginn des 2. Weltkrieges wurden in der zoroastrischen praktischen Priesterausbildung keine Bücher verwendet, obwohl viele zoroastrische Gelehrte sich damals schon seit einem Jahrhundert an der Edition ihrer Literatur beteiligt hatten). Doch ist die Überlieferung des Avesta offenbar fehlhafter als die des Rig-Veda. Viele Passagen sind kaum verständlich, was freilich auch an unserer mangelnden Kenntnis der Sprache liegen mag. Während die zoroastrischen Traditionen ursprünglich im Nordostiran entstanden sind, könnte sich die Fixierung der Sprachgestalt (die nicht mit ihrer Niederschrift identisch sein muß) eher in der Persis (Südwestiran) vollzogen haben, mit Zwischenstufen in Seistan und Arachosien. Eine Neuentstehung avestischer Texte ist im Westiran kaum anzunehmen, da die gesprochenen Sprachen (Avestisch und Altpersisch) sehr verschieden sind, und das Avestische offenbar zur reinen Ritualsprache wurde. Eine zoroastrische Überlieferung (in der mitteliranischen Schrift Dēnkard, Buch 4E, aus frühislamischer Zeit) datiert eine Verschriftlichung der Texte in die arsakidische Ära, unter einen König Valachsch, den wir wohl mit einem der Herrscher des 1. Jhdt. n. Chr. identifizieren können. Ein solcher Vorgang würde gut zum wachsenden Nationalgefühl der iranischen Herrscherdynastie dieser Zeit passen. Doch haben wir keine klare Vorstellung, in was für eine Schrift diese Verschriftlichung geschehen sein könnte. Noch weitergehende Legenden von einer Zerstörung eines ältesten, auf 12 000 Kuhhäute geschriebenen Uravesta durch Alexander d. Großen können keinen Anspruch auf Historizität erheben, ebensowenig vermutlich Nachrichten über Avestahandschriften in achämenidischer Zeit in Istaxr bei Persepolis und in Schiz in Medien (Zusammenstellung der Texte:

J. J. Modi, Oriental Conference Papers. Bombay 1932, 58–116).
Die Schriftform unserer heute noch erhaltenen Handschriften
ist in sassanidischer Zeit (etwa 224–651 n. Chr.) entstanden.
Sie ist eine aus der Pahlavi-Schrift (einer aus der aramäischen
Schrift vereinfachten Kursive) planmäßig entwickelte, komplexe Schriftform. Mit ihren 53 Buchstaben ist sie in hoher Perfek-
tion an den schwierigen Lautstand des Avestischen angepaßt.
Man kann durchaus von einer wissenschaftlichen Leistung
sprechen: offenbar haben zoroastrische Priester diese Schrift eigens geschaffen, um die überlieferte Rezitation der Ritualtexte
so präzise wie möglich zu fixieren (keine moderne europäische
Schrift gibt den Lautstand ihrer Sprache so präzise wieder wie
die Avestaschrift). Die ältesten Handschriften stammen erst aus
dem Mittelalter (Manuskript Kopenhagen 7 aus dem Jahr 1288
n. Chr. gilt als älteste datierbare Handschrift). Einige Pahlavi-
Handschriften (z. T. mit beigegebenen Sanskrit-Übersetzungen)
sind noch etwas älter (z. B. Yasna-Texte von 1020 n. Chr.). Da die
zoroastrischen Manuskripte ausführliche Kolophone enthalten
(heute würde man von einem »Impressum« sprechen), können
wir die Entstehung der einzelnen Handschrift oft genau datieren und einzelnen Schreibern zuordnen. Mehrheitlich geht die
jüngere Forschung davon aus, daß die Entwicklung der Avesta-
Schrift und die Erstverschriftlichung der avestischen Texte
unmittelbar zusammenhängen. Hierfür kommen insbesondere die Regierungsjahre von Schapur II. (309–379 n. Chr.) oder
von Chusro I. Anoschirwan (531–579 n. Chr.) in Frage. Mit Karl
Hoffmann und Johanna Narten spricht man von einem »sassanidischen Archetypus«. Doch sprechen einige Einwände gegen
diese Sicht und deuten vielleicht schon auf frühere Verschriftli-
chungsprozesse (s. u.), wenn auch in einer anderen Schrift. Im
engeren Sinn verwertbare historische Anspielungen enthält das
Avesta nicht (vgl. Kellens 1979). Das heutige Avesta ist in jedem
Fall das Ergebnis erst eines priesterlichen Sammel-, dann eines
langen Reduktionsprozesses unter schwierigen äußeren Le-
bensumständen in einer feindlichen (islamischen) Umwelt. In
Indien wurden die Texte dann auch in das klassische Sanskrit
(Neryōsangh, 12. Jahrhundert) und in das im Alltag gesprochene Gujarati übersetzt, während die alte Sprachform bevorzugte
Ritualsprache blieb.

Literatur: Helmut Humbach, The Gathas of Zarathustra and the Other Old Avestan Texts. In Collaboration with Josef Elfenbein und Prods O. Skjærvø. 2 Bände. Heidelberg 1991, hier 1, 49–55 (Texte zur Geschichte des Avesta) * Karl Hoffmann, Johanna Narten, Der sasanidische Archetypus. Wiesbaden 1989 * Jean Kellens, L'Avesta comme source historique: La liste des Kayanides, in: J. Harmatta (Hrg.), Studies in the Sources on the History of Pre-Islamic Asia. Budapest 1979, 41–53 * Allgemeines zu Zarathustra und Zoroastrismus: Mary Boyce, A History of Zoroastrianism. Bisher 3 Bände. Leiden Bd. 1 3. Aufl. 1996 Bd. 2 1982 Bd. 3 1991 * Michael Stausberg, Die Religion Zarathushtras. Geschichte – Gegenwart – Rituale. 3 Bände. Stuttgart 2002 (neben M. Boyce die augenblicklich führende Gesamtdarstellung des Zoroastrismus; vgl. hier besonders 1, 69–153 zur Geschichte des Avesta und 1, 71–78 zur Frage der mündlichen Überlieferung) * Ders., Zarathustra und seine Religion. München 2005 (populär) * Geo Widengren, Die Religionen Irans. Stuttgart 1965 (spekulativer, aber hochgelehrt und anregend) * www. avesta.org/zglos.html (Glossar zoroastrischer Begriffe).

Die Teile des (überlieferten) Avesta. Die in Klammer gegebene Einschränkung ist notwendig, weil nach zoroastrischer Überlieferung erhebliche Teile des Avesta (vielleicht 3/4) verlorengegangen sind. Angeblich bestand das Avesta in seiner umfassenden Gestalt aus 21 Nasks (»Bündeln«), von denen nur noch eines in ursprünglicher Form erhalten ist (Vidēvdāt). Das schon erwähnte mitteliranische Buch Dēnkard (VIII/IX), eine zoroastrische Enzyklopädie aus dem 9. Jhdt., enthält ausführliche Inhaltsangaben des gesamten Avesta, wie es in spätsassanidischer Zeit (6./7. Jhdt.) vorgelegen haben soll. Diese Resümees füllen allein schon einen umfänglichen Band. Aus den verlorenen Nasks besitzen wir immerhin zahlreiche Zitate in der überlieferten mitteliranischen Pahlavi-Literatur der Zoroastrier (die sich u.a. durch ihre avestische, also sehr viel altertümlichere Sprachgestalt klar abheben lassen). Erhalten sind im einzelnen folgende Texte: Der Yasna »(liturgische) Gebete bzw. Hymnen« ist an verschiedene Götter gerichtet und nimmt einen zentralen Platz im zoroastrischen Ritual ein. Seine 72 Kapitel sind dabei ganz unterschiedlichen Alters. Die Gāthās (»strophische Gesänge, Lieder«), die ältesten Texte des Avesta, stehen Yasna 28–34. 43–51 und 53. In diesem Rahmen werden auch einige Gebete überliefert, die zu den zentralen Texten des Zoroastrismus gehören (vergleichbar dem christlichen Vaterunser): das Ahuna Vairiia-Gebet steht

Yasna 27, 13 und gilt als mächtige Waffe gegen die Dämonen. Mithilfe des Aschem-Vohu- (genauer Ašəm Vohū)-Gebetes fokussiert der Betende seinen Geist auf »ascha«, die »Wahrheit, Rechtschaffenheit«. Daneben treten einige andere kleine Gebete, die jeder Zoroastrier auswendig beherrscht. Ihnen wird nicht zuletzt sühnende Kraft nachgesagt.

Die 21 Yaschts (Yašts) »Opfergesänge« sind verschiedenen Göttern gewidmet und enthalten auch nicht nur im engeren Sinn zoroastrisches, sondern in einem weiteren Sinn traditionelles iranisches Material. Daher sind sie von besonderer Bedeutung zur Rekonstruktion der religiösen Welt, von der sich Zarathustra absetzt. Im Unterschied zu den Hymnen im Yasna steht immer nur eine Gottheit im Mittelpunkt des Textes. Die Reihenfolge der Yaschts orientiert sich am zoroastrischen Kalender. Oft gemeinsam mit dem Khorde Avesta (den »kleineren Resttexten des Avesta«) überliefert, sind die Handschriften der Yaschts oft nicht so sorgfältig gestaltet wie diejenigen des Yasna: ähnlich wie Christen und Buddhisten kennen auch Zoroastrier innere Wertabstufungen innerhalb ihres Kanons, die niemals »offiziell« sind, aber aus der praktischen Frömmigkeit abgelesen werden können.

Der Vidēvdāt (traditionell, aber falsch, auch Vendidad) »Gesetz gegen die Dämonen« (22 Kapitel) ist eine mit dem atl. Buch Leviticus vergleichbare Sammlung von Religionsgesetzen, die daneben sehr altes mythologisches Material und eine Liste aller iranischen Länder (eine Art sakrale Geographie) enthält. Es kommt einem Rechtstext unter allen avestischen Überlieferungen am nächsten, wobei die Unterscheidung von Rein und Unrein wie im gesamten Zoroastrismus fundamental ist. Vor allem die Behandlung der Leichen nimmt einen breiten Platz ein. Die Bewahrung und Wiederherstellung von Reinheit gilt als Teilnahme am Kampf des guten Gottes Ahura Mazda gegen das Böse. Einige Indizien sprechen für eine Endredaktion in arsakidischer Zeit, also später als andere avestische Texte. Visperet »Alle Ratavs« (Ratav »Ratgeber, Herrscher«) ist eine kleine Sammlung von Gebeten und Ritualtexten. Ein wichtiges Bruchstück eines verlorenen Nask ist z. B. Hadōxt Nask, eine Schilderung der Himmelfahrt der Seele nach dem Tod. Eine ganze Reihe kleiner Texte wird als Khorde Avesta zusammengefaßt. Im

ursprünglichen Avesta ordneten sich die Nasks offenbar in drei
Siebenergruppen: eine Gruppe enthielt die Gathas, Texte und
Kommentare zu diesen, eine zweite Gruppe Ritualtexte, eine
dritte schließlich Rechtstexte. Vidēvdāt gehörte zu dieser dritten
Gruppe. Für stark traditionsorientierte Parsen gilt Zarathustra
als Autor des gesamten Avesta, für eher reformorientiert-«moderne« nur als Autor der Gathas. Die große zoroastrische Dia-
pora in Großbritannien, den USA (in kleinerem Umfang auch in
Deutschland) führte zu einer Stärkung des Laienelementes. Aus
einem priesterlichen Ritualbuch wird damit die auch von Laien
gelesene Heilige Schrift einer sehr alten, aber durchaus mit der
Moderne kompatiblen Religionsgemeinschaft.

Literatur: Avesta. Die Heiligen Bücher der Parsen. Übersetzt (…) von
Fritz Wolff. Straßburg 1910 = Berlin 1960 * Geo Widengren, Iranische
Geisteswelt von den Anfängen bis zum Islam. Baden-Baden 1961 (Textanthologie) * Mary Boyce, Textual Sources for the Study of Zoroastrianism. Manchester 1984 (knappe Textauswahl) * E. W. West, Pahlavi
Texts. 5 Bände. Oxford 1880–1897 = New Delhi 1987/88 (Sacred Books
of the East 5. 18. 24. 37. 47), hier Bd. IV. Contents of the Nasks (kommentierte Übersetzung der Inhaltsangaben zu den verlorenen Nasks
des Avesta) * www.avesta.org.

Die Gathas Zarathustras. Die meiste Aufmerksamkeit haben
immer die Offenbarungsgespräche Zarathustras mit Ahura
Mazda auf sich gezogen, die einen Schwerpunkt der sogenannten Gāthās (wir schreiben im folgenden vereinfacht: Gathas) bilden. Das Wort bedeutet »Lied in strophischer Form« und ist mit
Sanskrit »gīta« verwandt. Zusammen mit einigen anderen Texten des Avesta (dem Yasna Haptanhaiti) sind sie in einer deutlich älteren Sprachform niedergeschrieben, die man heute das
Altavestische, früher auch das Gathische nannte (Jean Kellens,
Eric Pirart, Les textes vieil-avestiques. 3 Bände. Wiesbaden 1988–
1991). Vermutlich stammen sie aus dem ausgehenden 2. vorchr.
Jahrtausend. Entgegen traditionellen arabischen Datierungen
Zarathustras (z. B. 630–553 v. Chr.; so nach einer Berechnung
von Walter Hinz) neigen in den letzten Jahren viele Iranisten
dazu, den Propheten bereits in das 2. vorchristl. Jahrtausend zu
datieren, so Mary Boyce, oder wenig später (so Helmut Humbach). Allerdings ist auch die herkömmliche Spätdatierung

jüngst wieder vehement vertreten worden (Gherardo Gnoli, oder, mit neuen Argumenten, Gerd Gropp). Sichere Anhaltspunkte existieren nicht; die Frage hängt daher an der Einschätzung, wie die ohne Frage altertümliche altavestische Sprache chronologisch einzuordnen ist. Als Wirkungskreis Zarathustras hat man den nordöstlichen Iran zu denken, Chwaresmien, oder vielleicht das antike Baktrien. Andere wollen noch weiter in den Nordosten gehen, über die Grenzen des Iran hinaus, in den südrussisch-kasachischen Steppenraum (Mary Boyce, Manfred Hutter). Das alles ist eher spekulativ. Die Texte deuten auf ein Offenbarungserlebnis Zarathustras, das ihn zum Gegner der Mithras-Priesterschaft, des Stieropfers und des rauschhaften Haoma-Kultes macht. Eine dualistische Mythologie mit zwei beherrschenden Gottheiten (Yasna 45) verbindet sich mit einem Sendungsbewußtsein, das gut mit dem der alttestamentlichen Propheten verglichen werden kann. Ähnlich den alttestamentlichen Propheten und ähnlich Mohammed kennt Zarathustra reiche Gerichtsaussagen: jeder Mensch muß sich nach dem Tod für seine Worte, Werke und Gedanken verantworten. Inwiefern diese Eschatologie bereits apokalyptische Elemente enthält, ist umstritten. Später hatte der Zoroastrismus eine ausgesprochene Neigung zur Apokalyptik, die jedoch nicht zu allen Zeiten gleichermaßen virulent war. Ein Einfluß iranischer Apokalyptik auf das Judentum steht dabei über jeden Zweifel fest, was hier nicht weiter diskutiert werden kann. Ein sozialethisches Element ist z. B. aus der Klage des Stieres (Yasna 29) ersichtlich. Schon in den späteren Yasna- und Yascht-Texten integriert die Religion Zarathustras wieder ältere iranische Elemente, z. B. den Kult der Rauschpflanze Haoma (Hom-Yascht, Yasna 9–11), oder denjenigen des Mithra, des Gottes der Verträge (Yascht 10).

Die Gathas sind von Hause aus 5 zusammenhängende Texte in akzentuierenden Versen, denen 3 Mantras (kultische Gebetsformeln) vorgeschaltet sind (die Einteilung in kleinere Einheiten ist wohl sekundär). Umstritten belibt, ob sie mehr als »Verspredigten« (Bartholomae) oder als rituelle Hymnen (Humbach) zu sehen sind. Wir zitieren als Textprobe aus der augenblicklich wohl am meisten respektierten Übersetzung von Helmut Humbach in englischer Fassung zwei der einleitenden Formeln, die zu den meistrezitierten zoroastrischen Texten überhaupt gehören.

Yatha Ahu Vairiio: »Just as (a judgment) is worthy of being chosen by the world, so the judgment, (which) in accordance with truth itself, (is to be passed) on the actions of good thought of the world, is assigned to the Wise One, and the power (is assigned) to (Him), the Ahura, whom (people) appoint as a shepherd to the poor« (Yasna 27, 13).

Aschem Vohu: »Truth is the best (part of all that is) good. As desired (all) the desired things are available (as) truth for (that) which (is) best truth (or: for (him) who (is) Best Truth, or: for (him) who (represents) best truth« (Yasna 27, 14). Das Formelhafte der Sprache wird deutlich (die Passagen in Klammern sind zum besseren Verständnis zugesetzt), aber auch die Leitwerte von Wahrheit und gerechtem Gericht.

Gab es ein zoroastrisches Avesta? Die Frage nach der Erstverschriftlichung avestischer Texte darf nicht in ihrer Bedeutung übertrieben werden. Schon Henrik Samuel Nyberg hat treffend festgestellt, das Avesta habe »als geschriebenes Buch nie mehr als ein Schattendasein geführt« (»Die Religionen des alten Iran«. Leipzig 1938 = Osnabrück 1966, 428). Als Sammlung von Ritualtexten hat das Avesta immer primär mündlich existiert: dies gilt für die religiöse Praxis bis heute. Eine zoroastrisches Andachtsbuch wurde es erst in Ansätzen im 19. und 20. Jahrhundert, deutlich in Analogie zum christlichen und islamischen Gebrauch von Bibel und Koran.

Wir besitzen eine Reihe von Indizien für grammatische und andere Dialektvarianten in der Sprachgestalt des Avestischen, die auf die nur mündliche Überlieferungszeit zurückgehen werden. Eine aus achämenidischer Zeit stammende altsogdische Fassung des Aschem-Vohu-Gebetes (s.o.) wurde von Ilya Gershevitch entdeckt. Sie beweist sehr frühe Varianten in der Überlieferung (das Sogdische ist eine mit dem Avestischen verwandte, aber nicht identische Sprache). Hinzu kommt die extrem formelhafte, repetitorische Sprachgestalt der Texte, die für orale Prägung typisch ist. Trotz solcher deutlicher Indizien für lange mündliche Überlieferung als priesterliches Berufswissen ist der Konsens, das Avesta sei erst in sassanidischer Zeit schriftlich fixiert worden, problematisch. Der Verfasser hofft, auf diese Fragen andernorts ausführlich eingehen zu können.

Hier muß der Hinweis genügen, daß wir deutliche Zeugnisse dafür besitzen, daß zoroastrische Priester ihre rituellen Gebete im griechisch-römischen Umfeld aus Büchern vortrugen (Pausanias, Descriptio Graeciae V, 27, 6, u.a.). Zwar hat es griechische Apokryphen unter dem Namen des Zarathustra-Zoroastres in Kleinasien und Ägypten gegeben, aber manche sehr frühe Notiz über Bücher Zarathustras kann sich schwerlich auf diese Literatur beziehen (s. auch oben). Welche Schrift kommt für eine eventuelle Niederschrift in Frage? Diese kann allenfalls eine Art Memorierhilfe gewesen sein: es steht außer Frage, daß die präzise Avestaschrift in vorsassanidische Zeit nicht zurückreicht. In der Diskussion über diese Frage wird gern übersehen, daß andere iranische Sprachen wie das Baktrische und das Chwaresmische in großem Umfang in griechischen Buchstaben geschrieben werden konnten (auch wenn sich später meist aus dem Aramäischen abgeleitete Schriften durchgesetzt haben). In Ägypten ist die koptische Schrift ein nur geringfügig erweitertes Griechisch. Auch andere alte oder sogar nur noch kultisch präsente Sprachen wurden in späthellenistischer und frührömischer Zeit in erheblichem Umfang in griechischer Transkription geschrieben, wie etwa – wenig bekannt – das Akkadische und sogar das Sumerische (beides nur noch Ritualsprachen). Lateinisch transkribiertes (umgangssprachliches!) Punisch kennen wir von Plautus. Vor allem: wir kennen eine andere Transkriptionsleistung, die in Umfang und Bedeutung gut vergleichbar wäre. Die zweite Kolumnne der Hexapla des Origenes (s. Kap. 4.) enthielt das hebräische Alte Testament in griechischen Buchstaben. Dieser Fassung ist fast vollständig verlorengegangen; viele Exemplare kann es nie gegeben haben. Aber eine ähnliche Niederschrift – die für eine spätere Zeit allenfalls eine Art Memorierhilfe gewesen wäre – ist gut vorstellbar und würde jedenfalls den erhalten Zeugnissen über Ritualbücher der kleinasiatischen Zoroastrier entsprechen (die im Alltag selbstverständlich Griechisch sprachen). In der Forschung spielen eine gewisse Rolle auch manichäische Zeugnisse zur Sache. Diese sind aber widersprüchlich. Während ein Text (aus den »Kephalaia«) sagt, die zoroastrischen Priester verwendeten Bücher, besagt ein anderer Text das Gegenteil. Hier wiegt natürlich das erstere positive Zeugnis mehr: denn das letztere kann einfach auf mangelnder Beobachtung beruhen. Die Mehrheitsmeinung der westlichen Iranistik hat der Idee eines arsakidischen schriftlichen Avesta den Abschied gegeben (gegen die zoroastrische Überlieferung), aber dies könnte eventuell nicht das letzte Wort zur Sache sein (vgl. Almut Hintze, The Avesta in the Parthian Period, in: Josef Wiesehöfer (Hrg.), Das Partherreich und seine Zeugnisse. Stuttgart 1998, 147–161).

Konsens ist, daß es gegen Ende der sassanidische Ära, kurz vor der Eroberung durch den Islam im 7. Jhdt., avestische Texte in großem Umfang gegeben hat. Nicht alles davon muß aufgeschrieben gewesen sein. Vieles von dieser Literatur konnte nicht über die ersten schwierigen Jahre der islamischen Herrschaft gerettet werden, aber schließlich kam es zu einer Fixierung der Überlieferung, die dann auch bei der großen Migration vieler Zoroastrier nach Indien dazu führte, daß die Texte auch in Indien bewahrt werden konnten (vielleicht schon ab dem 8. Jhdt., spätestens im 11. Jhdt. sind Zoroastrier in Indien auch epigraphisch belegt).

Die Pahlavi-Übersetzung des Avesta. Ähnlich wie im Fall des hebräischen Alten Testaments wurde die avestische Sprache in der Spätantike von breiten Teilen der iranischen Bevölkerung kaum noch verstanden. Daher trat eine mitteliranische Übersetzung neben sie, die sich einer Sprachform bedient, die wir heute Pahlavi oder genauer Buch-Pahlavi nennen (und damit vom Pahlavi der epigraphischen und numismatischen Zeugnisse unterscheiden). Pahlavi ähnelt recht stark dem Neupersischen, d.h. die komplizierte Formenwelt des Avestischen ist weithin verlorengegangen, und auch sonst sind viele Vereinfachungen eingetreten. Dafür hat sich allerdings der Wortschatz ausdifferenziert, und wird gerade in den zoroastrischen Büchern oft ausgesprochen technisch. Anders gesagt: das Buch-Pahlavi ist in der uns erkennbaren Form eine sehr stark durch den Zoroastrismus geprägte Sprache. Gegenüber dem Neupersischen hat sie noch kaum arabische Lehnwörter. Geschrieben wird sie in einer aus der aramäischen Schrift entwickelten speziellen Schrift, die zwar einerseits nur noch 14 Grundzeichen besitzt (gegenüber des 22 des Aramäischen), aber diese durch zahlreiche Ligaturen ergänzt. Außerdem werden viele – und speziell religiöse – Voka-

beln in pseudo-aramäischen Logogrammen geschrieben, d.h. das
geschriebene Wort ist aramäisch, es muß aber in iranischer Form
gelesen werden. Diese außerordentlich eigentümliche Schrift
kann nur mit guter Kenntnis der Sprache wirklich gelesen werden (da es zahlreiche graphische Mehrdeutigkeiten gibt, die nur
aus dem Kontext verständlich werden), und wurde wohl immer
nur von einer kleinen Schicht gebildeter Priester beherrscht. Die
Übersetzung des Avesta in das Buch-Pahlavi nennt die iranische
Überlieferung »zand« (»Kommentar, Erklärung«). Die in der älteren Literatur verbreitete Bezeichnung Zend-Avesta u.ä. meint
also eigentlich den avestischen Text zusammen mit seiner Pahlavi-Übersetzung. Diese Übersetzungen sind sklavisch genau und
nehmen auch Härten der Syntax und künstliche Wortfügungen
in Kauf; sie sind priesterlich-gelehrte Produkte.

Literatur: Alberto Cantera, Studien zu Pahlavi-Übersetzung des
Avesta. Wiesbaden 2004 * Carlo G. Cereti, La letteratura Pahlavi. Mi-
lano 2001.

10. Gnostische, manichäische und mandäische Heilige Schriften

Das Schrifttum der Gnosis. Als religiöse und philosophische
Bewegung hat die Gnosis – in vielfacher Konkurrenz zum
großkirchlichen Christentum – etwa zwischen dem 2. und 5.
Jhdt. n. Chr. eine immense eigene Literatur erzeugt. Bis in die
frühen Jahre des 20. Jahrhunderts war diese weithin nur aus
wenigen längeren Zitaten und dem Referat der Kirchenväter bekannt (Irenäus, Hippolyt, Epiphanius u.a.). Diese waren
freilich entschiedene Gegner der Gnosis: entsprechend war ihr
Blickwinkel (trotz oft umfänglicher Referate gnostischer Positionen) grundsätzlich polemisch. Mitte der 1940er Jahre wurde
in Nag Hammadi in Oberägypten eine Bibliothek gnostischer
Originaltexte in koptischer Übersetzung entdeckt. Koptisch ist
der letzte Ausläufer des Altägyptischen, das uns in vielen un-

terschiedlichen Dialekten überliefert ist. Ähnlich wie im Fall der Qumrantexte hat die Publikation und wissenschaftliche Erschließung dieser Texte sehr lange Zeit in Anspruch genommen. Die Initiative von James M. Robinson hat schließlich »The Facsimile Edition of the Nag Hammadi Codices«. 10 Bände. Leiden 1972–1977 ermöglicht, eine photographische Wiedergabe aller Texte, die unter der Schirmherrschaft der UNESCO zustande kam. Seitdem ist die Arbeit an gnostischen Texten in der Religionswissenschaft der Antike zu einem zentralen Forschungsgebiet geworden, und hat auch in einer breiten Öffentlichkeit ein stetig steigendes Interesse gefunden.

Literatur: Kurt Rudolph, Die Gnosis. Göttingen 4. Aufl. 2005 (etwas angestaubt, aber bis heute die beste Einführung) * Die auch international führende Übersetzung aller Nag-Hammadi-Texte ist diejenige des Berliner Arbeitskreises für Koptisch-Gnostische Schriften: Nag Hammadi Deutsch. Hrg. von Hans-Martin Schenke, Hans-Gebhard Bethge und Ursula Ulrike Kaiser. 2 Bände. Berlin u. New York 2001–2003 (mit ausführlichen Einführungen zu den einzelnen Büchern und knappen Anmerkungen) * Alexandr Khosroyev, Die Bibliothek von Nag Hammadi. Altenberg 1995 * Werner Foerster (Hrg.), Die Gnosis. 3 Bände. Zürich u.a. 1969–1980. Verbesserte Neuausgabe München 1995 (bietet auch mandäische und manichäische Texte) * Etwas populärere Sammelwerke, die aber auch Kirchenvätertexte, Fragmente u.a. in Übersetzung bieten, sind: Willis Barnstone (Hrg.), The Gnostic Bible. Boston, Mass. 2003 (bietet auch mittelalterliche, islamische u.a. Texte, aber oft nur in Auszügen) * Bentley Layton (Hrg.), The Gnostic Scriptures. A New Translation. Garden City, NY 1987 u.o.

Das Thomasevangelium. Das Thomasevangelium (Nag Hammadi II, 2, wozu verschiedene schon länger bekannte griechische Papyrusfragmente treten) besteht aus etwa 114 (die Zählungen divergieren) kürzeren und längeren sentenzenhaften Sprüchen Jesu, sogenannten Logien (Einzahl Logion). Manchmal sind sie in kleine Szenen gerahmt, in denen Jesus auf Fragen oder Situationen reagiert (sogenannte Apophthegmen oder Chrien). Als Garant der authentischen Überlieferung gilt der Apostel Thomas, der besonders im syrischen Christentum verehrt wurde. Das Thomasevangelium spiegelt ein proto-gnostisches, an mythologischen Systemen noch wenig interessiertes, sich aber scharf vom Judentum abgrenzendes, gegenüber der entstehenden Großkirche distanziertes Christentum. Erlösung geschieht durch paradoxe befreiende Erkenntnis, die offenbar durch Jesu Sprüche ausgelöst werden soll. Das Thomasevangelium verlangt eine meditative Art der Lektüre, die für plötzliche Evidenzerfahrungen offen ist, vergleichbar den japanischen Zen-Koans. Entstanden zwischen 80 und 160 wohl in Syrien, ist es vollständig nur in koptischer Sprache erhalten. Datierung und genauer Hintergrund gehören zu den am heftigsten umstrittenen Fragen der neutestamentlichen und altkirchlichen Wissenschaften.

Eine der interessantesten Theorien zum Thomasevangelium aus den letzten Jahren ist, daß es Dokument einer christlichen Gruppe sei, die in Konkurrenz zu einer »johanneischen Gemeinde« gestanden habe. Die Passage über den zweifelnden Jünger Thomas im neutestamentlichen Johannesevangelium (Joh. 20, 24-29) wird als Reflex auf einen religiösen Konflikt zwischen einer »Johannesgemeinde« (deren Gewährsmann der »Lieblingsjünger« Johannes war) und einem entstehenden proto-gnostischen Thomaschristentum gedeutet, das sich auf Thomas berufen habe. Petrus gilt dann als symbolischer Repräsentant der Großkirche, der beide Gruppen distanziert gegenüberstehen (vgl. Joh. 20, 1-10). Die früher sehr heftig diskutierte Frage, ob und inwieweit das Thomasevangelium von den neutestamentlichen Synoptikern (Matthäus, Markus, Lukas) abhängt, ist durch neue Forschungen zur Geschichte oraler Überlieferungen und ihren typischen Entwicklungen weitgehend überholt. In jedem Fall steht hinter dem erhaltenen Text eine lange Überlieferungs- und Kompositionsgeschichte, was eher gegen eine allzu frühe Entstehung spricht.

In jüngerer Zeit ist das Thomasevangelium von esoterischen und neognostischen Gruppen als zentraler Referenztext entdeckt worden. Die Forderung, es in das kanonische Neue Testament aufzunehmen, ist mittlerweile schon vielfach erhoben worden. Damit ist nicht zu rechnen: aber in christlich-esoterischen Gruppen hat das Thomasevangelium entschieden den Rang einer Heiligen Schrift, gelegentlich sogar den Rang der einen entscheidenden Heiligen Schrift angenommen, anhand derer man sich sich seiner Überlegenheit über ein traditionell kirchliches »Glaubens-Christentum« versichern möchte. (Die anti-jüdischen Passagen werden dabei einfach überlesen, wie esoterische Lektüre von Texten ohnehin oft selektiv ist). Gerade in seiner suggestiven Ambiguität eignet es sich für eine postmoderne Neognosis als meditativer Anker. Wahrscheinlich hat es seine wirkliche religiöse Karriere (sit venia verbo!) erst noch vor sich.

Der Beginn des Textes lautet: »Dies sind die verborgenen Worte, die der lebendige Jesus sagte, und Didymos Judas Thomas schrieb sie auf. Und er sagte: »Wer die Deutung dieser Worte findet, wird den Tod nicht schmecken«. Jesus spricht: »Wer sucht, soll nicht aufhören zu suchen, bis er findet. Und wenn er findet, wird er bestürzt sein. Und wenn er bestürzt ist, wird er erstaunt sein. Und er wird König sein über das All.« Jesus spricht: »Wenn die, die euch vorangehen, zu euch sagen: `Siehe, im Himmel ist das Königreich!', dann werden euch die Vögel des Himmels zuvorkommen. Wenn sie zu euch sagen: `Es ist im Meer', dann werden euch die Fische zuvorkommen. Vielmehr: das Königreich ist innerhalb von euch und außerhalb von euch.« (Logion 1-3, Übersetzung Schröter/Bethge). Einleitungsformel ist immer wieder »pedsche Jesus« »Jesus spricht«, was zwar auch Vergangenheit sein könnte, aber hier offenbar präsentisch – als Offenbarungsrede des Auferstandenen – zu verstehen ist.

Literatur: Jens Schröter u. Hans-Gebhard Bethge, in: Nag Hammadi Deutsch (s. o.) Bd. I (2001), 115–181 * April D. DeConick, The Original Gospel of Thomas in Translation. With a Commentary and New English Translation of the Complete Gospel. London 2006 * Dies., Recovering the Original Gospel of Thomas: A History of the Gospel and Its Growth. London 2005 * Gregory Riley, Resurrection Reconsidered: Thomas and John in Controversy. Minneapolis, Minnesota 1995.

Mani und seine untergegangene Weltreligion. Es ist mit einem gewissen Recht behauptet worden, der gnostische Manichäismus sei die einzige je untergangene Weltreligion. Jedenfalls war er im 4. Jhdt. ein ernstzunehmender Konkurrent des Christentums auf dem Territorium des Römischen Reiches. Doch liegen die Wurzeln der Religion des Mani (216–277), des »Apostels des Lichts«, im Iraq und Iran, d.h. außerhalb des römischen Gebietes. Von dort entfaltete er sowohl ein eher Europa zugewandtes Gesicht als auch Asien (dem Zoroastrismus und Buddhismus) zugewandte Formen. Der Kirchenvater Augustin (354–430) war 9 Jahre lang manichäischer Auditor, ehe er eine Konversion zum

Christentum großkirchlicher Prägung erlebte. Im Westen verlieren sich ab Mitte des 5. Jhdts. für lange Zeit die Spuren der Manichäer. Ganz anders im Osten. In Zentralasien, vom Iraq und Iran ausgehend, wurde der Manichäismus für Jahrhunderte eine erfolgreiche Missionsreligion, die etwa an den Stätten der Seidenstraße viele Zeugnisse hinterlassen hatte. Bei den Uiguren war er zeitweise Staatsreligion (8. Jhdt.). Er konkurrierte hier v.a. mit einem Christentum nestorianischer Prägung, doch bewegten sich beide Religionen im inneren Asien in einer ausgesprochen multireligiösen Welt. Sie erreichten China, und konnten sich dort für längere Zeit entfalten. Beide gingen in China schließlich wieder zugrunde, in letzten Resten wohl erst im 14.–16. Jhdt. Die nicht selten – aber meist außerhalb der Wissenschaft – vertretene These, die dualistischen Lehren der Katharer und Albigenser des hohen Mittelalters seien eine Art Wiederbelebung des Manichäismus gewesen, ist nicht wirklich beweisbar. Vielleicht hat man sich manichäische Überlieferung hier nur als literarischen Katalysator zu denken, denn die Weltmodelle der gnostischen Religion werden von theologischen Autoren breit referiert, die im Mittelalter selbstverständliches Bildungserbe sind, allen voran Augustinus. Eine direkte personale Kontinuität ist unwahrscheinlich. Immerhin haben auch die Bogumilen und Katharer eigene Heilige Schriften besessen, während die ihnen im frühen Mittelalter vorangegangenen Paulikianer in Armenien die biblischen Bücher nur selektiv annahmen.

Unsere Kenntnis des Manichäismus asiatischer Prägung wurde durch die großen Zentralasienexpeditionen v.a. des frühen 20. Jhdts. explosionsartig vermehrt (Turfan). Deutsche Gelehrte hatten einen großen Anteil an diesen Expeditionen, welche ganze Bibliotheken von Texten zurück nach Europa brachten und sie vor dem endgültigen Verfall retteten. In den letzten Jahren brachte dann v.a. Ägypten ergiebige, z. T. noch unpubliziert Neufunde, so seit 1991 aus der Oase Dakleh (zahlreiche griechische, koptische und syrische Texte, deren Bearbeitung gerade erst begonnen hat). 1970 war der »Kölner Mani-Codex« (CMC = Codex Manichaicus Coloniensis) mit kriminaltechnischen Mitteln lesbar gemacht worden. Dieser Text gibt uns erstmals eine präzisen Einblick in Manis Jugend und seine Herkunft aus einer christlichen Täufergemeinde im Iraq.

Literatur: Samuel N. C. Lieu, Manichaeism in the Later Roman Empire and Medieval China. Tübingen 2. Aufl. 1992 * Ders., Manichaeism in Mesopotamia and the Roman East. Leiden u.a. 1994 * Ders., Manichaeism in Central Asia and China. Leiden u.a. 1998 * Reinhold Merkelbach, Mani und sein Religionsystem. Opladen 1996 * Otakar Klíma, Manis Zeit und Leben. Prag 1962 * Johannes van Ohrt, Art. Manichäismus, Religion in Geschichte und Gegenwart 4. Aufl. 5 (2002), 732–742 * Ludwig Koenen, Claudia Römer, Der Kölner Mani-Codex. Über das Werden seines Leibes. Opladen 1988 (Handausgabe mit Text, Übersetzung und Anmerkungen) * Edina Bozóky, Le livre secret des Cathares. Interrogario Iohannis. Apocryphe d'origine bogomile. Paris 1980.

Der Kanon Manis. Mani hat seine Religion dezidiert und geplant als Buchreligion ins Leben gerufen. Jesus und Buddha macht er zum Vorwurf, daß diese selbst nichts geschrieben hätten, so daß später Mißverständnisse über ihre Lehren entstehen konnten. Als ersten größeren Text schrieb Mani in persischer Sprache das Šābuhragān, einen kosmogonisch-dämonologischen Text (Sammlung der Fragmente durch Manfred Hutter. Manis kosmogonische Šābuhragān-Texte. Wiesbaden 1992), der sich mit der altjüdischen Henochliteratur berührt, aber auch mit dem Zoroastrismus (stärker als Manis spätere Schriften). Weitere Texte des manichäischen Kanons sind 1. das »Lebendige (oder Große) Evangelium«, 2. der »Schatz des Lebens«, 3. die »Pragmateia« (Abhandlung), 4. Das »Buch der Mysterien«, 5. das »Buch der Giganten« (vorzeitlichen Riesen), 6. »Briefe« und 7. »Psalmen« und »Gebete«. Alle diese späteren Schriften sind in einem ostaramäischen Dialekt verfaßt, wurden aber auch rasch in andere Sprachen übersetzt. Nur kleinere und größere Reste und Zitate dieser Schriften sind erhalten, zudem verstreut über etwa 15 verschiedene Sprachen. Dies erschwert naturgemäß ihre Erforschung. Die (partiell koptisch erhaltenen) Kephalaia (»Hauptstücke« der Lehre) sind eine Art manichäischer Dogmatik. Sie galten nicht als kanonisch. Manis Kanon existierte offenbar in kleineren und größeren Ausgaben, auch sind Unterschiede zwischen westlichen und östlichen Formen sichtbar. Entsprechend sind die zahlreichen erhaltenen Listen seiner kanonischen Schriften (z. T. in koptisch-manichäischen Texten selbst, z. T. bei syrischen und arabischen Autoren) durchaus unterschiedlich. Listen in der christlichen Westkirche nennen ausnahmslos nur einen kleinen Teil der relevanten Texte (hier wurde z. B. die »Epistula fundamenti« viel gelesen).

Neben den genannten Originalfunden aus Zentralasien und Ägypten bieten v.a. arabische Autoren (Al-Biruni, An-Nadim) ausführliche und wohlinformierte Referate über die heiligen Texte der manichäischen Religion. Manichäische Handschriften waren oft prachtvoll und kostbar ausgestaltet, wobei auf Illustrationen großer Wert gelegt wurde. Auch ein Werk »Eikon« (griech. »Bild«, pers. »Ardahang«) mit belehrenden mythologischen Zeichnungen lief unter Manis Namen um. Als auch im Orient längst keine Manichäer mehr lebten, erinnerte man sich doch noch an Mani selbst als den »Buchmaler« schlechthin. Alle erhaltenen Schriften der Manichäer und Zeugnisse über Mani und seine Religion werden in den nächsten Jahren sukzessive zweisprachig ediert oder neuediert werden in der vielbändigen Reihe: Corpus fontium Manichaeorum. Turnhout 1997ff. Mehrere Bände sind bereits erschienen, ua. ein Lexikon zur manichäischen Literatur.

Mandäische Heilige Schriften. Eine letzte und durchaus eigenständige gnostische Religion, die wir hier erwähnen müssen, sind die Mandäer. Als einzige gnostische Gruppe des Altertums haben sie bis zur Gegenwart überlebt. Noch heute leben Mandäer im Süden des Iraq, wo sie in Bagdad als Goldschmiede und in anderen meist handwerklichen Berufen arbeiten, aber auch in einer wachsenden Diaspora. Ihre Tradition bedient sich einer eigenen Sprache: das Mandäische ist ein ostaramäischer Dialekt, der auch in einer eigenen Schrift geschrieben wird. Das Wort Manda bedeutet »Wissen«, Mandäer sind also auch dem Namen nach Gnostiker. Sie verfügen über komplexe Tauf- und Totenrituale und ein organisiertes Priestertum, das auch ihre Heiligen Schriften tradiert. Diese sind in Umrissen schon im 19. Jhdt. im Westen bekannt geworden, und dann v.a. durch den großen polnisch-jüdischen Gelehrten Mark Lidzbarski (1868–1928) erschlossen worden, der auch einer der Begründer der semitischen Epigraphik war. 1905–15 veröffentlichte Lidzbarski »Das Johannesbuch« (Reprint Berlin 1966), 1920 die »Mandäischen Liturgien« (Reprint Göttingen 1971), und vor allem 1925 das Buch »Ginza« (»Ginzā. Der Schatz oder das große Buch der

Mandäer«. 1925 = Göttingen 1978). Johannes der Täufer ist im Mandäismus (aber vielleicht erst seit islamischer Zeit) eine wesentliche Prophetengestalt, während Jesus als Verführer und falscher Prophet gilt. (Daher haben erste christliche Reisende im 17. und 18. Jhdt. die Mandäer fälschlich als »Johanneschristen« bezeichnet). Es ist jedoch weniger das Johannesbuch, sondern speziell der »Schatz« (mandäisch »Ginza«), der als eigentliche Heilige Schrift der Mandäer gelten kann, wobei aber auch verschiedene Ritualbücher und illustrierte Diwane (Sammelbücher mit unterschiedlichen Texten) höchste Wertschätzung genießen. Sie dienen v.a. als Ritualanweisungen bei den komplexen kultischen Begehungen der Gemeinschaft, die vor allem eine nachtodlichen Befreiung der Seele aus der materiellen Welt und ihren Aufstieg in den Himmel erleichtern sollen. Auch ein umfangreiches Gebetbuch genießt kanonisches Ansehen. Über ihre eigene Geschichte haben die Mandäer nur wenig Kunde bewahrt; wichtigstes Zeugnis ist der Diwan Haran gawaitha (hrg. von E. S. Drower 1953). Ursprung, Hintergrund und eventueller Einfluß der Mandäer auf das frühe Christentum (so Rudolf Bultmann u.a.) sind in den Jahren etwa 1920–1940 Gegenstand heftiger Debatten in der biblischen Wissenschaft gewesen. Die Einsicht, daß die Mandäer deutlich jünger sind als in der älteren Forschung angenommen (Anfänge kaum vor dem 2. Jhdt., vielleicht sogar erst im 3./4. Jhdt.), haben das Interesse der neutestamentlichen Forschung seitdem zurücktreten lassen. Dafür hat sich die religionswissenschaftliche Arbeit an mandäischer Religion und Kultur in den letzten Jahren deutlich intensiviert, unterstützt durch eine wachsende mandäische Laienbewegung.

Die Erforschung der Datierung der mandäischen Texte wurde in den letzten Jahren durch eine genauere Analyse der Kolophone der Handschriften (vgl. Kap. 9 zum Zoroastrismus) auf eine neue Basis gestellt. Diese führen bis in das 3. Jhdt. zurück. Da das Erstellen einer Handschrift eines heiligen Textes als verdienstvolles Werk gilt, haben sowohl die Schreiber als auch ihre Förderer und Auftraggeber Details zur Niederschrift auf den Handschriften dokumentiert, und dabei auch jeweils die Angaben der zugrundelegten Handschriften wiederholt. Dadurch entstehen lange Stammbäume von verlorenen Handschriften, die von hohem Wert sind.

Literatur: Edmondo Lupieri, The Mandaeans. The Last Gnostics. Grand Rapids, Michigan 2002 * Jorunn Jacobsen Buckley, The Mandaeans. Ancient Texts and Modern People. Oxford 2002.

11. Die Veden

*D*ie *Heiligen Schriften des Hinduismus: eine Übersicht.* Die Religionen Indiens werden mit dem westlichen Sammelbegriff Hinduismus nur ungenügend beschrieben und zusammengefaßt. Der indische Subkontinent besitzt eine überaus reiche religiöse Tradition, die in zahlreichen Schriftkulturen auch Heilige Schriften in der einen oder anderen Form erzeugt hat. Dabei werden Buddhismus und Jainismus im allgemeinen als eigene Religionen gezählt, während die diversen Richtungen der indischen Religionsphilosophie (wie Yoga, Vedanta und Samkhya) als Ausdrucksformen einer Religion »Hinduismus« gelten. Diese Unterscheidungen sind zum Teil jedoch willkürlich. Auch die in der Wissenschaft geläufige Differenzierung zwischen dem herrschenden Hinduismus und den traditionellen Volksreligionen, die zum Teil in vorindogermanische Zeit zurückreichen, ist nicht ohne Willkür. Geschichtlich hat zudem einerseits die indische Unabhängigkeit 1947 und darüber hinaus die weltweite Diaspora indischer Auswanderer ein starkes Einheitsgefühl geschaffen. Herkömmlich bestimmte sich die Zugehörigkeit zum Hinduismus durch eine Kastenzugehörigkeit (zum traditionellen Hinduismus konnte man daher nicht konvertieren, im Gegensatz zum missionierenden Neohinduismus). Wie auch immer man also »Hinduismus« definieren will, ist dieser in jedem Fall ein religiöser Kontinent mit einer immensen Zahl religiöser Traditionen und Texte. Doch gibt es dabei einen »Kernbereich«, dessen Heilige Schriften wir im folgenden betrachten wollen.

Die für westliche Leserinnen und Leser vielleicht befremdlichste Eigenschaft der altindischen religiösen Literatur ist ihre nahezu vollständige Geschichtslosigkeit. Chronologisch verwertbare Angaben beginnen in der Ära des Aschoka (273/65–238/32

v. Chr.), aber diese betreffen nur selten die religiösen Quellen. Auch historische Angaben in einem engeren Sinn fehlen meist: Indien hat erst spät eine eigene Geschichtsschreibung entwickelt. Literarische Texte sind daher regemäßig kaum enger datierbar: Angaben wie »entstanden zwischen 400 v. und 400 n. Chr.« sind in der Forschung nicht selten. Schon dem Verfasser des klügsten und sorgfältigsten Buches, welches im Mittelalter ein Autor einer ihm gänzlich fremden Kultur widmete, fiel das auf: Al-Biruni schreibt in seinem »Indienbuch« (um 1030 n. Chr.): »Leider sind die Inder an der geschichtlichen Reihenfolge der Ereignisse gänzlich uninteressiert. Sie lassen jede Sorgfalt vermissen, wenn es um die chronologische Sukzession ihrer Könige geht, und wenn sie darauf angesprochen werden, wissen sie nicht, was sie sagen sollen, und beginnen frei zu fabulieren« (Edward Sachau, Alberuni's India. 2 Bände. London 1910, hier 2, 10f.). Dieses Fehlen exakter Daten für die ältere Literatur erschwert natürlich eine historische Darstellung. Davon abgesehen stand die Arbeit an dieser Literatur im 19. Jhdt. ganz im Schatten der Philologie, aus dem sie nur langsam herausgetreten ist.

Im heutigen Hinduismus, der das Erbe vieler Religionen in sich vereint, wird traditionell als Oberbegriff über Heilige Schriften *śāstra* (neutr., »Vorschrift, Belehrung; Theorie, Regel; Lehrbuch«) gebraucht. Dieser Begriff wird unterteilt in *śruti* (fem., »Gehörtes«) und *smṛti* (fem., »Erinnertes«; das Verb *smárati* heißt sowohl »sich erinnern« als auch »überliefern, lehren«) (Aussprache etwa schruti und smriti). Diese Unterscheidung ist elementar. Sie entspricht zwar grundsätzlich einer wertenden Abstufung, sagt aber kaum noch etwas über die Verbreitung der Texte im heutigen Hinduismus aus. Die Kategorie *śruti* meint dabei von Hause aus Offenbarungsschriften, Texte, die von den Göttern »gehört« sind. Im einzelnen sind dies die vier Veden selbst (auch Saṃhitās genannt) und deren Anhänge, welche die Gattungsbegriffe Brāhmaṇa, Upaniṣad und Āraṇyaka führen (im folgenden ohne Umschriftzeichen: Samhitas, Brahmanas, Upanischaden, Aranyakas). *Smṛti* dagegen meint Traditionsliteratur, die nicht als göttliche Offenbarung gilt, aber dennoch einen hohen religiösen Rang innehat, der durchaus noch unter den Sammelbegriff Heiliger Schriften fällt. Der im Westen bekannteste indische Text etwa, die Bhagavadgita, ist *smṛti*, nicht *śruti*.

Literatur: Moritz Winternitz, A History of Indian Literature. 3 Bände. Delhi Reprint 1998–2003 (zuerst dt.: »Geschichte der altindischen Literatur«. 3 Bände. Leipzig 1909–1922. Die engl. Ausgabe ist erweitert) * A History of Indian Literature. Hrg. von Jan Gonda. 30 Bände. Wiesbaden 1973–1987, darin besonders: Bd. I, 1 Jan Gonda, Vedic Literature. 1975 Bd. I, 2 Jan Gonda, The Ritual Sūtras. 1977 * Klaus Mylius, Geschichte der altindischen Literatur. Wiesbaden 2. Aufl. 2003 * Michael Witzel, Das alte Indien. München 2003 (geschichtlicher Rahmen).

Altindisch und Sanskrit. Die dokumentierte Geschichte der indischen Sprachen indogermanischer Herkunft umspannt annähernd vier Jahrtausende. Daneben sind in Indien auch viele nichtindogermanische Sprachen lebendig (Munda und andere austroasiatische Gruppen, dravidische Sprachen u.a.). Diese anderen Sprachen betreffen aber nicht den Grundbestand der Heiligen Schriften des Hinduismus. Die in den Veden älteste greifbare Form dieser Sprache wird Altindisch genannt, wobei sich zwischen den verschiedenen Teilen der Veden, ja sogar im Rig-Veda bereits deutliche Unterschiede abzeichnen. In nachvedischer Zeit wird diese Sprache durch Panini u.a. Grammatiker in präzise Regeln gefaßt (etwa 4000 bei Panini). In dieser systematisierten und sehr streng reglementierten Form heißt die Sprache nun Sanskrit, und wurde zur klassischen Sprache der Dichtung und Literatur, der Wissenschaft und überhaupt jedweder Art von Tradition in Indien. Das Sanskrit besitzt in hohem Maße die Fähigkeit, komplexen Nominalkomposita zu bilden (wie ähnlich das Deutsche, aber z. B. nicht das Lateinische oder das Englische). Damit eignet es sich exzellent für philosophische, begrifflich orientierte Arbeit. Obwohl zahlreiche Substantive von Verbalwurzeln abgeleitet sind, besitzt das Sanskrit in seiner philosophischen Literatur einen extremen Nominalstil, der zu äußerster Verkürzung bei dennoch großer Präzision fähig ist, aber auch eine Neigung zur Ellipse (Auslassung von Satzteilen) hat. Daher können sehr kurze Sanskritsätze oft umfängliche Übersetzungen erfordern, um ihren Sinn im Deutschen verständlich wiederzugeben.

Das Sanskrit wird heute in Devanagari-Schrift geschrieben, die sich aber erst im Mittelalter durchsetzte. Vermutlich geschah die Erstverschriftlichung der vedischen Texte (um 500 n.Chr.?) in einer Schrift, die ungefähr mit der Brahmi-Schrift identisch ist, einer nordindischen, bald weit verbreiteten Schriftform, die ähnlich den meisten iranischen Schriften aramäische Anknüpfungen hat, aber sich rasch ganz eigenständig entwickelte. Älteste Schriftzeugnisse stammen aus der Zeit um das 1./2. Jhdt. n.Chr. Sie wurde in der Spätantike auch in Zentralasien (z. B. für das Khotan-Sakische der Oase Turfan) gebraucht. Vedahandschriften aus einer so frühen Zeit besitzen wir jedoch nicht; das Datum der Verschriftlichung (die wohl nur dem Unterricht diente) ist ganz offen. Die heutige (im Unterschied zu den semitischen Schriften rechtsläufige) Devanagari-Schrift ist in hohem Maße geeignet, die präzise Lautgestalt des Sanskrit zu dokumentieren. Eine einheitliche wissenschaftliche Transkription wurde bereits auf dem 10. Internationalen Orientalistenkongress 1894 beschlossen. In diesem Buch wird diese nur bei Einführung von Begriffen und Buchtiteln in einer vereinfachten Form verwendet, während sonst indische Namen nur in geläufigen deutschen Schreibungen erscheinen.

Literatur: Stephanie W. Jamison, Sanskrit, in: Roger D. Woodard, The Cambridge Encyclopedia of the World's Ancient Laguages, Cambridge 2004, 673–699 * C. Monier-Williams, Sanskrit-English Dictionary. Oxford 1899 u.o. (Standardwörterbuch) * Klaus Mylius, Sanskrit-Deutsch. Deutsch-Sanskrit. Wörterbuch. Wiesbaden 2005 (nützlich v.a. wegen des Deutsch-Sanskrit Teils, aber sonst sehr knapp; ersetzt die älteren Wörterbücher nicht) * L. Sander, Paläographisches zu den Sanskrithandschriften der Berliner Turfansammlung. Wiesbaden 1968 (zur Entstehung der Brahmi-Schrift).

Indogermanen und autochthone Bevölkerung. Das Bild einer primitiven autochthonen Bevölkerung, die durch ein indogermanisches Kriegervolk mit philosophischen Neigungen zivilisiert wird, hat die Indologie des 19. und teilweise auch des 20. Jahrhunderts geprägt. Dieses Bild ist jedoch in zweifacher Hinsicht fragwürdig. Einmal ist mit der Entdeckung der Zivilisation von Mohenjo-Daro und Harappa im Industal in Nordwestindien und Pakistan Indien in den Kreis der ältesten Hochkulturen aufgerückt. Diese Zivilisation steht gleichberechtigt neben denjenigen des alten Ägypten und Mesopotamiens. Entstanden um 2800 v. Chr., besaß sie eine komplexe Stadtkultur und produktive Landwirtschaft mit Weizen- und Hirseanbau (Reis war noch unbekannt) sowie eine (noch nicht sicher entzifferte) Schrift. Diese Schrift war mit einiger Sicherheit logophonetisch strukturiert, d.h. sie besaß sowohl phonetische Zeichen wie auch Logogramme, die Worten oder Sachkategorien entsprachen (auch eine Deutung als reine Piktogramme ist möglich). Zumindest für die längste Zeit ihres Bestehens war die Induskultur offenbar von einer nichtindogermanischen Bevölkerung getragen. Die Annahmen einer zentralistischen Tempelwirtschaft (wie in Mesopotamien) hat sich jedoch nicht bestätigt. Ihre Sprache war vielleicht mit dem Elamischen und den Dravidasprachen verwandt; sicher ist das jedoch nicht. Dagegen spricht, daß die wenigen dravidischen Fremdwörter im Altindischen eher der spätesten Schichte des Rigveda anzugehören scheinen, und auch kulturell nicht aus jenen Bereichen stammen, die man bei einem Kontakt mit einer alteingesessenen ackerbautreibenden Bevölkerung erwarten sollte. Jedenfalls kann von einer ersten »Zivilisierung« Indiens durch die Indogermanen keine Rede mehr sein. In sumerischen Quellen erscheint die Induskultur vielleicht unter dem Namen Meluchcha; sicher ist auch diese Identifizierung nicht. Ob sie in altindischen Quellen noch erwähnt wird, ist umstritten. Zwischen 2000 und 1500 v. Chr. ist ein deutlicher Niedergang der Kultur zu beobachten. Die großen Städte werden allmählich aufgegeben. Auf plötzliche kriegerische Zerstörungen deutet nur wenig.

Daneben ist in der jüngeren Forschung (etwa nach dem zweiten Weltkrieg) auch das Bild eines wandernden Krieger- und Hirtenvolkes problematisiert worden. Die Verbreitung einer Sprache ist nicht mit der eines Einwanderervolkes identisch. Zwar gelegentliche Versuche indischer Gelehrter, die Indogermanen überhaupt als in Indien autochthon zu erweisen, müssen als verfehlt angesehen werden. Aber die »Indogermanisierung« Indiens war offenbar doch ein sehr viel komplexerer Vorgang, als man sich dies in der älteren Forschung vorstellte, bei der die Ausbreitung der Sprache nicht einfach mit derjenigen eines neuen Volkes gleichgesetzt werden kann. Wir haben hier offenbar ein ähnlich vielschichtiges Bild anzusetzen, wie es sich in Hinsicht auf die Entstehung der Hebräer im Kanaan des 2. vorchristl. Jahrtausends darstellt. Auch diese kann heute nicht einfach (wie dies die biblischen Bücher Josua und Richter vereinfacht darstellen) als Verdrängung eines Vorbevölkerung durch ein Einwanderervolk gedeutet werden, sondern hängt mit komplexen sozialen Verschiebungsprozessen, u.a. zwischen Stadt- und Landbevölkerung zusammen. Dennoch hat es ohne Frage auch eine Einwanderung von Nordwesten her gegeben, die rasch zur Gründung vieler kleiner Stadtstaaten geführt hat: indogermanische Götternamen in bereits indischer Sprachform sind in der hurritischen Mitanni-Kultur des 16.–14. Jhdts. v. Chr. in Mesopotamien bezeugt. Von Menschen, die offenbar nicht-indogermanische Sprachen sprechen, hören wir in altindischer Literatur gelegentlich, jedoch insgesamt eher selten (meist unter der vieldeutigen Bezeichnung *dāsá* »Feind, Nichtarier, Barbar; auch: Dämon, Sklave« bzw. *dásyu* »Nichtarier, Barbar; Feind; Räuber, Bandit« u.a.; im heutigen Hindi heißt *dās* »Diener«). Offenbar hatte sich in den Regionen, in denen die Veden und späteren Texte der sakralen Überlieferung Indiens entstanden, das indogermanische Altindische bzw. Sanskrit vollständig durchgesetzt. Das nichtindogermanische Element im Altindischen des Rigveda umfaßt etwa 5–8 % des Vokabulars (F. B. J. Kuiper). Es sollte abschließend zu diesem Thema noch erwähnt werden, daß v.a. in Indien, aber auch unter amerikanischen Hindus eine Literatur existiert, die jeden »Fremdeinfluß« auf die Veden leugnet, und diese einschließlich der altindischen Sprache ausschließlich als indigene Produkte Indiens versteht, dafür aber in Kauf nimmt, andere indogermanische Kulturen faktisch aus Indien ableiten zu müssen. Diese Ansätze widersprechen so vielen gesicherten Fakten der Sprach- und Kulturgeschichte, das sie einen Erkenntnisgewinn nicht erwarten lassen.

Die Veden (Vedas). Die Veden sind die zentralen heiligen Schriften des Hinduismus, spielen in der Volksreligion aber nur eine eher untergeordnete Rolle. Immerhin im Opferritual sind ihre Gebete und Hymnen nach wie vor gegenwärtig. Die gedanklichen Strukturen des heutigen Hinduismus sind jedoch von späteren Traditionen geprägt. In der westliche Forschung gelten sie als die wesentlichen erhaltenen Produkte der Religion der indogermanischen Einwanderer. Tatsächlich unterscheidet sich die Religiosität der Veden deutlich vom klassischen Hinduismus. Opfer finden unter freiem Himmel statt; es gibt noch

keine Tempel. Die Opferstätten sind ortsungebundene schlichte Lehmziegelaltäre. Die Götter stehen oft in einer elementaren
Beziehung zur Natur und zu den gesellschaftlichen Gegeben-
heiten (was nicht heißt, daß sie diese nur symbolisieren). Agni
ist eben *auch* das Feuer, Soma der kultische Rauschtrank, Vayu
der Wind, Ushas die Morgenröte, Mitra der Vertrag. Sie sind
nur selten reine mythologische Personen wie ihr König Indra,
und haben auch nur sehr begrenzte Macht. Der Kult ist offenbar
anikonisch (d.h. es gibt keine Götterbilder), während der spätere Hinduismus eine ausgeprägte Bilderverehrung praktiziert.
Grundgedanken des klassischen Hinduismus (Reinkarnation,
Karma) finden sich in den Upanischaden, aber noch nicht in den
Samhitas, den im engeren Sinn vedischen Texten. Es ist daher
berechtigt, von einer eigenen vedischen oder brahmanischen
Religion zu sprechen, die eine Vorstufe zum Hinduismus darstellt. Der Übergang ist organisch und bruchlos, führt aber zu
tiefgreifenden Verschiebungen und religiösen Neuerungen (zur
Datierung s. im folgenden).

Traditionell werden vier Veden gezählt, gelegentlich auch
nur drei (dann fehlt die letztgenannte Schrift):

1. Der Rig-Veda (Ṛgveda)
2. Der Yajur-Veda
3. Der Sama-Veda (Sāmaveda)
4. Der Atharva-Veda

Diese Sammlungen heißen zusammenfassend wie erwähnt
auch Saṃhitās (im folgenden: Samhitas). Sie sind der Form
nach Kompilationen von Ritualformeln und Hymnen. Diese
Hymnen dienen nicht primär religiöser Erbauung, sondern sind
selbst Texte des Opferrituals und anderer religiöser Akte. Das
Wort Veda bedeuten »Wissen«, hier im speziellen Sinn »sakrales
Wissen, Wissen um den Opferkult«. Im Laufe der Zeit nimmt
das Wort auch die Bedeutung »geheiligtes Offenbarungswis-
sen, übernatürliches Wissen, religiöses Wissen« an. Oft wird es
im Singular für die Gesamtheit des vedischen Traditums verwendet. Der Rig-Veda umfaßt 1028 Lieder in 10 Büchern (sog.
Mandalas), welche der Priester bei verschiedenen Opferfeiern
rezitiert. Es ist dabei selbstverständlich, daß er diese auswen-

dig beherrscht. Die vedische Kultur ist wie schon mehrfach unterstrichen eine gepflegte Gedächtniskultur. Der Sama-Veda enthält priesterliche Gesänge, die aber bis auf wenige Ausnahmen aus rigvedischen Bausteinen komponiert sind. Der Yajur-Veda ist der Veda der Opferformeln (Mantras). Unterschieden wird ein »weißer« und ein »schwarzer« Yajur-Veda. Ersterer enthält reine Formeln, letzterer auch Ritualanweisungen nach Art einer Agende. Der Atharva-Veda wird gerne als Veda der Zaubersprüche bezeichnet. Er ist als Sammlung jünger als die anderen Veden, enthält aber religionsgeschichtlich sehr altes Material, z. B. Wetterzauber, Sprüche gegen Dämonen, Segens- und Fluchsprüche, Sprüche, die eine unbewußte Versündigung verhindern sollen, Exorzismen, Liebesmagie, Volksmedizinisches und vieles mehr. Manche Sprüche sollen eine rhetorische Unbezwingbarkeit im Streitgespräch erzeugen. Wir erhalten hier Einblick in ein volkstümlicheres Stratum der Religion als im priesterlichen Rig-Veda.

Die Veden werden in der Überlieferung ergänzt durch drei Gruppen von (oft sehr langen) Texten, welche ebenfalls als Offenbarungsliteratur gelten. Die Brahmanas sind Erklärungen und Deutungen der Opferrituale und bieten dazu elaborierte mythologische Passagen. Hermann Oldenberg hat sie als »vorwissenschaftliche Wissenschaft« bezeichnet. Der wichtigste Brahmana-Text ist das Shatapatha-Brahmana (das »Hunderwege-Brahmana«), das viele Bereiche des religiösen Lebens sichtbar macht, von denen ältere Quellen noch nicht sprechen. Die Aranyakas (»Waldbücher«) inszenieren den Begin der indischen Kultur von Askese und Rückzug aus der Geschäftigkeit in den »Wald« als Ort der Meditation und des vertiefenden Gesprächs. Die im Westen berühmtese Gruppe von Texten, welche die Veden ergänzen, sind die Upanischaden, die formal oft an Aranyakas angeschlossen sind. Sie bilden den Vedanta (»Ende des Veda«; später interpretiert als »Ziel des Veda«). Dieser Begriff bezeichnet sowohl die Upanischaden selbst als auch das auf ihnen beruhende System. In vieler Hinsicht sind sie der Ausgangspunkt der gesamten weiteren indischen Philosophiegeschichte.

Es kann nicht genug unterstrichen werden, daß die gesamte vedische Literatur um den religiösen Grundakt des Opfers

kreist. Auch die Götter selbst opfern, und umgekehrt verleiht
das Opfer dem ausübenden Priester manipulative Macht über
weite Bereiche des Kosmos: es ist also auch ein magischer Akt
(die Priester sind die »Götter auf Erden«, wie es in den Brahmanas heißt). Andererseits lädt es zu gedanklicher Durchdringung
ein als das eigentliche »elementare« Geschehen zwischen Menschen und Göttern. Ohne Fragen haben die Vedas über Jahrhunderte nur und über Jahrtausende primär mündlich existiert. Sie
gelten dabei als Aussprüche der großen Seher (Rishis) der Vorzeit, die sie von den Göttern »gehört« haben, und insofern als
zeitlos und geoffenbart. Für den Hindu sind sie nicht so sehr
frühe historische religiöse Schriften, sondern aller Literatur vor-
geordnet.

Der Rig-Veda. Er ist nicht nur der älteste und am höchsten
geachtet vedische Text, sondern umfaßt in gewisser Hinsicht
den ganzen Veda. Die späteren Sammlungen bestehen zu einem
nicht unerheblichen Teil aus Texten, die faktisch im Rig-Veda
bereits vorkommen. Als der Zusammenhang europäischer indogermanischer Sprachen wie Deutsch und Englisch mit dem
altindischen Sanskrit im frühen 19. Jhdt. entdeckt und allmählich immer deutlicher wurde, richtete sich auf diese ältesten
Texte Indiens eine immense Aufmerksamkeit. Hier meinte man
die Wurzeln auch der eigenen Kultur fassen zu können. Es war
der deutsche, nach England emigrierte Gelehrte Friedrich Max
Müller (1823–1900), dem Europa schließlich eine erste wissenschaftliche Erschließung des Rig-Veda in Form einer Textausgabe verdankte.

Der Rigveda ist voreisenzeitlich (anders der Atharvaveda)
und setzt in seinen Orts- und Flußnamen die Regionen Gan-
dharas und des Panjab voraus, etwa vom Kabul-Fluß bis zum
heutigen Jamna. Der Beginn der Eisenzeit ist in Nordwestindien
archäologisch um 1000 v. Chr. anzusetzen. Der Ganges wird nur
zweimal erwänt. Sprachlich weist er drei Schichten aus: Eine
früheste Schicht ist in Buch (Mandala) 4, 5 und 6 (und vielleicht
2) gesammelt, eine etwas spätere in 3, 7, in 8, 1-66 und 1, 51-191,
sowie eine deutlich spätere dritte Schicht in 8, 67-103; 1, 1-50;
10, 8. 49-59 (nach Michael Witzel). Schicht 1 enthält noch keine
dravidischen Vokabeln, sehr wohl jedoch solche aus mindestens

einer anderen nichtindogermanischen Präfix-Sprache. Erstaunlich ist die große Treue seiner Überlieferung. Die 1028 Hymnen
sind praktisch nie durch mittelindische Formen beeinflußt, ja
bewahren vielfach Züge, die vor der Reglementierung des Sanskrit durch Panini u.a. liegen. Mit anderen Worten: sie wurden
trotz sprachlicher Auffälligkeiten unverändert tradiert. Insgesamt dürfte die Überlieferung des Rig-Veda die erstaunlichste
uns bekannte Leistung einer Gedächtniskultur sein. Die meisten
Hymnen können aus dem 2. vorchristl. Jahrtausend stammen,
wobei für die späteren Sammelprozesse mehrere Etappen anzunehmen sind. Dieser Prozeß wurde von einer sozial hoch ange-
sehenen erblichen Priesterkaste getragen, den Brahmanen. Spätestens um etwa 600 v. Chr. ist die uns vorliegende Sammlung
abgeschlossen. Die maßgebliche deutsche Übersetzung des Rig-
veda stammt von Karl F. Geldner (1852–1929), dem wir bereits
als Herausgeber des Avesta begegnet sind.

Literatur: Übersetzung: Karl F. Geldner, Der Rig Veda. 4 Bände. Cambridge 1951–1957 Reprint ebd. 2003 * Dazu eine Auswahl: ders., Ve-
dismus und Brahmanismus. 2. Aufl. Tübingen 1928 * Hermann Graß-
mann, Wörterbuch zum Rig-Veda. Wiesbaden 6. Aufl. 1995 (ergänzt
von Maria Kozianka) * Hermann Oldenberg, Die Religion des Veda. 2.
Aufl. Stuttgart u. Berlin 1917 (zahlreiche Nachdrucke) * Thomas Oberlies, Die Religion des Rgveda. 2 Bände. Wien 1998/99 * Klaus Mylius,
Älteste indische Dichtung und Prosa. Wiesbaden 1981 (Auswahl aus
allen Schichten der vedischen Literatur) * Michael Witzel, Central Asi-
an Roots and Acculturation in South Asia (…). In: Indus Civilization.
Text and Context. New Delhi 2006, 61–185 (wegweisende neuere Stu-
die).

Die Upanischaden. Upa-niṣad meint »geheime Lehrunterwei-
sung« (wörtlich »nahe unten bei jemandem sitzen«). Die Upanischaden sind in gewisser Hinsicht das indische Gegenstück der
platonischen Dialoge. Oft haben sie die Form eines Gespräches
zwischen namentlich genannten Weisen und ihren Schülern in
einer frühen, jedenfalls vorbuddhistischen Epoche. Manchmal
sind diese Gespräche kontroverse Debatten, zuweilen haben sie
eher die Form einer arkanen Offenbarungsunterweisung eines
Meisters an seinen Schüler. Literarisch sind sie oft komplizierte
Gebilde. Die älteren Upanischaden werden aus der Zeit 800–600

v. Chr. stammen, doch gibt es auch deutlich jüngere Texte und Textpassagen. Insgesamt spricht man in Indien herkömmlich symbolisch von 108 Schriften als Upanischaden, doch mit variierender Zuordnung kommt man auf eine Zahl von etwa 200. Nur etwa 15 von diesen gelten als alt; die jüngsten entstanden noch nach dem Beginn der christlichen Zeitrechnung. Mit philosophischer Leidenschaft packen die Upanischaden das Problem von Makrokosmos und Mikrokosmos, göttlicher Weltessenz (Brahman) und letzter Personmitte (Atman) an. Sie erheben sich dabei zu wegweisenden spekulativen Aussaagen, deren Interpretation und Vertiefung die gesamte indische Philosophiegeschichte begleitet hat. In gewisser Hinsicht markieren sie die eigentliche Geburt des Hinduismus als einer Erlösungsreligion mit reichem philosophischem Erbe. Erst die Upanischaden sprechen dezidiert von einer Rückkehr der Verstorbenen in Form einer Wiedergeburt, und entfalten eine Karmalehre über einen Kausalnexus zwischen Tat und Geschick. Ethik und zyklische Kosmologie (Weltbild) werden damit für indisches Denken dauerhaft verknüpft. Sozialgeschichtlich auffällig ist, daß die Teilnehmer der Unterweisungen oft Kshatriyas (Krieger) sind, die Upanischaden also den Rahmen eine reinen Priesterreligion sprengen. Spätestens seit Arthur Schopenhauer (1788–1860) wurden sie wichtige Gesprächspartner der deutschen Philosophiegeschichte, wobei sie dabei als Zeugen einer Weltmüdigkeit, eines Pessimismus galten. Diese Sicht ist eher ein Rezeptionsphänomen als eine historische Interpretation. Schopenhauer benutzte sie als persönliches Andachtsbuch; berühmt ist seine Formulierung, sie seien die »belohnendste und erhabenste Lektüre, die (…) auf der Welt möglich ist. Sie ist der Trost meines Lebens gewesen und wird der meines Sterbens sein.«

Literatur: Paul Deussen, Sechzig Upanishads des Veda. 3. Aufl. Leipzig 1921 (zahlreiche Nachdrucke). Neuausgabe unter neuem Titel: Upanishaden. Die Geheimlehre des Veda in der Übersetzung von Paul Deussen. Hrg. und eingeleitet von Peter Michel. Wiesbaden 2006 * The Principal Upaniṣads. Edited with Introduction, Text, Translation and Notes by Sarvepalli Radhakrishnan. Atlantic Highlands, NJ 1996 (zuerst 1953) * Patrick Olivelle, The Early Upaniṣads. Annotated Text and Translation. New York 1998 * Paul Thieme, Upanischaden. Stuttgart 1966.

12. Die epischen Überlieferungen des alten Indien

Der »*fünfte Veda*«. Mit diesem Begriff bezeichnen Inder gern die Gesamtheit ihrer traditionellen erzählenden, mythologischen und epischen Sanskrit-Literatur (der Begriff wird auch in anderen Bedeutungen gebraucht). Diese ist smr̥ti, nicht śruti im Kap. 11. erklärten Sinn, hat also nicht die gleiche Dignität wie die eigentlichen Veden. Aus diesem narrativen Erbe nährt sich der Symbolkosmos des Hinduismus, dessen Reichtum ein Eindringen für Europäer nicht einfach macht. Man wird schwerlich auf nacherzählende und abkürzende Fassungen (die es auch in Indien wie Sand am Meer gibt) verzichten können. Von diesen kann der Weg dann zu den Texten selbst führen.

Das Mahābhārata. Dieses gewaltige Werk (im folgenden schreiben wir vereinfachend Mahabharata) ist das Nationalepos Indiens. Der Name bedeutet sinngemäß etwa »Das große Indien« (Bharata ist einer der Namen Indiens). Es übertrifft die homerischen Epen (zusammen!) an Umfang ungefähr achtfach. Annähernd 100 000 Verse aus je 32 Silben fügen sich zu 18 Büchern zusammen. Als Autor gibt die Tradition den mythischen Weisen Vyasa an, der auch in der Handlung auftritt (und der ebenfalls in den Legenden über die Sammlung der Veden figuriert). Tatsächlich scheint es zwischen 400 v. und 400 n.Chr. in vielen Etappen entstanden zu sein. Es versteht sich fast von selbst, daß manche Teile in diversen regionalen Fassungen existieren, zu denen Nachdichtungen in den volkstümlichen Sprachen Indiens hinzukommen.

Die Handlung des Mahabharata erzählt von einem gewaltigen Krieg und seiner Vorgeschichte, der durch den stetig wachsenden, schicksalshaften Konflikt zwischen den fünf Pandava-Brüdern (Yudhischtira, Arjuna, Bhima und den Zwillinge Nakula und Sahadeva) und der Fürstenfamilie der Kurus (Kauravas) entsteht. Der Ränkeschmied Duryodhana, König und Sippenoberhaupt der 100 Kauravas, besiegt den ältesten der Pandavas, den weisen Yudhischthira, im Würfelspiel. Die Pandavas – auch sie fürstlicher Abkunft und mit den Kauravas verwandt – und ihre gemeinsame Ehefrau Draupadi (man beachte die Polyandrie) müssen 12 Jahre ins Exil ziehen. Im 13. Jahr dürfen sie, aber nur unerkannt, an den Hof zurückkehren. Als die Kauravas ihnen auch nach dieser Zeit ihr Erbe verweigern, kommt es zum Krieg, an dem wie in der homerischen Ilias zahllose mit beiden Seiten befreundete und verwandte Fürsten mit ihren Armeen teilnehmen. In einer 18-tägigen Schlacht wird fast die gesamte kriegstüchtige Bevölkerung Indiens vernichtet. Hunderte von Nebengeschichten spiegeln alle Bereiche des indischen Lebens. »Was nicht im Mahabharata ist, ist nicht in der Welt«, ist sinngemäß eine indische Redensart. In einer Schlußepisode wählt der aufrichtige Yudhischtira in einer Jenseitsvision, lieber in der Hölle mit seinen Brüdern vereint zu sein, als allein in den Himmel zu ziehen. Dieser Akt brüderlicher Treue führt zur Erlösung der ganzen Pandava-Familie von der im Krieg angehäuften Schuld. In das Umfeld des Mahabharata gehört auch der Harivamsa (»Hari« ist ein Beiname Vischnus), eine kosmogonische Dichtung mit langen genealogischen und erzählenden Passagen, die für viele Hindus ebenfalls den Rang einer Heiligen Schrift hat, ja manchmal den Veden an die Seite gestellt wird. U.a. erzählt er die Jugendgeschichte Krischnas.

Epen – dies gilt vielleicht noch stärker für das sofort zu erwähnende Ramayana – existieren in Indien nicht primär schriftlich. Sakrale Aufführungen auf den Vorplätzen der Tempel (die einen ganzen Tag lang dauern können), aber auch profanes Theater und Kleinkunst, Ikonographie und häusliche Erzählung halten die Figuren der Epen lebendig, die in Indien jedes Kind kennt. Nicht zuletzt der populäre indische Kinofilm hat Themen dieser Tradition aufgenommen. Mit dem Jahr 3102 v. Chr. und dem Tod Krischnas fängt nach neuerer indischer Mythologie das Kali-Yuga an, das kümmerliche und gewalttätige Zeitalter, in dem wir leben. Die Handlung des Mahabharata, von dessen strikter Historizität die meisten Hindus überzeugt sind, wäre dann sozusagen das Ende des heroischen Weltalters. Spuren einer Bekanntschaft mit indischen epischen Stoffen lassen sich übrigens schon in der antiken hellenistischen Indienliteratur nachweisen.

Literatur: Übersetzung: Kisari Mohan Ganguli, The Mahabharata. Calcutta 1883–1896. Auch in 4 Bänden. New Delhi 2004; im Internet unter: www.sacred-texts.com/hin/maha/index.htm * Mehrere neue, aber noch unvollständige Übersetzungen ins Englisches sind im Erscheinen, von den die fortgeschrittensten diejenigen von P. Lal sowie diejenige von J. A. B. van Buitenen u.a. sind * John Brockington, The Sanskrit Epics. Leiden 1998 (grundlegend) * Moritz Winternitz, History of Indian Literature (s.o.) 1, 289–454 (ausführliches Handlungsresümee).

Rāmāyaṇa. Das Ramayana (»Reise, Weg des Rama«) ist das zweite große Epos Indiens. Es erzählt in sieben Büchern mit etwa 24 000 Versen von dem Affenkönig Ravana, der auf Lanka »jenseits des Meeres« herrscht. Bei einem Abstecher auf das indische Festland entführt er Sita, die Ehefrau des Prinzen Rama von Ayodhya in Nordostindien. 14 Jahre muß Rama Sita suchen, bis es ihm mit Hilfe des Affengottes Hanuman gelingt, den Dämonenfürsten zu überwinden und Sita wieder heimzuführen. Berühmt ist die Brücke aus lebenden Affen, die ihm das Volk Hanumans baut, damit er nach Lanka gelangen kann. Hanumans Statue steht seitdem am Eingang vieler Tempel: anders als die großen Götter ist er menschennah und hilfsbereit, ähnlich dem elefantenköpfigen Ganesch, dem Beseitiger der Hindernisse. Die Welt des Ramayana ist leichter, schwebender, nicht so sehr von Tragik erfüllt wie jene des Mahabharata. Beide verkörpern verschiedene Seiten indischen epischen Erzählens. Sita und Draupadi (die Gemahlin der Pandavas im Mahabharata) gelten in Indien als Urbilder der idealen, treuen Ehefrau, die für ihren Mann bis in den Tod gehen würde. Rama ist der ideale Fürst und Ehemann. Gerade an der breiten Rezeption der Personennamen mit epischer Herkunft kann man sehen, in wie hohem Maße die Figuren der Epen als Vorbilder und Orientierungspunkte dienen.

Traditionell wird das Ramayana einem gewissen Valmiki als Autor zugesprochen. Dieser hat vielleicht größere Chancen, als geschichtliche Person gelten zu dürfen als Vyasa (obwohl er ebenfalls in die Handlung des Epos eingebaut wird). Vielleicht war er ein Zeitgenosse der ersten Christen. Auch das Ramayana existiert in zahllosen Fassungen und Sprachen, doch scheint es eine Grundform gegeben zu haben, hinter der eine individuelle Autorpersönlichkeit steht. Es hatte im wesentlichen bereits seine heutige Forn, als das Mahabharata noch im Prozess des Wachstums war. Untrennbar verwoben sind auch im Ramayana mythische, sagenhaften, legendäre, erbauliche, aber auch rein märchenhaften Motive. Stärker noch als das Mahabharata ist es seit alters über Indien hinaus in weiten Teilen Südostasiens bekannt und geliebt.

Literatur: Ravi Prakash Arya (Hrg.), Ramayana of Valmiki. 4 Bände. New Delhi 1998.

Bhagavadgita. Wörtlich »Gesang des Erhabenen«, ist die Bhagavadgita (kurz oft nur Gita »Lied«) eine Episode aus dem Mahabharata, die sich als Dichtung verselbständigt hat. Unmittelbar vor Beginn des Kampfgeschehens überkommen Arjuna, den Anführer der Pandavas, Zweifel. In Kürze werden sich Brüder und Onkel, ja schlimmstenfalls Väter und Söhne als Feinde in der Schlacht begegnen. Kann das richtig sein? Sein Wagenlenker aber ist kein anderer als Krischna, eine Erscheinungsform des Gottes Vischnu. Krischna belehrt ihn über Pflicht und Schuld, Tat und Karma, über ethisches Handeln ohne Rückzug in die Tatenlosigkeit. Schließlich – in einer der eindrücklichsten Epiphanieschilderungen der Weltliteratur – zeigt er sich Arjuna in seiner unverhüllten Gestalt als kosmischer Gott, zu dem alle Dinge zurückkehren werden. Auch der Krieger Arjuna erfüllt eine ethisch notwendige Aufgabe zur Wiederherstellung des Dharma, der göttlichen Ordnung. Die Gita mit ihrer Ermutigung zum ethischen Handeln auch in zweifelhaften, kritischen Situationen und ihrer auf einen personalen Gott bezogenen Frömmigkeit dürfte neben den großen Upanischaden der außerhalb Indiens meistgelesene hinduistische Text sein.

Literatur: Peter Schreiner, Bhagavdagita. Zürich 1991 (Übersetzung) * The Bhagavad-Gita with a Commentary Based on the Original Sources by Robert Charles Zaehner. Oxford 1969 u.o. (Text, Übersetzung, Kommentar: beste Ausgabe).

Purāṇas (Puranas). Wir können diese Kompilationen hier nur en passant erwähnen. »Purana« heißt eigentlich »alt«, ist aber auch Bezeichnung einer festen Literaturgattung, die nach einem stabilen Schema Themen der Kosmogonie, der legendären zyklischen Geschichte, Mythologie und Genealogie, und schließlich der großen Königsfamilien (»Sonnen- und Mondkönige«) behandelt. Traditionell werden 18 große Puranas gezählt, die je auch eine Liste der anderen Puranas enthalten, also Teil einer monumentalen Gesamtkomposition sind. Schon der Kap. 11 erwähnte arabische Reisende Al-Biruni kennt diese 18er-Liste; die Puranas dürften aus dem 1. Jahrtausend n. Chr. stammen. Orthodoxe Hindus halten sie für Werke Vyasas. Neben den großen existieren zahlreiche kleine Puranas. Sie sind die im Westen bislang am wenigsten bekannten Texte der sakralen Überlieferung Indiens.

Literatur: Sadashiv Dange, Encyclopedia of Puranic Beliefs and Practices. 5 Bände. New Delhi 1986–1990 * Ludo Rocher, Die Puranas. Wiesbaden 1986. * Eine Gesamtübersetzung aller Puranas erscheint unter dem Titel »Ancient Indian Tradition and Mythology Series«, hrg. von J. L. Shastri, Delhi (auf etwa 100 Bände berechnet, von denen die meisten erschienen sind) * Heinrich von Stietencron, Epic and Puranic Bibliography (up to 1985). 2 Bände. Wiesbaden 1992.

13. Der Pali-Kanon des Buddhismus

Karl Eugen Neumann. Wie noch mehrfach in diesem Band wollen wir an einen Menschen erinnern, der unter größten persönlichen Opfern die Literatur einer ganzen Religion für den europäischen (hier deutschen) Kulturraum erschlossen hat. Geb. 1865 in Wien, begeistern den jungen Bankangestellten Karl Eugen Neumann die Schriften Schopenhauers, die ihn zuerst mit indischem Denken bekannt machen. 1887 gibt er seine Bankkarriere auf und beginnt das Studium der Indologie, Religionswissenschaft und Philosophie. Doch zieht es ihn zu den Quellen selbst. 1894 reist er für mehrere Monate nach Indien und Sri Lanka, und beschließt sein Leben der Übersetzung buddhistischer Texte zu widmen. Eine Erbschaft behebt ihn für einige

Jahre seiner finanziellen Nöte. Doch 1906 verliert Neumann bei einem Börsensturz sein gesamtes Vermögen und muß sogar die geliebte Gesamtausgabe des siamesischen Tripitaka verkaufen, die ihm der siamesische König selbst geschenkt hatte. Er läßt sich jedoch nicht von seiner Arbeit abbringen, und verbringt die wenigen ihm verbliebenen Jahre mit unermüdlicher Übersetzungsarbeit, oft in kümmerlichen äußeren Verhältnissen. 1915 stirbt er an seinem 50. Geburtstag. Nur allmählich erreichen seine Übersetzungen ein breiteres an Asien interessiertes Publikum. Für deutsche Schriftsteller wie Hermann Hesse und Gustav Meyrink wird er zum Sprachrohr des Buddhismus. Seine Übersetzungen werden hochgelobt, ja in ihrer expressiven Sprachkraft mit Martin Luther verglichen. Heute sind sie zwar nicht vergessen, aber doch wissenschaftlich überholt. Nicht überholt ist Neumanns Leidenschaft, in einem deutschen Sprachgewand nicht nur den Gedanken, sondern auch der meditativen Form der ältesten buddhistischen Texte Ausdruck zu verleihen.

Die Bedeutung des Pali-Kanon. Erste vage Kenntnisse des Buddhismus besaß bereits die Antike. Buddhistische Missionare haben wenige verwehte Spuren in antiker Literatur hinterlassen; auch den Namen Buddha (eigentlich natürlich ein Titel »der Erleuchtete«) kennen bereits einige antike Autoren (so um 200 n.Chr. die Christen Clemens Alexandrinus und Bardaisan). Umgekehrt hören wir in ceylonesischen Quellen aus späthellenistischer Zeit von Griechen, die Mitglieder buddhistischer Mönchsgemeinschaften wurden. Auch der Manichäismus hatte vielfach Berührung mit dem Buddhismus. Aber zu einer tieferen Begegnung zwischen Ost und West führten solche frühen Kontakte nicht. Erst die koloniale Situation in Indien, Südostasien, Ceylon (heute Sri Lanka) im 18. und v.a. 19. Jhdt. ließ den Buddhismus für Europäer lebendig werden. 1881 gründet Thomas William Rhys Davids (1843–1922) die Pali Text Society »to foster and promote the study of Pali texts«. Im Mittelpunkt ihrer Arbeit steht der Tripitaka (Pali Tipitaka), der »Dreikorb«. Hier hoffte man die Quellen der ältesten Formen des Buddhismus greifen zu können, ja dem »Originalton« Buddhas möglichst nahe zu kommen.

Über lange Zeit glaubte die Forschung, im Pali-Kanon ein sozusagen ungebrochenes Zeugnis des ursprünglichen Buddhismus zu besitzen. Diese Zuversicht ist weithin geschwunden. Auch der Pali-Kanon ist ein historisches Produkt nur einer bestimmten, wenn auch sehr alten Gestalt des Buddhismus. Das Wort und Werk des historischen Buddha muß aus ihm in einem kritischen Verfahren destilliert werden, welches im Prinzip demjenigen nicht unähnlich ist, welches die wissenschaftliche Bibelexegese für die Rückfrage nach dem historischen Jesus anwendet. Dabei sind durchaus plausible, konsensfähige Ergebnisse möglich. Diese entsprechen jedoch nicht mehr sozusagen 1:1 dem Buddhawort des Pali-Kanon, wie das die ältere Forschung gern annahm. Der Pali-Kanon muß also in seiner Bedeutung gegenüber seiner früheren Rezeption (etwa unter den Lesern Karl Eugen Neumanns) relativiert werden. Zugleich können andere Formen des Buddhismus nicht mehr pauschal als »dekadent«, als Verfallserscheinungen oder ähnlich diffamiert werden. Die Biographie Siddharta Gautama Buddhas kann hier nicht dargestellt werden. Wir erwähnen nur en passant, daß seine Datierung wieder ganz kontrovers geworden ist. Zwischen früheren westliche Datierungen des Todesjahres (zwischen 486 und 477 v. Chr.) und den in der japanischen Wissenschaft verbreiteten Spätdatierungen (zwischen 390 und 368 v. Chr., ja sogar 290 v. Chr. wurde vorgeschlagen) ist eine heftige Diskussion entbrannt, die sich vielleicht irgendwo zwischen 420 und 350 v. Chr. einpendeln wird.

Literatur: Heinz Bechert, Der Buddhismus I. Stuttgart 2000 * Ders. (Hrg.), The Dating of the Historical Buddha. 3 Bände. Göttingen 1991–1997 * Hermann Oldenberg, Buddha: Sein Leben, seine Lehre, seine Gemeinde. Berlin 1881. 6. Aufl. 1914 (zahlreiche Nachdrucke; die im deutschen Sprachraum klassische Darstellung).

Pali. Die Sprache des ältesten erhaltenen buddhistischen Kanons, das Pali, ist eine Prakrit-Sprache, d.h. ein mittelindischer Dialekt, der sich gegenüber dem älteren Sanskrit deutlich weiterentwickelt hat. Die grundlegende grammatische Struktur ähnelt der des Sanskrit, doch sind Morphologie und vor allem Lautstand durch Assimilationsvorgänge deutlich vereinfacht (damit z. T. jedoch auch weit weniger durchsichtig als im sehr klar strukturierten Sanskrit). Die religiöse Literatur der Buddhi-

sten (ähnlich die der Jainas) hat in ihrer Sprache vor allem semantische Verschiebungen durchlebt. Während der Wortschatz
weithin aus dem Sanskrit stammt, haben sich die Bedeutungen
zahlreicher Vokabeln in einem technischen Sinn verändert, d.h.
sie wurden zu speziellen Begriffen des Buddhismus. Dies ist
eine ähnliche Entwicklung, wie sie (allerdings in weit geringerem Umfang) das neutestamentliche Griechisch gegenüber dem
allgemeinen Koine-Griechisch des Hellenismus auszeichnet:
viele Worte nehmen innerhalb der neuen Religion spezielle Bedeutungen an. Vor allem aber – und das dürfte die religionsgeschichtlich wichtigste Beobachtung sein – führt die Leichtigkeit,
mit der das Pali Komposita bilden kann, zu einer breit entfalte-
ten, in hohem Maße technischen Begrifflichkeit für die techni-
sche Seite etwa der buddhistischen Psychologie und Meditati-
onspraxis. Neben Pali wird ältere buddhistische Literatur auch
in »hybridem Sanskrit« geschrieben, einer künstlichen und oft
überkorrekt wirkenden Form des Sanskrit, das für die Autoren
bereits keine gesprochene Sprache, sondern eher ein Gelehr-
tensoziolekt war. Umstritten ist, ob und inwieweit Pali tatsächlich die Sprache des historischen Buddha ist. Mit erheblichen
Dialektunterschieden ist jedenfalls zu rechnen. Wahrscheinlich
sprach der historische Buddha einen östlichen Dialekt des Mittelindischen, während das in Sri Lanka fixierte Pali einen stärker westlichen Dialekt repräsentiert. Auf religionsgeschichtliche
Fragen haben diese linguistischen Erwägungen kaum Einfluß.

Literatur: Steven Collins, A Pali Grammar for Students. Chiang Mai,
Thailand 2007 (exzellente neue Lerngrammatik, die neben den europä-
ischen auch die einheimischen grammatischen Kategorien benutzt) *
Stephanie W. Jamison, Middle Indic, in: Roger D. Woodard, The Cam-
bridge Encyclopedia of the World's Ancient Laguages, Cambridge
2004, 700–716 (knappe Übersicht zur ersten Orientierung) * Oskar von
Hinüber, Der Beginn der Schrift und frühe Schriftlichkeit in Indien.
Stuttgart 1990.

Der Pali-Kanon: eine Übersicht. Wie der Name besagt, besteht
der Tripitaka (»Dreikorb«, Pali Tipitaka) aus drei großen Abteilungen buddhistischer Literatur. Insgesamt hat er etwa den
doppelten Umfang der Bibel. Auch spätere kanonische Sammlungen anderer Formen des Buddhismus orientieren sich oft an

diesem Schema, wenn sie nicht ohnehin die Texte des Dreikorb integrieren.

I. Vinaya Pitaka, der »Korb der Ordens-Regeln«, umfaßt die Regulierungen der Mönchs- und Nonnendiziplin. Im einzelnen sind dies: Maha Vibhanga (auch Sutta Vibhanga), die 227 Regelungen über Verstöße gegen die Disziplin; Bikkhuni Vibhanga, Regeln der Nonnen; Maha Vagga, die »größere Unterteilung«, und Chulla Vagga, die »kleinere Unterteilung« (Bestimmungen über die Aufnahmezeremonien, den Umgang der Mönche miteinander, das Betteln, am Ende Berichte über frühe buddhistische Mönchsversammlungen oder »Konzilien«); Parivara, eine praktische Zusammenfassung dessen, was der Korb der Ordens-Regeln enthält.

II. Sutta Pitaka, der »Korb der Lehrsätze«, enthält im einzelnen: Digha Nikaya, die Längeren Lehrreden; Majjhima Nikaya, die Mittleren Lehrreden; Samyutta Nikaya, die Gruppierten Lehrreden; Anguttara Nikaya, die Angereihten Lehrreden; Khuddaka Nikaya, die Kurzen Texte. Diese fünf sogenannten Nikayas (Sammlungen) enthalten hauptsächlich Lehrreden Buddhas (Suttas). Sanskrit Sutra (Pali Sutta, beide Neutrum) bedeutet eigentlich Faden, Garn, Schnur, dann einen stichwortartigen Lehrsatz, schließlich ein Lehrbuch. Im Buddhismus werden so die Lehrreden Buddhas bezeichnet. Auch große Teile der Mahayana-Literatur des nördlichen Buddhismus hat formal Sutra-Struktur (vgl. Kap. 14). Die Sutren haben im Westen immer am meisten Interesse gefunden, sind aber eben doch nur ein Teil des Pali-Kanons. Digha Nikaya enthält u.a. eine lange Liste von 62 häretischen Auffassungen, die der Buddha nicht lehrt, Diskussionen über den wahren Brahmanen, Lehrreden über die Heimatlosigkeit des Mönchs u.a. Majjhima Nikaya bietet etwas kürzere Stücke, u.a. das berühmte Mahaparinibbana Sutta, das vom Tod Buddhas, d.h. seinem Eingehen in das vollkommene Nirvana, erzählt, und mehrere Reden über die Erleuchtung Buddhas. Buddha erscheint in diesen Stücken im unermüdlichen Gespräch sowohl mit Anhängern als auch mit Gegnern. Viele elaborierte Gleichnisse und bildhafte Vergleiche stellen die poetische Seite der Lehrreden dar. Samyutta Nikaya, die »Gruppierten Lehrreden«, behandeln entweder ein sehr spezielles Thema, oder aber setzen sich mit einer einzelnen Person auseinander. Anguttara Nikaya, die »Angereihten Lehrreden«, sind 2308 pragmatisch nach Zahlenreihen geordnete kleine Texte. Die langen Listen mit zwei, drei (bis zu zehn) Elementen haben eine mnemotechnische Funktion. Buddhistische religiöse Psychologie bedient sich gerne der Listenform, weil sie so leichter memoriert und innerlich präsent gehalten werden kann. Khuddaka Nikaya, die »Kurzen Texte«, ist eine wohl spät in der Kanongeschichte entstandene Sammlung sehr kurzer Texte in 15 Abteilungen. Der erste dieser Texte ist die buddhistische Bekenntnisformel, mit deren Aussprechen ein Mensch sich förmlich öffentlich als Buddhist erklärt (in kürzester Form: »Ich nehme meine Zuflucht zum Buddha. Ich nehme meine Zuflucht zur Lehre. Ich nehme meine Zuflucht zur Mönchsgemeinde«). Die Suttas werden entweder durch den ganzen Sutta Pitaka durchgezählt (dann sind es 351 Sutren, von denen aber manche aus vielen kleine Sutren bestehen).

Teil der letztgenannten Sammlung sind u.a. Khuddaka Patha, eine Art Florilegium; Dhammapada, der »Wahrheitspfad « (die beliebteste poetische Kurzfassung des Buddhismus: 423 Verse, die viele Buddhisten auswendig kennen); Udana, die »feierlichen Sinnsprüche«; Itivuttaka, »Aphorismen«; Sutta Nipata, 112 Sutta-Bruchstücke; Vimana Vathu, »Götterpalastgeschichten«; Peta Vathu, »Gespenstergeschichten«; Theragatha, »Sprüche der Mönche«; Therigatha, »Sprüche der Nonnen«; Buddhavamsa (u.a. Legenden über die 24 Vorgänger des historischen Buddha), und vor allem das für westliche Leser vielleicht interessanteste erzählende Werk des südlichen Buddhismus: Jataka »Wiedergeburtsgeschichten«, 547 Erzählungen von früheren Existenzen des Buddha, viele davon Tiergeschichten, in denen reiches volkstümliches Fabel- und Märchengut in ein religiöses Gewand verkleidet wird. Die Erzählungen haben oft eine vorbuddhistische Vorgeschichte. Nur die Verspassagen des Werkes gelten als kanonisch.

III. Abhidhamma Pitaka der »Korb der Höheren Lehrreden«, enthält sieben theoretische und reflektierende Werke, u.a. Dhammasangani, »Zusammenfassung der Dhammas (Existenzfakto-

ren)«; Vibhanga, »Erläuterungen«; Dhatukatha »Elementarana-
lyse«; Puggalapaññati »Menschenkunde« (Charaktertypologie);
Kathavatthu, »Streitpunkte« (verteidigt den Theravada-Stand-
punkt gegen andere buddhistische Schulen); Yamaka, »Doppel-
fragen« (Überwindung begrifflicher Unklarheiten); Patthana,
»Aufstellendes« (das Buch der »Bedingten Entstehung«).

Literatur: Das Wort des Buddha. Eine systematische Übersicht der
Lehre des Buddha in seinen eigenen Worten. Ausgewählt, übersetzt
und erläutert von Nyanatiloka. Dehiwala 2004 * Nyanatiloka, Bud-
dhistisches Wörterbuch. Kurzgefasstes Handbuch der buddhistischen
Lehren und Begriffe. Konstanz 2. Aufl. 1976 (exzellentes Hilfsmittel zur
Begrifflichkeit) * Klaus Mylius (Hrg.), Die vier edlen Wahrheiten. Tex-
te des ursprünglichen Buddhismus. Stuttgart 1998 = Augsburg 2000 *
Ernst Waldschmidt, Die Legende vom Leben des Buddha. Hamburg
1991 (verbessert gegenüber der Ausgabe Berlin 1929; Texte aus vielen
Sprachen übersetzt zur Biographie des Buddha).

Pali-Kanon und Pali-Literatur. Die Theravadin-Tradition der
singhalesischen Chroniken besagt, daß der Pali-Kanon zuerst
etwa 80 v. Chr. (in einer Mönchsansiedlung bei Matale, Sri Lanka) niedergeschrieben wurde, weil Hungersnöte und andere
Katastrophen ein Aussterben der mündlichen Rezitatoren (Bha-
nakas) befürchten ließen. Davor war er mündlich tradiert worden, was vereinzelte Aufzeichnungen (für die es Indizien gibt)
nicht ausschließt. Der von uns knapp referierte Dreikorb bildet
die Grundlage des Theravada, der ältesten und heute zugleich
einzig überlebenden Schule des alten Buddhismus. Bis in die Gegenwart gilt die Pali-Überlieferung als das älteste Schriftgut des
Buddhismus. In jüngster Zeit sind in Zentralasien und vor allem
in Nordwestindien (Gandhara) jedoch weitere buddhistische
Texte aus dem 1. Jahrhundert n. Chr. bekannt geworden. Ihre
Publikation ist gerade erst in Gang gekommen. Es wäre möglich, daß diese »Gandhara«-Texte für unsere Kenntnis des frühen
Buddhismus eine ähnliche Bedeutung gewinnen werden, wie es
die Qumran-Funde für das antike Judentum geleistet haben.

Aus der Fülle der nachkanonischen Titel erwähnen wir einige, die sich gut auch für westliche Lektüre eignen: 1. Milinda-
pañha (»Fragen des Menandros«), ein Dialog zwischen dem
baktrischen König Milinda (1. Jhdt. v. Chr.) und dem Mönch Na-

gasena, also ein frühes Zeugnis für einen griechisch-buddhistischen Kontakt. 2. Buddhaghosa, Visuddhi Magga. Der Weg zur Reinheit. Übersetzt von Nyanatiloka (Uttenbühl 7. Aufl. 1997). Dies ist die umfassendste systematische Dogmatik (Darstellung der Lehrmeinungen) des südlichen Buddhismus, auf Sri Lanka in der ersten Hälfte des 5. Jahrhunderts verfasst. 3. Mahavamsa »die Große Chronik«, ist von dem Mönch Mahanama in Sri Lanka um das Jahr 500 verfasst und die wichtigste Geschichtsquelle für den Buddhismus auf Sri Lanka.

Aus der späteren Geschichte des Theravadin-Tripitakas erwähnen wir nur noch ein zentrales Ereignis. Wenige Jahre nach dem angeblich 2400. Todestag des Buddha (1861) lud der König von Burma (heute Myanmar) Mindon (reg. 1853–1878) 2400 buddhistische Gelehrte zu einer Generalversammlung ein (der 5. der buddhistischen Geschichte), welche der Fixierung des Pali-Kanons dienen sollte. Beabsichtigt war vor allem eine zukunftsweisende Drucklegung. Doch war auch eine altertümlichere Form der Verewigung geplant: der König lies die Texte auf 729 Marmortafeln meißeln, über denen je eine Pagode errichtet wurde. Im Ergebnis entstand eine religiöse Anlage, die als »das größte Buch der Welt« bezeichnet wird. Alle 5000 Jahre werde ein Buddha erscheinen: da bereits 2400 seit dem Erscheinen Gautamas vergangen sind, sollte das steinerne Monument mit seinen Lehrreden die nächsten 2600 Jahre überdauern, bis ein neuer »Verkünder der Nicht-Ich« (Titel des Buddha) auftritt. Die Druckausgabe dieses burmanischen Tripitaka umfaßt 38 Bände mit je etwa 400 Seiten.

Literatur: Russell Webb, An Analysis of the Pali Canon. Candy, Sri Lanka 2. Aufl. 1991 (sehr nützliche erste Übersicht mit kurzer Inhaltsangabe zu jedem Text) * Günter Grönbold, Der buddhistische Kanon. Eine Bibliographie. Wiesbaden 1984 * Kenneth Roy Norman, Pali Literature Including the Canonical Literature in Prakrit and Sanskrit of all the Hinayana Schools of Buddhism. Wiesbaden 1983 * Thomas Oberlies, Heilige Schriften des Buddhismus. In: Udo Tworuschka (Hrg.), Heilige Schriften. Darmstadt 2000, 167–196 * Oskar von Hinüber, A Handbook of Pali Literature. Berlin u. New York 1996 * Richard Salomon, Ancient Buddhist Scrolls from Gandhara. London u. Washington 1999 (Katalog der Gandhara-Texte) * Edward J. Thomas, Early Buddhist Scriptures. London 1935 u.o.

14. Mahayana- und Vajrayana- Schriften

Die Entstehung des »Großen Fahrzeugs«. Der ältere Hinayana-Buddhismus ist eigentlich eine Mönchsreligion (selbst gegen die Ausweitung auf Nonnen hat sich der historische Buddha nach einer Überlieferung anfänglich gewehrt). Das Nirvana ist primär nur dem Mönch zugänglich. Doch mit seinem Wachstum zu einer missionierenden Weltreligion gewann der Buddhismus auch neue Gestalten, die ihn als Laienbewegung neu definierten. Die wichtigste Bewegung innerhalb des sich vielfältig diversifizierenden indischen Buddhismus trägt den Namen Mahayana (eigentlich »Großes Fahrzeug«). Dies ist eine Selbstbezeichnung dafür, vielen Lebewesen die erlösende Erleuchtung zu bringen. Hinayana dagegen ist abwertende Fremdbezeichnung durch Anhänger der neuen Richtung: als »kleines (niederes, gemeines) Fahrzeug« könne Hinayana nur wenigen Menschen die Erleuchtung bringen. Überhaupt ist die Polemik zwischen beiden Richtungen oft sehr heftig. Das Bild des Buddhismus als einer zutiefst »friedlichen« Religion ist zum Teil erst eine Konstruktion in westlicher Projektion (auch in Tibet war die Ausbreitung des Buddhismus z. T. keineswegs friedlich). Vor allem besitzen die meisten Formen des Buddhismus ein immenses Missionspathos, das ähnlich dem christlichen ein Befreiungs- und Heilspathos ist. Dies unterscheidet ihn markant vom indischen Hinduismus (der zwar neue indische Volksstämme im Laufe der Jahrhunderte in sich aufnahm, aber erst im 19. und 20. Jahrhundert im engeren Sinn missionierende Bewegungen schuf) und auch von den traditionellen Religionen Chinas und Japans, welche die nationalen Grenzen kaum je überschritten haben. In seinen beiden Gestalten als Hinayana und Mahayana wuchs der Buddhismus dagegen rasch zur großen missionierenden Weltreligion Asiens heran.

Während der ältere Buddhismus in seiner Ethik ganz auf die Gewinnung der Buddhaschaft ausgerichtet war, tritt nun eine reiche Mitleidsethik in den Mittelpunkt. Der Boddhisattva (das

»Erleuchtungswesen«) gilt als eine Person, die auf dem Erleuchtungspfad weit vorangeschritten ist, aber auf den letzten Schritt zum Nirvana verzichtet, um möglichst vielen anderen Wesen die Botschaft von der befreienden Erleuchtung zu bringen. Mahayana hatte damit Züge zwar nicht im engeren Sinn einer Laienbewegung (die Träger der gedanklichen Entwicklung sind nach wie vor ausschließlich Mönche), aber doch einer Bewegung, die den Buddhismus für Laien neu definieren kann. Nicht allein im asketischen und geregelten Leben des Mönchs und der Nonne ist Erleuchtungsgeschehen möglich, sondern auch außerhalb in allen sozialen Gestalten des Lebens.

Vajrayana. Mit diesem Begriff wird in westlicher Literatur meist jene weiterentwickelte und ausdifferenzierte Form des Mahayana-Buddhismus bezeichnet, die sich vor allem in Tibet, der Mongolei und Sibirien (nach Westen bis an die untere Wolga) verbreitet hat. Das Wort meint übersetzt »Diamantfahrzeug« und ist eine im 7. Jhdt. entstandene Eigenbenennung. Das Sanskrit-Wort *vajra* bezeichnet ursprünglich den »Donnerkeil«, die Waffe des himmlischen Götterkönigs Indra. In tantrischen Texten steht das Wort (tibetisch *rdo rje* »Dorje«; sprich etwa: dordsche) metaphorisch für die unzerstörbare und unteilbare Macht des erleuchteten Bewußtseins (Sanskrit *bodhi*). Der Vajra bzw. Dorje ist die Waffe des Erleuchtungsgeschehens, welche alle Fesseln des Leidens, der Illusion und Unwissenheit zerstört. Zugleich wird er in symbolischer Repräsentation zu einem Kultobjekt und Gegenstand der Ikonographie (meist in der rechten Hand gehalten, während eine kleine Glocke geschwungen wird, die für die Unterscheidungskraft des Bewußtseins steht). Über die allgemeinen Grundgedanken des Mahayana hinaus beansprucht Vajrayana, einen raschen und effektiven Weg zur Erleuchtung zu bieten, der sozusagen »wie ein Blitz einschlägt«. Die Gleichsetzung des tibetischen Buddhismus mit dem Vajrayana ist eine westliche Vereinfachung; tibetische Buddhisten selbst sehen sich als Träger der gesamten buddhistischen Tradition, von der das Vajrayana nur einen Teilaspekt darstellt. Gerne wird dann das Vajrayana als Unterkategorie von Mahayana verstanden. Mittels spezieller tantrischer Techniken soll Erleuchtung rasch, sozusagen explosionsartig im Bewußtsein entstehen.

Im Westen ist das tantrische Vajrayana – nicht zuletzt wegen der
gelegentlich verwendeten sexuellen Symbolik – zum Gegenstand zahlreicher Mißverständnisse und religiöser Projektionen
geworden, die hier nicht behandelt werden können. Übrigens ist
in der hinduistischen sexuellen Symbolik der weibliche Aspekt
der Gottheit (Śakti) der aktive Part, der männliche der empfan-
gende, während es im tibetischen Buddhismus im allgemeinen
genau umgekehrt ist (Hoffmann). Die weibliche Energie heißt
hier *prajñā* »Weisheit« (tibetisch *shes rab*), was an die christliche
Gnosis erinnert. Doch kennt der indisch-tibetische Buddhismus
auch aktive weibliche Numina. Im tantrischen Ritual wird die
männlich-weibliche Polarität des Erleuchtungsbewußtseins
imaginativ oder magisch repräsentiert.

Literatur: T. Gyatso, Das Wesen des Tantra, in: Jeffrey Hopkins (Hrg.),
Tantra in Tibet. Das geheime Mantra des Tsong-ka-pa, München 5.
Aufl. 1994, 12–79 * David L. Snellgrove, Indo-Tibetan Buddhism. Lon-
don 1987, 117–303 * Helmut Hoffmann, Die Polaritätslehre des späten
Buddhismus, Eranos-Jahrbuch 36 (1967 bzw. 1968), 361–378.

Die heiligen Schriften des Mahayana. Stärker noch als im Hinayana stellt sich das Schrifttum des Mahayana als verwirrende,
vielfältige Textmasse dar. Der Begriff des Kanonischen wäre
deutlich differenziert zu verwenden. Einerseits existieren große, traditionelle Corpora (Textsammlungen), die in den Klöstern
gepflegt und überliefert werden, andererseits sind es vor allem
einzelne, oft im Umfang durchaus sehr begrenzte Texte, die in
der lebendigen Frömmigkeit ganz im Mittelpunkt stehen, gelesen und gedeutet werden und die auch als materielle Objekte
weite Verbreitung und Verehrung genießen. In den folgenden
Kapiteln werden die kanonischen Textsammlungen Tibets und
Chinas kurz vorgestellt, während an dieser Stelle exemplarisch
drei (bzw. fünf, s.u.) Einzeltexte zur Sprache kommen sollen.
Beide gehören zu den beliebtesten Schriften in den Ländern des
Mahayana-Buddhismus, und eignen sich auch zum ersten Kennenlernen für westliche Leserinnen und Leser.

Literatur: Thomas Oberlies, Heilige Schriften des Buddhismus, in:
Udo Tworuschka (Hrg.), Heilige Schriften. Darmstadt, 2000, 167–196 *

Heinz Bechert, Buddhistische Literatur. In: Einführung in die Indologie, hrg. ders. u. G. von Simson. Darmstadt 1979, 68–79 * L. Sander, Buddhist Literature in Central Asia, in: Encyclopaedia of Buddhism 4 (1979), 52–77 * E. B. Cowell, Buddhist Mahayana Texts. 2 Bände. Oxford 1894 u.o. * Donald S. Lopez (Hrg.), Buddhist Scriptures. London 2004 (Auswahl).

Das Herz-Sutra. Ursprünglich auf Sanskrit verfaßt, hat der im folgenden vollständig wiedergegebene Text in chinesischer, tibetischer und japanischer Übersetzung eine beispiellose Wirkung entfaltet. Er ist zum klassischen Ausdruck der Lehre von der essentiellen Leere (Wesenlosigkeit, *śūnyatā*) aller Erscheinungen geworden, und wird nicht nur auswendig gelernt, sondern auch als Amulett und Gegenstand ständiger Meditation getragen. Seine Grundgedanken sind einfach: nicht nur existiert keine unvergängliche Persönlichkeitsmitte, auch die vielfältigen Erscheinungen des seelischen, geistigen und körperlichen Lebens haben keine letzte Substanz, nichts, was ihnen Dauer, Stabilität oder Verläßlichkeit verleihen könnte. Sie besitzen keine inhärierende ewige Natur (*svabhāva*), sondern ihre innere Essenz ist eben Leere. Einsicht in diese fundamentale Gegebenheit schafft vollkommene Weisheit (*prajñāpāramitā*). In seiner chinesischen Fassung ist der Text sehr kurz (262 Worte) und in seiner äußersten meditativen Verknappung und gedanklichen Verdichtung kaum übersetzbar. Er kann daher im folgenden nach einer chinesischen Fassung nur sehr ungefähr wiedergegeben werden. Es spricht wie in den meisten Sutras der historische Buddha, in dessen Mund die Mahayana-Lehren zurückverlegt werden. Diese Zurückverlegung ist natürlich Fiktion; sie dient dem gleichen Zweck wie die frühchristliche Pseudepigraphie. Angesprochen ist – stellvertretend für alle Buddhistinnen und Buddhisten – der Jünger Shariputra, der auch sonst oft als Empfänger besonderer Lehren auftritt. Avalokiteshvara ist der beliebteste Boddhisattva des gesamten Mahayana-Buddhismus. Sein Name ist nicht ganz sicher gedeutet (»der Herr, der [sc. mitleidsvoll] herabsieht«). Er ist für viele Buddhisten die Verkörperung des Mitleids schlechthin. In der chinesischen und japanischen Frömmigkeit ist er merkwürdigerweise zu einer weiblichen Gestalt geworden. Er bzw. sie heißt hier Guanyin bzw. Kanzeon oder Kannon. Der

Sanskrittitel unseres Textes is Prajñāpāramitā-hṛdaya-sūtra (etwa »Sutra des Herzens der vollkommenen Weisheit«).

Das Herz der vollkommenen Weisheit. »Avalokiteshvara Bodhisattva, die vollkommene Weisheit meditierend, wurde in einer Vision gewahr, daß die fünf Skandhas leer sind – und so überwand er alles Leid und allen Schmerz, o Shariputra. Form unterscheidet sich nicht von Leere, und Leere unterscheidet sich nicht von Form. Form selbst ist essentiell Leere und Leere ist essentiell Form. Und so verhält es sich auch mit Empfindung, Wahrnehmung, Triebkraft und Bewußtsein. O Shariputra, alle Dinge sind in Wahrheit leer. Sie entstehen nicht und vergehen nicht, sie sind nicht unrein noch rein, sie wachsen nicht und schwinden nicht. Es gibt in der Leere keine Form, keine Empfindung, Wahrnehmung, Triebkraft noch Bewußtsein, keine Augen, Ohren, Nase, Zunge, Körper oder Geist; es gibt nichts zu sehen, hören, riechen, schmecken, fühlen oder in Gedanken wahrzunehmen, keinen Bereich der sinnlichen Wahrnehmung noch auch schließlich einen Bereich der gedanklichen Wahrnehmung, keine Unwissenheit und auch kein Ende der Unwissenheit, kein Altern und keinen Tod, noch deren Aufhebung, kein Leiden und keine Ursache des Leidens, kein Auslöschen und keinen Weg dazu, keine Erkenntnis und auch kein Gewinnen von irgendetwas. Weil es nichts zu erreichen gibt, lebt der Bodhisattva die vollkommene Weisheit und sein Geist ist unbeschwert. Weil er unbeschwert ist, ist er frei von Angst. Er ist frei von allen Irrungen und Wirrungen und allen traumhaften Illusionen und erreicht schließlich das vollständige Nirvana. Alle Buddhas der drei Zeiten (Vergangenheit, Gegenwart und Zukunft) leben diese vollkommene Weisheit und gewinnen damit die höchste Erleuchtung. Erkenne deshalb, daß die vollkommene Weisheit das große Mantra ist, das strahlende Mantra, das unübertroffene Mantra, das unerreichte Mantra, das alles Leiden zu Ende bringt. Dies ist die Wahrheit. Deshalb spricht das Mantra der vollkommenen Weisheit: Gate, gate, paragate, parasamgate, bodhi, svaha!«

Das kaum übersetzbare Schlußmantra besagt etwa: Gegangen, gegangen, hinübergegangen, ganz hinübergegangen, Erleuchtung! Heil! Die Quintessenz der buddhistischen Lehre ist also die Einsicht in die letztliche Leere und Wesenlosigkeit aller Erscheinungen. Diese Erkenntnis hat nichts Düsteres, Melancholisches oder Defätistisches. Im Gegenteil wird sie als Befreiung zu ethischer Handlung erfahren (gerade weil es »nichts zu gewinnen gibt«). Meditation und buddhistisches Leben erhalten auf dem Hintergrund einer solche Lehre von der essentiellen Leerheit allen Seins eine grundsätzliche Leichtigkeit, eine Relativierung aller religiösen Anstrengung, die als Erlösungsgeschehen erlebt wird. Damit wird der Akzent der buddhistischen Kerneinsicht gegenüber der Anatta- (»Nicht-Ich«-)Lehre des älteren Buddhismus in subtiler Weise verschoben, gewißermaßen verallgemeinert. Die Konzentration des Blickes ruht nicht mehr auf den meditierenden Mönch, sondern auf der Vielfalt der leidenden Wesen und der prinzipiellen Leichtigkeit, mit der sie Erleuchtung erfahren können. Der Kürze des Textes korreliert die elementare Schlichtheit der erlösenden Erkenntnis, aus der alles weitere wie von selbst folgt. In dieser Form lebt der Buddhismus auch heute im religiösen Denken von mehreren hundert Millionen Menschen.

Literatur: Edward Conze, Buddhist Wisdom Books Containing the Diamond Sutra and the Heart Sutra. London 1958 bzw. 1988 * Eine neue englische Übersetzung mit dem klassischen Kommentar von K'uei-chi (632–682) findet sich in: A Comprehensive Commentary on the Heart Sutra (Prajñāpāramita-hṛdaya-sūtra). Translated from the Chinese of K'uei-chi (Taishō Volume 33, Number 1710) by Heng-ching Shih in Collaboration with Dan Lusthaus. Berkeley, CA 2001 (BDK English Tripiṭaka 66-I).

Das Lotos-Sutra. Ein anderer von vielen Buddhisten geliebter und verehrter Text ist das Lotos-Sutra, eigentlich Saddharmapundarikasutra (»Sutra des Lotos des guten Gesetzes«). Ähnlich dem Herz-Sutra hat er seine Wirkung vor allem in China, Korea und Japan entfaltet, wo es zum Gegenstand zahlreicher Kommentare und Deutungen geworden ist. Der historische Buddha wird zum universalen Heilsbringer erhöht, seine Geschichte wird in kosmische Dimensionen ausgeweitet. Im Gegensatz zur Verdichtung und Elementarisierung des Herz-Sutras ist das Lotos-Sutra ein umfängliches Werk, das zahlreiche Themen buddhistischer Weltdeutung und Praxis anspricht. Dabei benutzt es eine dramatische, an Einzelszenen reiche Darstellungsweise. Prosa und Verse wechseln einander ab. Die Prosa ist ursprünglich in klassischem Sanskrit abgefaßt, die Verse dagegen benutzen das sogenannte hybride Sanskrit der buddhistischen Literatur Indiens mit zahlreichen mittelindischen Elementen. Ob daraus auf ein unterschiedliches Alter der Verse gegenüber dem Rahmentext zu schließen ist, oder der unbekannte Autor diesen Wechsel bewußt als Stilmittel verwendet, ist bis heute nicht sicher geklärt. Entstanden wohl im 2. oder frühen 3. Jhdt. n. Chr., ist die älteste Textfassung doch nur in einer chinesischen Übersetzung von 286 n. Chr. erhalten. Von anderen frühen Versionen liegen Übersetzungen aus Ostturkestan vor (u.a. in khotan-sakischer, sogdischer und uigurischer Sprache). Die sogenannte Kaschgar-Handschrift (hrg. von Lokesh Chandra, Delhi 1976. Nachdruck Tokyo 1977) hat eine Sanskrit-Fassung einer älteren Rezension bekannt gemacht. Seine eigentliche Breitenwirkung hat das Lotos-Sutra jedoch in jüngeren Fassungen entfaltet, die aus Sanskrit-Handschriften aus Nepal und dem Kaschmir-Raum bekannt sind, und die auch ins Chinesische und Tibetische übersetzt wurden. Vor allem in Japan gilt vielen buddhistischen Gruppierungen das Lotos-Sutra als die eigentliche zentrale Heilige Schrift, als der höchste Ausdruck der vollkommenen Wahrheit. Es führt dort den Titel Myōhō Renge Kyō (oft wird freilich nur das 25. Kapitel rezipiert, das auch eigenständig überliefert ist). Erneuerungsbewegungen – an denen der japanische Buddhismus reich ist – haben sich oft aus neuen Exegesen des Lotos-Sutra heraus entwickelt. Es ist insbesondere die Grundlage des japanischen Tendai-Buddhismus und der Schule des großen Reformers Nichiren (1222–1282), der für Japan eine ähnliche Rolle spielt wie Martin Luther für den europäischen Protestantismus. Der Ehrenname »Nichiren« bedeutet übersetzt geradezu »Sonnenlotus«. Schon die wiederholte Rezitation des Titels des Lotos-Sutras gilt in seiner Schule als verdienstvolles werk (japanisch: Nam(u) Myōhō Renge Kyō »Ich weihe mich dem Lotos-Sutra«).

Literatur: Aus der Fülle der Übersetzungen sei hier genannt: The Lotus Sutra. Translated by Burton Watson. New York 1993. Angekündigt ist die Übersetzung von Max Deeg (2007).

Die Sutren des Reines Landes. Der in China, Japan, aber auch unter Diaspora-Asiaten außerordentlich erfolgreiche »Reines-Land-Buddismus«, im Westen auch Amidismus genannt (im englischen Sprachraum »Pure-Land-Buddhism«), findet seine zentralen Referenztexte in drei zusammenhängen Sutren. Diese sind das »Große Sutra über Amitayus (Amitabha)«, das »Kleine Sutra über Amitayus« und das »Sutra der Betrachtung des Amitayus«. Im Taisho-Kanon haben sie die Nummern 360, 366 und 365. Der japanische Schulgründer Hōnen Shonin (1133–1212) war der erste, der sie als »Sutren des reinen Landes« zusammenfaßte. Tatsächlich erwähnen etwa 290 Texte im Sanzang das »reine Land« Amitabhas. Aber die drei genannten (sehr kurzen) Texte mit ihren konzisen und doch farbigen Schilderungen des paradiesischen Buddha-Landes im fernenWesten waren offenbar in besonderer Weise geeignet, die religiöse Imagination auf Amida (Amitabha) zu lenken. Der Amida-Buddhismus ist eine radikale Elementarisierung des Buddhismus, in der alles Heil von der Anrufung Amidas erwartet wird. Jeder, der auch nur ein einziges Mal aufrichtig Amitabha (japanisch Amida) angerufen hat, kann sich seiner Wiedergeburt im »Reinen Land« gewiß sein. Christliche Theologen haben den Amidismus gerne als eine Entwicklung zu einer reinen Gnadenreligion gedeutet. Die Imagination des Reinen Landes wurde gerade in Japan zu einem mächtigen Katalysator religiöser Energien.

Literatur: The Three Pure Land Sutras. Translated by Inagaki Hisao in Collaboration with Harold Stewart. Second Revised Edition. Berkeley, CA 2003 (BDK English Tripiṭaka 12-II, III, IV).

15. Kanjur und Tanjur, die Heiligen Schriften des tibetischen Buddhismus, mit einem Anhang über den Kanon der Bon-Religion

Sandor Csoma de Körös. Winter 1823/24 saß ein ungarischer Reisender auf dem Boden einer kleinen Mönchszelle – nur wenige Quadratmeter groß – eines lamaistischen Klosters in Zangla an den Füßen des Himalaya. Vor ihm lagen Manuskripte und Drucke der heiligen Schriften Tibets. Eingehüllt in alle erreichbaren Decken und Felle – um Feuerholz zu kaufen, fehlte ihm das Geld, außerdem hätte der Rauch eines Feuers die wertvollen Texte beschädigt, da es keine Kamine gab – streckte er seine kältestarren Hände nur unter den Decken hervor, um Seiten der vor ihm liegenden Bücher zu wenden. Der Name des Reisenden war Sandor Csoma de Körös, und er war der erste Europäer, der tibetische Texte wirklich lesen konnte. Ein tibetischer Lama lehrte ihn die Sprache und die Grundzüge der Kultur. 16 Monate lang verließ Csoma seine Zelle praktisch nicht. Seine große Leidenschaft war es einst gewesen, die Urheimat des ungarischen Volkes zu finden. Man wußte um 1800 bereits, daß die Ungarn kein ursprünglich mittel- oder südosteuropäisches Volk waren, sondern aus dem Osten gekommen waren. Die Erkenntnis der engen Verwandschaft zwischen Ungarn und Finnen setzte sich freilich erst später durch. Csoma hatte sein ganzes Leben dem Traum verschrieben, die Urheimat (ein typischer Begriff der Sprachwissenschaft des 19. Jahrhunderts) seiner Nation aufzufinden. Dieser Traum hat sich niemals erfüllt – aber auf seinen jahrelangen Wanderungen durch die Länder der Orients (fast immer zu Fuß, da er kaum je viel Geld besaß, und meist in landesüblicher Bekleidung, um Schwierigkeiten aus dem Weg zu gehen) erlernte er eine Sprache des Orients nach der anderen, Persisch und Sanskrit, Arabisch und Türkisch, schließlich das Tibetische, dessen erster ernsthafter Erforscher er wurde. Sein

Gedächtnis war fotographisch – er vergaß nichts, was er je gelesen hatte. 1784 aus ungarischer Familie in dem kleinen Dorf Körös in Transsylvanien geboren (das seit 1920 zu Rumänien gehört), ist er an den Füßen der Karparthen aufgewachsen, und zeigte früh – obwohl aus einfachen Verhältnissen stammend – seine Begabung für das Erlernen von Sprachen. Schon bevor sein Interesse am Tibetischen begann, konnte er bereits 13 Sprachen fließend sprechen. Nach dem Besuch der Lateinschule hatte er mit einem Stipendium in Göttingen bei dem berühmten Orientalisten Johann Eichhorn studieren können, und nebenher als Hauslehrer gearbeitet. Auch den Weg von seinem heimatlichen Ungarn bis nach Göttingen war er zu Fuß gelaufen, weil Geld immer knapp war (auch später, als er über bescheidene Einnahmen verfügte, trug er aus Gewohnheit jahrelang dieselben Kleider). Am 19. November 1819 machte sich der junge Orientalist schließlich auf seine größte Wanderung – nur mit einem leichten Sommeranzug bekleidet und alle seine Habseligkeiten in einem einzigen Rucksack versammelt. So durchwanderte er mehre Jahre lang den vorderen und mittleren Orient, kam durch Städte wie Aleppo, Mosul, Teheran, Mashhad, Merv, Buchara, Kabul, Srinagar, Simla, Delhi, Agra, Kalkutta und zahlreiche andere, gelegentlich von wohlmeinenden Europäern unterstützt. Kein Chronist hat die Einzelheiten aufgezeichnet; später, als er eine Berühmtheit geworden war, berichteten manche, ihn in dieser Zeit kennengelernt zu haben. An den Hängen des Himalaya fand er schließlich seine Lebensaufgabe, zwar nicht die Urheimat der Ungarn – aber die Erschließung der Sprache und Kultur Tibets. Heute gilt er als Begründer der wissenschaftlichen Tibetstudien. Er hat das erste brauchbare Wörterbuch (mit 40 000 tibetischen Einträgen), die erste brauchbare Grammatik (beide 1834), Texteditionen, Übersetzungen und zahlreiche Einzelstudien vorgelegt. Die Qualität seiner Arbeit beruht vor allem darauf, daß er die Sprache in langer mühsamer Arbeit von Tibetern selbst erlernte, sich um die Verifikation jedes Details bemühte, und enorme Sorgfalt auch auf die äußere Gestalt seiner Bücher legte (Schrifttypen für das Tibetische mußten erst eigens geschaffen werden).

Wirkliche akademische Anerkennung hat er zu Lebzeiten nie gefunden, wenn eine Reihe von Orientalisten doch die bahnbrechende Bedeutung seiner Arbeiten ahnte. 1842 beschloß er sein kurzes, arbeitsreiches Leben in der bescheidenen Funktion eines Bibliothekars der Asiatic Society of Bengal in Kalkutta, die er die letzten 5 Jahre seines Lebens ausgeübt hatte. Bei einer kurzen Reise hatte ihn in Darjeeling die Malaria dahingerafft. Nebenbei lernte er in dieser letzten Jahren noch Sanskrit, Bengali und Marathi, womit er Zahl der Sprachen, die er fließend sprechen konnte, schließlich 17 erreicht hatte. Kurz vor seinem Tod besuchte ihn in Kalkutta der Maler August Schoefft. Zu dieser Zeit wohnte Csoma in einem Nebenraum der Bibliothek, schlief auf einer Bodenmatte in einem Zimmer mit den Drucken, die er aus Tibet mitgebracht hatte, und lebte ausschließlich von Tee und Reis, ganz hingegeben seiner Arbeit an den Heiligen Schriften Tibets. In seinem persönlichen Umgang mit Menschen war er nicht unkompliziert, und auf förmliche Etikette bedacht in einem Ausmaß, das selbst damals von Gästen als antiquiert und lächerlich erlebt wurde. Doch war Sandor Csoma de Körös der erste Europäer, der eine brauchbare Vorstellung von Charakter und Umfang der Schriften des tibetischen Buddhismus besaß, und katalogartige Kurzbeschreibungen vorlegen konnte, die bis heute wertvoll sind. Auch Buddhisten bewahren ihm ein ehrendes Andenken: 1933 erklärte ihn die Universität von Tokyo in Japan zum Boddhisattva, zum »Erleuchtungswesen«, das aus Erbarmen mit den Menschen einen sterblichen Leib angenommen habe, und errichtete ihm einen Schrein mit einer Statue in meditierender Haltung. In Ungarn gilt er mit Recht als einer der Großen der nationalen Geschichte, und als ein Brückenbauer zwischen Ost und West.

Der Buddhismus in Tibet und sein Studium. Im frühen 7. Jhdt. n. Chr. vereinigte die Yarlung-Dynastie mit einer aggressiven Expansionspolitik große Teile Tibets, Turkestans und des nördlichen Zentralasien. Unter König Srong-btsan-sgam-po (gesprochen Songtsen Gampo, ca. 618–649) entstehen erste Kontakte mit indischen Buddhisten. Zugleich wird aus nordindischen Vorbildern eine eigene Schrift entwickelt. Unter König Khrisrong-lde'u-btsan (gesprochen Trisong Detsen, 755–797) halten sich die großen buddhistischen Missionare Shantarakshita, Kamalashila und vor allem Padmasambhava in Tibet auf. Letzterer wird vielfach als der eigentliche Begründer des Buddhismus in Tibet, und volkstümlich bald als Wundertäter und Magier verehrt. 779 wird das erste Kloster bSam-yas (gesprochen Samye) erbaut, 780 wird der Buddhismus offiziell Staatsreligion. Die Zeit der Mongolenherrschaft (ab 1240 bzw. 1268) gewinnt für Tibet insofern eine besondere religiöse Bedeutung, als die allgemein (von allen buddhistischen Schulen, mit kleinen Abweichungen) als Autorität anerkannten Texte gesammelt und in zwei großen Kanones zusammengestellt werden: Kanjur und Tanjur. 1347–1351 findet eine Kanjur-Redaktion im Kloster Tshel Gungthang statt. 1411 wird der Kanjur in Peking auch gedruckt (ausführlicher s. sofort).

Seit den Anfängen in den Tagen des Sandor Csoma de Körös ist die Erforschung Tibets mächtig angewachsen. Das schwierige und schmerzvolle Geschick des tibetischen Volkes nach der chinesischen Invasion 1950/51 (Flucht des Dalai Lama nach Indien 1959) hat unter Intellektuellen dieses zu einer Art Symbol einer »spirituellen Existenzweise« im Exil, in der Fremde gemacht. Ein eigentümliches Ergebnis dieser Entwicklung ist eine deutliche Konfessionalisierung der wissenschaftlichen Tibetstudien. Während die ältere Tibetforschung meist von Nichtbuddhisten betrieben wurde, hat sich dies radikal geändert – viele heutige Tibetologen sind, auch wenn sie westlicher Herkunft sind, selbst praktizierende Buddhisten und oft in das eine oder andere der traditionellen Initiationssysteme Tibets eingeweiht. Die führt zu einer begrüßenswerten Intensivierung der Forschung, aber gelegentlich auch zu einer Ausblendung problematischer Aspekte tibetischer Kultur, etwa in ihrem Rechtsverständnis und ihrer klerikalen Hierarchie. Eine kleine Zahl jüngerer Tibetologen hat gegen diese buddhistische Konfessionalisierung der Tibetstudien Protest eingelegt. Für den lesenden und interessierten Laien führt diese Polarisierung – die sich oft in der Haltung zur Selbstorganisation der Exiltibeter bzw. zu den den Tibet lebenden Tibetern ausdrückt – dazu, daß nicht selten ältere Werke einen neutraleren Blick auf den tibetischen Buddhismus haben. Die Bücher von Tucci, Snellgrove, Hoffmann z. B. bleiben wertvoll.

Literatur: Allgemein über Tibet: Klemens Ludwig, Tibet. Eine Län-
derkunde. München 2000 * David Snellgrove, Hugh Richardson, A
Cultural History of Tibet. 3. Auflage. Bangkok 2003 * Karénina Koll-
mar-Paulenz: Kleine Geschichte Tibets. München 2006 (exzellente
Einführung, aber nur zur ersten Orientierung) * Hiltrud Linnenborn,
Die frühen Könige von Tibet und ihre Konstruktion in den religiösen
Überlieferungen. Wiesbaden 2004 * Zum Buddhismus in Tibet: Giu-
seppe Tucci: Die Religionen Tibets. In: ders., W. Heissig, Die Religionen
Tibets und der Mongolei. Stuttgart u.a. 1970, 5–295 * Robert Beer, The
Encyclopedia of Tibetan Symbols and Motifs. Boston 1999 (grundle-
gendes Nachschlagewerk zur tibetischen Ikonographie, mit über 300
Abbildungen; die deutsche Ausgabe »Die Symbole des tibetischen
Buddhismus«. Kreuzlingen 2003 beruht leider auf einer stark gekürz-
ten Fassung) * Pasang Wangdu u. Hildegard Diemberger, dBa' bzhed.
The Royal Narrative Concerning the Bringing of Buddha's Doctrine to
Tibet. Translation and Facsimile Edition of the Tibetan Text. Wien 2000
(die grundlegende Quelle über die buddhistische Mission in Tibet und
die Gründung des ersten Klosters bSam-yas im Jahr 779 n. Chr. aus
dem 9.Jhdt., die vormals nur in überarbeiteten Fassungen aus dem 12.-
14. Jhdt. bekannt waren) * Sprache: Das »Wörterbuch der Tibetischen
Schriftsprache«, hrg. von Herbert Franke, erscheint seit 2005 als Projekt
der Bayerischen Akademie der Wissenschaften. Es wird das erste Wörterbuch sein, das wissenschaftlichen Ansprüchen genügt, und auch
Belegstellen bietet. Bisher liegt jedoch erst eine Lieferung vor. Ein religionswissenschaftlich nützliches (auch ohne Kenntnis der tibetischen
Schrift benutzbares) älteres Wörterbuch ist Heinrich August Jäschke,
A Tibetan-English Dictionary. London 1881. Neuausgabe London 1990
(älteres Transkriptionssystem! Enthält auch ein kurzes englisch-tibe-
tisches Wörterbuch) * Ausführliche Grammatiken zum Selbststudium
sind: Stephan V. Beyer, The Classical Tibetan Language. Albany, NY
1992 * Peter Schwieger, Handbuch zur Grammatik der klassischen tibetischen Schriftsprache. Halle (Saale) 2006.

Kanjur und Tanjur. Schon in der Spätantike und durch die Zeit
des europäischen Mittelalters hindurch wurden zahlreiche Texte des Buddhismus, vor allem des Mahayana, in die Sprachen
des mittleren Asien übersetzt, so in das Sogdische, das Khotan-
Sakische und das Uigurische, eine alte Turksprache. Wichtig
für den zentralasiatischen Buddhismus wurden jedoch vor allem die mit großem Aufwand betriebenen Übersetzungen ins
Tibetische. In den Anfängen dieser systematisch betriebenen
Übersetzungstätigkeit wurden oft noch chinesische Fassungen
zugrundegelegt (die ihrerseits Übersetzungen waren), ab dem

9. Jhdt. wurde dann bevorzugt aus den indischen Originalsprachen selbst übersetzt. Indische und tibetische Mönche arbeiteten dabei vielfach zusammen, so daß auch rasch eine relativ einheitliche Übersetzungsterminologie entwickelt wurde. Diese ist u.a. dokumentiert im Mahavyutpatti, einem Lexikon, welches den buddhistischen Wortschatz in Tibetisch und Sanskrit nach Sachgruppen geordnet darbietet, und bis heute eine der besten Quellen für die religiösen Grundlagen des tibetischen Buddhismus ist. Bereits Csoma de Körös, von dem schon die Rede war, hatte den Sanskrit-Text transkribiert (das Tibetische wurde in tibetischen Schriftzeichen niedergeschrieben) und mit einer englischen Übersetzung versehen, die freilich erst lange nach seinem Tod in drei Bänden 1910–1944 erschien, hrg. von E. Dennison Ross, dem Gründer der School of Oriental and African Studies (Budapest 1984 in einem Band nachgedruckt). Im Zuge dieser Übersetzungstätigkeit, die zeitlich mit dem Verfall des indischen Buddhismus parallel lief, sind in tibetischer Sprache viele Texte erhalten, deren Sanskritoriginale verloren gegangen sind. Zusammen mit der literarischen Eigenproduktion buddhistischer Gelehrter entstand auf diese Weise eine Literatur von immensem Umfang, die erst handschriftlich, später in Blockdrucken verbreitet wurde.

Schließlich wurden die zahllosen buddhistischen Texte in zwei großen Sammlungen vereint. Der Kanjur (bKa'-'gyur) ist formal eine Übersetzung des Pali-Kanon, mit diesem aber in Inhalt und Aufbau nicht identisch. Insbesondere fehlen die Texte des Abhidharmapitaka, wodurch auch die klassische Dreigliederung des »Drei-Korbes« verlorengeht. Dafür sind die gängigen Drucke in 6 (seltener 7) Abschnitte oder Sammlungen unterteilt (deren Reihenfolge variiert) und um viele weitere Texte bereichert. Der Tanjur (bsTan-'gyur) besteht aus Übersetzungen und Kommentaren und anderen herausragenden Werken von großen indischen buddhistischen Weisen und Philosophen, wie z.B. Nagarjuna, Dharmakishi, daneben Texte zur Grammatik, Poetik, Astronomie, Magie u.a.m. In älteren Büchern kann man oft Beschreibungen lesen wie: der Kanjur umfasst 100, in manchen Ausgaben 108 Holzdruckbändchen, der Tanjur umfasst 225 Bände. Das ist zutreffend, beschreibt aber jeweils nur die eine oder anderen der verschiedenen Druckausgaben. Insbesondere die Zahl der Bände variiert stark (Lhasa-Ausgabe: 100 bzw. 224 Bände; Peking-Ausgabe: 45 bzw. 105 Bände; Nyingma-Ausgabe: 36 bzw. 81 Bände, u.a.). Auch die Inhalte sind nicht deckungsgleich.

Diese klassischen Sammlungen wurden von dem Mönch Bu-ston (gesprochen Butön, 1290–1364) abschließend zusammengestellt. Der tibetische Kanon ist also ein Werk, das in seiner Endgestalt etwa der Zeit des europäischen Mittelalters entstammt; er stellt keine besonders alte Form buddhistischer Literatur dar, sondern eher eine durchaus junge. Eine erste Duckausgabe erschien in Beijing (Peking) 1410, während die erste gedruckte Ausgabe in Tibet diejenige des Klosters Narthang war (1730–1732). Sie wurde auf der Basis einer alten handschriftlichen Ausgabe aus den Jahr 1312–1320 geschaffen und um Texte von Tshal-pa, Bu-ston und anderen ergänzt. Handwerker aus ganz Tibet halfen bei der Erstellung der hölzernen Druckstöcke mit, die leider (wahrscheinlich erst während der chinesischen Kulturrevolution) verloren gegangen sind. Exemplare des Originaldrucks sind sehr selten geworden. 1732 wurde der Druck vollendet und das erste Exemplar dem Panchen-Lama überreicht. Dieses war die Ausgabe, welche Csoma de Kőrös für seine erste Analyse des Kanjur benutzt hat. Spätere Drucke sind mit Klöstern in Lhasa, Derge und Choni verbunden, die wenige Jahre später erstellt wurden. Bei den Bänden handelt es sich jeweils um relativ schmalformatige Holzdrucke. Der Tanjur wurde zuerst im Jahr 1724 gedruckt, ebenfalls in Peking.

Kanjur und Tanjur stellen also im Prinzip das gemeinsame Erbe der buddhistischen Schulen Tibets dar. Beide haben untereinander ein komplexes Ergänzungsverhältnis (ein wenig wie Mischna und Tosefta im rabbinischen Judentum). Über diese Basis hinaus verwenden einige Traditionsrichtungen ergänzend noch andere Sammlungen als kanonische Texte. So kennt die rNying-ma-pa-Schule (gesprochen Nyingmapa) eine Sammlung von 300 tantrischen Texten rNying-ma-'rgyud-'bum (gesprochem Nyingma Gyübum). Diese galten lange als tibetische Pseudepigraphen, da zu ihnen keine Sanskrit-Originale bekannt waren; doch hat die jüngste Forschung einige dieser Originale auffinden können. Außerdem wird eine Zusammenstellung »Rinchen terma« (»köstlicher Schatzfund«) in 64 Bänden verwendet, die mit dem Namen Padmasambhavas (s.o.) verbunden ist. Eine handschriftliche, textlich oft von den Druckausgaben variierende Fassung des Kanjur aus dem Jahr 1712 ist ediert als: Microfiche Edition of the Shel sKar Manuskript bKa' 'gyur. London 1996. Mongolen, Tanguten und Koreaner haben Kanjur- und Tanjur-Texte in ihre eigenen Sprachen übersetzt und eigene Sammlungen geschaffen.

Literatur: Helmut Eimer, David Germano (Hrg.), The Many Canons of Tibetan Buddhism. Leiden 2000.

Das »Tibetanische Totenbuch«. Eine merkwürdige und nicht leicht zu erklärende Entwicklung hat dazu geführt, daß derjenige Text tibetischer Literatur, welcher in Europa und Amerika am bekanntesten geworden ist, nicht etwa aus diesen beiden großen Sammlungen stammt, sondern ein wenig umfänglicher Text aus dem Ritual der Totenbegleitung ist. Der tibetische Titel Bar do Thos grol (ausgesprochen etwa Bardo Thödol) bedeutet wörtlich etwa »Befreiung durch Hören im Bardo-Zustand«. Bardo meint einen Bewußtseinszustand, hier denjenigen zwischen Tod und Wiedergeburt. Dieser Zustand gilt als angefüllt mit karmischen Illusionen, die der Mensch durchschauen muß, um dem Kreislauf der Wiedergeburten zu entkommen oder zumindest nicht als niederes Wesen, etwa als Tier, Gespenst oder verweflicher Mensch wiedergeboren zu werden. Dazu dient das bei der Totenwache neben der Leiche verlesene Totenbuch. Es existiert in Tibet in vielen Fassungen, von denen im Westen lange Zeit nur diejenige der Nyingma-Schule bekannt war. In den entstehenden Alternativszenen der 1960er Jahren wurde das Bardo Thödol zu einer Art spirituellem Kultbuch. Diesen Rang hat es bis heute behalten; es ist ohne Frage der bekannteste tibetische Text (was Tibeter sehr merkwürdig finden). Wieder werden wir darauf gestoßen, daß »Heilige Schriften« auch ein Rezeptionsphänomen sind. Vielbeachtet in Deutschland wurde die Ausgabe: Das tibetanische Totenbuch. Hrg. von W. Y. Evans-Wentz (…). Mit einem Geleitwort und einem psychologischen Kommentar von C. G. Jung. 9. Aufl. Freiburg i. Br. 1971 (die Übersetzung mit dem Kommentar C. G. Jungs erschien zuerst Zürich 1935). Sie hat vielen Menschen sogar eine Tür zum Bud-

dhismus überhaupt eröffnet. In den USA war das Bardo Thödol in den 1960er, 1970er Jahren wohl der etwa unter Studenten
meistgelesene asiatische Text. Doch waren alle Übersetzungen
bis 2005 nur solche von Teilen des Gesamtwerkes. Eine vollständige Übersetzung liegt erst sei kurzem vor: The Tibetan Book of
the Dead (English Title). The Great Liberation by Hearing in the
Intermediate States (Tibetan Title). Composed by Padmasambhava. Revealed by Terton Karma Lingpa. Translated by Gy-
urme Dorje. Edited by Graham Coleman with Thupten Jinpa.
Introductory Commentary by His Holiness the Dalai Lama.
London u. New York 2005.

Der Bon-Kanon. Die Bon (gesprochen Bön)-Religion ist von
Hause ein Relikt der alten westtibetischen Volksreligion. Jedoch
hat sie sich im Schatten des Buddhismus diesem äußerlich und
innerlich angepaßt, ihre formale Unabhängigkeit und spirituelle Überlegenheit jedoch immer energisch behauptet. 1977 wurde sie vom Dalai-Lama als fünfte spirituelle Schule Tibets anerkannt, damit den buddhistischen Schulen gleichgestellt und
an der Exilregierung beteiligt. Im Westen hat Bon wegen seiner
altertümlich-schamanistischen Elemente reges Interesse gefunden, obwohl nur eine kleine Zahl an Quellen übersetzt ist. Nach
eigener Tradition stammt Bon aus dem Land Zhang-Zhung in
Westtibet, das im 7. und 8. Jahrhundert in das tibetische Reich
eingegliedert wurde. Die Gestalt eines eigenen Gründers gShen-
rab-mi-bo (gesprochen Shenrap Miwo) ist wol legendär. Er wird
in das 19. vorchristl. Jahrhundert datiert, seine Biographie ist
jedoch ganz nach dem Muster derjenigen Buddhas und Padmasambhavas gestaltet. Die Bon-Überlieferung behauptet, daß ihre
ältesten Texte in einer eigenen Sprache (der des Landes Zhang-
Zhung) verfaßt gewesen seien, von der nur noch wenige Text-
fragmente und ein knappes Vokabular erhalten sind. Ob diese
je eine reale gesprochene Sprache war (so Siegbert Hummel und
tendentiell Per Kvaerne), oder ein gelehrtes Kunstprodukt der
Bon-Priester darstellt (so R. A. Stein), ist bis heute in der tibetischen Sprachwissenschaft heftig umstritten. Zhang-Zhung ist
nach heutigem Sprachgebrauch die Landschaft um den heiligen
Berg Asiens, den Kailasch, den Hindus, Buddhisten und Bon-
Anhänger gleichermaßen verehren. Davor sei die Überlieferung

des Bon aus dem Lande rTags-gzigs (gesprochen etwa Tasik) gekommen, dessen Name vielleicht mit dem Volksnamen der Tadschiken zusammenhängen könnte.

Im Zuge der Angleichung an den Buddhismus hat die Bon-Religion ihre religiösen Ünerlieferung in einem umfangreichen zweiteiligen Kanon gesammelt. Dieser besteht – wie im tibetischen Buddhismus – aus einem bKa'-'gyur (Kanjur), der angebliche Lehrworte des gShen-rab-mi-bo sammelt, und einem bsTan-'gyur (Tanjur) mit Erläuterungen und Kommentaren. Erste konkretere Nachrichten von dieser Literatur stammen von dem Forschungsreisenden George Roerich, der 1928 im Kloster Sharugön einen Bon-bKa'-'gyur in 140 Bänden und einen Bon-bsTan-'gyur in 160 Bänden zu sehen bekam. Die Titelseiten waren jeweils in Goldschrift auf schwarzgefärbte Seiten geschrieben. Seitdem sind weitere Exemplare bekannt geworden (Zahl und Inhalt der Bände variiert dabei). Der bKa'-'gyur enthält jedoch außer Lehrreden (deren Inhalt sich von denen des Buddhismus kaum unterscheidet) auch Erzählungen über gShen-rab-mi-bo und anderes Gut. Bon-Anhänger glauben, daß ihr bKa'-'gyur bereits im Jahr nach dem Tod des gShen-rab-mi-bo zusammengestellt worden sei. Die starken Ähnlichkeiten mit der der gTer-ma (»Schatz«-)Literatur der buddhistischen rNying-ma-pa-Schule (gesprochen Nyingmapa), deren erste Blütezeit im 11. Jahrhundert liegt, könnte darauf hindeuten, daß auch Teile des Bon-Kanons damals niedergeschrieben wurden. Das Wachstum beider Sammlungen zog sich in jedem Fall über viele Jahrhundert hin. Innerhalb des Kanons wird zwischen »ununterbrochen tradierten« (und darum besonders authentischen), »offenbarten« (verborgenen und dann »wiedergefundenen«) und nicht-offenbarten Texten unterschieden; letztere stammen aus der späteren interpretierenden Arbeit der Bon-Gelehrten. Die Hauptmasse der kanonischen Bon-Texte gehört der zweiten Kategorie an, doch gelten diejenigen der ersten Kategorie als wertvoller. Weitgehend von buddhistischen Einflüssen frei sind vor allem Ritualtexte. Ihre Erforschung steckt erst in den Anfängen. Eine erste Beschreibung des Bon-Kanons stammt von Per Kværne, The Canon of the Tibetan Bonpos, Indo-Iranian Journal 16 (1974), 18–56. 96–144, sowie ausführlicher in: Dan Martin, Yasuhiko Nagano, Per Kværne und Kokuritsu Minzokugaku

Hakubutsukan, A Catalogue of the Bon Kanjur. Osaka 2003. In den letzten Jahrzehnten sind eine nicht unerhebliche Zahl an Bontexten publiziert bzw. zumindest in Microfiche- oder digitaler Form zugänglich gemacht und zum Teil auch übersetzt worden, so daß mit einer weiteren Intensivierung der Forschung zu rechnen ist.

16. Der Sanzang

Kanon und zentraler religiöser Einzeltext. Eine Besonderheit des chinesischen und japanischen Buddhismus ist, daß er zwar einerseits einen immens umfangreichen Kanon buddhistischer Schriften besitzt, die einzelnen Schulen oder religiösen Gemeinschaften aber jeweils oft faktisch nur den einen oder anderen ausgewählten Text als »ihre« Heilige Schrift verehren und als primäre Referenzgröße verwenden. Für diese verschiedenen Schulen innerhalb des Buddhismus ist in der älteren Literatur öfters auch der Begriff »Sekten« verwendet worden, der aber falsche Assoziationen weckt und vermieden werden sollte. Da die Richtungen des Buddhismus jedoch meist auch eine volkstümliche Seite haben, ist die Bezeichnung Schulen freilich ebenfalls nicht völlig angemessen. Wenn der Begriff »Konfessionen« nicht durch die christlichen Kirchen besetzt wäre, könnte er einigermaßen treffend die Richtungen des chinesischen und japanischen Buddhismus beschreiben. Wir bleiben im folgenden aus Gründen der wissenschaftlichen Sprachtradition bei der Bezeichnung »Richtungen« oder »Schulen«. Im Gegensatz zur westlichen Idealisierung des Buddhismus als einer besonders friedliebenden Religion herrschte zwischen den Richtungen des Buddhismus nicht selten bittere Feindschaft, die im Falle öffentlicher Einflußnahme auch vor gewaltsamen Verfolgungen Andersdenkender nicht zurückgeschreckt ist (insbesondere in Japan). Im 20. Jhdt. ist allerdings eine Art »buddhistischer Ökumene« entstanden, welche auch das Gefühl für eine grundlegende Einheit aller Buddhistinnen und Buddhisten hat wachsen lassen.

Es läßt sich geradezu eine Typologie der buddhistischen Richtungen aufstellen nach den Texten, die in ihr besondere Wertschätzung finden und oft den Platz hochverehrter Heiliger Schriften innehaben. In volkstümlichen Darstellungen des Buddhismus – für innebuddhistischen Gebrauch – ist es daher nicht selten, daß die verschiedenen Gruppen durch »ihren« zentralen Text charakterisiert werden. Dabei wird der Gesamtkanon des chinesischen Buddhismus (Sanzang) zwar nicht abgelehnt, aber doch faktisch vergleichgültigt. Dieses Phänomen setzt sich auch in neuentstandenen Religionen fort. Z. B. verehrt die japanische Bewegung Shinnoyo-en, die 1936 von Shinjo Ito (1906–1989) gegründet wurde, das Mahaparinirvana Sutra als zentralen Referenztext, neben dem alle anderen buddhistischen Texte zur Bedeutungslosigkeit verblassen. Auf zahlreichen Missionsreisen (auch Papst Paul VI. empfing ihn in Audienz) warb der Gründer für seine Sache, die er als Öffnung und Elementarisierung des Buddhismus für alle Menschen verstand.

Der Sanzang als offener Kanon. Der chinesische Buddhismus hat sich im Sanzang (»dreifache Schatzkammer«, also eigentlich »Tripitaka«) seine kanonische Textsammlung geschaffen, die auch für den japanischen Buddhismus wegweisend wurde. Typisch für den Sanzang ist, daß er Texte ganz unterschiedlicher buddhistischer Schulen umfaßt. Im Gegensatz zu anderen Heiligen Schriften war er immer ein offener Kanon. Die Kanonlisten (ab dem 4. Jhdt.) und die Druckausgaben (ab 972 n. Chr.) wachsen daher ständig. 17 klassische Druckausgaben sind bekannt, von denen 13 in China (die anderen in Korea und Japan) entstanden. Viele Texte sind in verschiedenen Übersetzungen aufgenommen worden (das Lotos-Sutra z. B. viermal, dazu Kap. 25 noch separat, das kleine Diamant-Sutra in sechs Versionen, das Goldglanz-Sutra in drei Versionen usw.). Auch dies trägt zum immensen Umfang der Sammlung bei. Die Standardausgabe ist die Taishō-Edition, so benannt nach der japanischen Taishō-Ära (1912–1926), in der sie begonnen wurde. Erschienen 1924–1929, enthält diese immense editorische Leistung japanischer Buddhisten 3053 literatische Werke, deren Umfang zwischen einigen Seiten und 1000 Seiten schwankt. Ingesamt füllt er 85 Druckbände (sowie 11 Bände Anhänge).

Literatur: Prabodh Chandra Bagchi, Le canon bouddhique en Chine. Les traducteurs et les traductions. 2 Bände. Paris 1927–1938 * Bruno Petzold, The Classification of Buddhism. Bukkyō Kyōhan. Wiesbaden 1995 (monumentales Werk, welches die Differenzierung der Schulen des Buddhismus darstellt; eine Art buddhistischer »Konfessionskunde«) * Ein großangelegtes Projekt einer Übersetzung wesentlicher (in einer ferneren Zukunft: aller) Texte des Sanzang ist von dem Geschäftsmann Numata Yehan 1982 ins Leben gerufen worden (Bukkyō Dendō Kyōkai English Tripitaka). Dank großzügiger Förderung konnten bereits zahlreiche Bände erscheinen * Eine sehr brauchbare Übersicht steht: Franz Josef Meier, Die Mythologie des chinesischen Buddhismus. In: Wörterbuch der Mythologie Bd. 6. Stuttgart 1994, 437–735, hier 460–470. * Lewis R. Lancaster, The Korean Buddhist Canon. Berkeley 1979 * Robert E. Buswell, Chinese Buddhist Apocrypha. Honolulu 1990.

Xiyou ji. Einer der auch in der westlichen Welt bekanntesten Romane Chinas erzählt von der abenteuerlichen Suche nach den Heiligen Schriften des Buddhismus und ihrer glücklichen Überführung nach Indien. Traditionell dem Autor Wu Cheng'en zugeschrieben (ca. 1500–1582), geht der Roman auf historische Ereignisse des 7. Jhdt. zurück. Damals hatte der gelehrte Mönch Xuanzang (ca. 600–664) auf Befehl des Kaisers Taizong Schriften des indischen Buddhismus nach China vermittelt, indem er u.a. Werke des Yogācāra und andere Texte ins Chinesische übersetze und damit eine bleibende Basis für den chinesischen Buddhismus schuf. Wu Cheng'ens Roman gestaltete hieraus eine fantasievolle »Reise nach dem Westen« (das bedeutet der Titel), in welcher der Affenkönig Sun Wukong und andere den Mönch unterstützen, der sich gegen zahlreiche dämonische, gespenstische und menschliche Gegner behaupten muß, um die lange gefahrvolle Reise nach Indien zu bestehen. Komische und abenteuerliche Passagen machen diesen Roman zum beliebtesten Produkt der volkstümlichen buddhistischen Literatur in China, wobei die tierischen Helfer Xuanzangs (darunter ein Schwein und ein Pferd) für bestimmte menschliche Charakereigenschaften stehen, doch wird der Roman nie zur bloßen Allegorie. Speziell der pubertär-rebellische, aber herzensgute und mutige Affenkönig Sun Wukong ist eine unvergessliche Figur. Am Ende werden die fünf Pilger des Romans in die himmlische Welt aufgenommen, nach dem sie dem Kaiser die von Buddha selbst empfangenen Schriften übergeben haben. Im kommunistischen China wurde und wird der Roman gerne auch als politische Fabel gelesen, eine Deutung, die sich im Westen nicht hat durchsetzen können. Die Suche nach den Heiligen Texten des Buddhismus wird zur Chiffre für einen spirituellen Weg, bei dem die besten Kräfte des Menschen zum Miteinander aufgerufen sind, um die gestellte Aufgabe erfüllen zu können. Doch ist die Grundstimmung des Romans phantastisch und komisch. Es liegen zahlreiche (meist stark gekürzte) Übersetzungen in europäische Sprachen vor. Auch in China existiert der Roman in mehreren Fassungen (Erstdruck Nanjing 1592, sog. Shidetang-Ausgabe). Sein Stoff lebt zudem in Form von Opern, Theaterstücken, Puppenspielen, Comics, Liedern und Bildzyklen (neuerdings auch chinesischen Filmen) weiter.

17. Die Heiligen Schriften der Jainas

Jina, Jainas, Jainismus. »Jina« heißt auf Sanskrit »Sieger«. »Jai jinendra« (Lob dem Sieger) ist der Gruß der kleinen (3 Millionen Mitglieder), nur in Indien heimischen Religion der Jainas, deren ehrwürdiges Alter (größer als das des Buddhismus) und hohe Ethik ihr bis heute Ansehen und Aufmerksamkeit verschafft. Aufgrund ihrer radikalen Achtung gegenüber allem Leben üben Jainas keine Berufe aus, die Lebewesen zu Tode bringen können, also z. B. auch keine Landwirtschaft (beim Pflügen der Felder wird unweigerlich Leben getötet). Dafür sind sie erfolgreich z. B. in akademischen Berufen tätig, was ihnen in Südindien nicht unerheblichen Einfluß sichert. Ihre Sozialfürsorge (Krankenhäuser, sogar für Tiere) hat ihnen viele Freunde geschaffen. Nur langsam wurde europäischen Beobachtern im 19. Jhdt. deutlich, daß es sich um eine von den Buddhisten durchaus zu unterscheidende Religionsgemeinschaft handelt. Gemeinsam mit diesen wird das brahmanische Opfer- und Kastenwesen einschließlich der Vedas abgelehnt.

Literatur: Alexander von Rospatt u.a., Art. Jinismus, Religion in Geschichte und Gegenwart 4. Aufl. 4 (2001), 506–509 * Chhotelal Jain, Jaina bibliography. 2. Aufl. 1982 * Klaus Mylius, Wörterbuch des kanoni-schen Jinismus. Wiesbaden 2005 * Jyoti Prasad Jain, The Jaina Sources of the History of Ancient India (100 BC-AD 900). Rev. Ed. New Delhi 2005.

Der jainistische Kanon. Wichtig für die Kanongeschichte wur-de eine fundamentale Zweiteilung der jainistischen Religionsge-meinschaft, nämlich in Śwetāmbaras »Weißgekleidete« und Di-gambaras »Luftgekleidete« (d.h. Nackte). Letztere halten an der radikalen Askese des Gründers Mahavira fest, weshalb z. B. eine Nonne (der der vollständige Verzicht auf Kleidung nicht mög-lich ist) nicht der völligen Erlösung teilhaft werden kann, und auf eine Wiedergeburt als Mann warten muß. Die Digambaras besitzen Fragmente eines ältesten Kanons der Jainas. Aber nur der im 5. Jhdt. n. Chr. endredigierte Kanon der Śwetāmbaras ist vollständig erhalten. Die Digambaras lehnen diesen jedoch als nicht authentisch und Abschwächung der Lehre Jinas ab. Der jainistische Kanon wurde formal nach buddhistischem und hin-duistischem Vorbild geschaffen und enthält sehr unterschiedli-ches Textmaterial philosophischer, ritueller und mythologischer Art. Die darin bezeugte Vorstellungswelt ist oft archaischer als die des Buddhismus.

Literatur. Die am leichtesten zugängliche Übersetzung wesentlicher Teile des Jaina-Kanons ist nach wie vor: Hermann Jacobi, Jaina Sutras. 2 Bände. Oxford 1884–1887 = New Delhi 1996 * Moritz Winternitz, Hi-story of Indian Literature (s. Kap. 11) 2, 408–571.

Anhang: das Tirukkural des Tiruvallar. Während Christen auf die Bibel schwören, wird traditionell in der alten tamilischen Volksreligion auf das Tirukkural (auch einfach nur Kural) des Dichters und Lehrers Tiruvalluvar geschworen. Dieses klassi-sche Werk tamilischer Lebensweisheit wohl aus dem 5./6. Jhdt. n. Chr. gehört nicht nur zu den beliebtesten Sammlungen der tamilischen Literatur, es hat bei diesem südindischen Volk gera-dezu einen Rang gewonnen, der es mit den Vedas des gesamten Hinduismus vergleichbar macht (»Tamil-vetam«, Tamil-Veda). In 1330 Distichen (Kurzzeilern, Tamil »kural« genannt), zusam-mengefaßt in 133 Abteilungen, behandelt die Sammlung die drei großen Lebensziele des Menschen: Tugend (Tamil aram, Sanskrit dharma), Besitz (Tamil porul, Sanskrit artha) und Liebe (impam, Sanskrit kama). In diesem Rahmen werden zahlreiche Themen kluger Lebensführung erörtert, und traditionelle Volksweisheit mit religiösen Anweisungen zum Asketentum verbunden. Der Einfluß des Jainismus ist deutlich zu spüren (weshalb wir es hier erwähnen). Gewaltlosigkeit und kastenlose Gesellschaft sind wichtige Leitgedanken. Auch ganz »weltliche« Themen wie Staatsführung, Liebe und Erotik, und kluges Verhalten beim Kaufen und Verkaufen werden thematisiert. Früh in viele indische Sprachen übersetzt, wurde das bis heute unter Tamilen ungemein beliebte schmale Buch ab dem 18. Jhdt. mehrfach in europäische Sprachen übersetzt. Eine moderne Übersetzung ins Englische von P. S. Sundermann erschien New Delhi 1990 (Penguin Classics).

18. Adi Granth Sahib

Im konfliktträchtigen Raum zwischen Hindus und Muslimen entsteht im 15/16. Jhdt. in Nordindien der Sikhismus. Er will das Beste aus beiden Religionen vereinen und wird so zu einer neuen Religion. Sehr bald definiert er sich konsequent als Buchreligion, wobei Formen der Verehrung gewählt werden, die deutlich über das hinausgehen, was Muslimen und Hindus vertraut ist. Offizieller Name der auf diese Weise enstandenen Schrift ist heute Adi Sri Guru Granth Sahibji »Der anfängliche Guru in Gestalt eines Buches«. Kürzer wird sie Adi-Granth oder Guru-Granth genannt. Der 10. und letzte der Reihe hochverehrter Sikh-Gurus, Gobind Singh (Amtszeit 1675–1708) hat ihn für die Zeit nach seinem Tod als letztgültige Autorität und Nachfoger eingesetzt. Dabei konnte er an frühere Sammlungen des 5. Guru Arjan (abgeschlossen 1604) und die Redaktionstätigkeit des 9. Guru anknüpfen. Wir haben hier also den eigentümlichen Fall, daß die Verehrung, welche der ganze indische Kulturraum der Gestalt eines Guru zukommen läßt, auf ein Buch übertragen werden soll. Nun gehört es zum Wesen des Guru, daß er das Unaussprechbare und vor allem nicht Niederschreibbare in der Religion vermittelt. Die Heilige Schrift der Sikhs hat also von vornherein einen paradoxen Charakter. Sie verkörpert die »Summe« aller Sikh-Gurus seit dem Gründer Nanak (1469–1539). Inhaltlich besteht der Adi Granth weitgehend aus Liedern, Hymnen und Gebeten der früheren Sikh-Gurus. Sprachlich ist das Werk oft von atemberaubender Schönheit. Das materielle Exemplar der Schrift wird selbst als lebender Guru verehrt: daher nimmt es einen zentralen Platz im Kult ein, vor allem in Amritsar, dem wichtigsten Heiligtum der Sikhs. Wir beobachten hier das in der Religionsgeschichte nicht seltene Phänomen, daß nicht nur der »Inhalt«, sondern das materielle Buch selbst Heilige Schrift ist.

Von anderen Heiligen Schriften unterscheidet sich der Adi Granth Sahib u.a. darin, daß er Texte in mehreren verschiedenen Sprachen enthält, u.a. West-Hindi und Panjabi, vor allem aber, daß auch Lieder hinduistischer und muslimischer Heiliger Nordindiens einbezogen sind. Gedanken einer Versöhnung der Religionen waren im Indien der Mogulzeit nicht selten. Akbar (1542–1605) selbst, der dritte und größte Mogulkaiser muslimisch-indischer Geschichte, beschloß zwischen 1575 und 1579 die Gründung einer neuen Einheitsreligion und ließ zu diesem Zweck hinduistische, muslimische (nicht jedoch den Koran) und christliche Schriften ins Persische (die Hofsprache des Mogulreiches) übersetzen. Aber sein Werk hatte keine Zukunft, während der Sikhismus zu einer bedeutenden eigenen Religion wurde, die heute auch viele Diasporagemeinden (nicht zuletzt in Deutschland) hat.

Literatur: William H. McLeod (Hrg.), Textual Sources for the Study of Sikhism. Chicago 1990 * Sri-Guru Granth Sahib. Üb. von Gopal Singh. 4 Bände. 10. Aufl. New Delhi 1996 * Sri-Guru Granth Sahib. Üb. von Gurbachan Singh Talib. 4 Bände. Patiala 1984–1990 * Gurinder Singh Mann, The Making of Sikh Scripture. Oxford 2001.

19. DIE HEILIGEN SCHRIFTEN DES KON-
FUZIANISMUS

Ist der Konfuzianismus eine Religion? Mit dem Begriff »Konfuzianismus« wird traditionell in erster Linie die klassische chinesische Staatsreligion bezeichnet. Ihre zentralen Referenztexte
können nur mit gewissen Einschränkungen als Heilige Schriften
angesehen werden, z. B. gelten sie nicht als göttlich inspiriert.
Ihre Inhalte sind auch nur teilweise religiöser Natur. Tatsächlich wurde in jüngerer Zeit gelegentlich die These vertreten, der
Konfuzianismus sei nicht im westlichen Sinn als Religion, sondern als staatstragende Philosophie und Sozialethik anzuspre-
chen. Doch sind seine kultischen Anteile groß: in der weltweiten chinesischen Diaspora ist er praktisch mit der traditionellen
Ahnenverehrung und familiären Pietät identisch. Konfizius ist
Gegenstand einer Verehrung, die ihn auf die gleiche Stufe stellt
wie den höchsten Himmelsgott. »Ohne die Lehre des Konfuzius kann das Reich auch nicht einen Tag bestehen«, sagt eine
Inschrift der Ming-Zeit (1368–1644). In seiner Geschichte hat
der Konfizianismus vielfach ein Konkurrenzverhältnis gegenüber Buddhismus und Daoismus eingenommen (auch gegenüber Christentum, Manichäismus und Islam, die China schon
im frühen Mittelalter als Missionsreligionen erreichten). Doch
hat es auch lange Epochen eines friedlichen Miteinanders gegeben. Insofern dürfen wir von einer Religion sprechen, wenn
wir uns vor Augen halten, daß dieser Begriff eine mittlerweile
obsolete eurozentrische Sichtweise fördern könnte. H. Fingarette definierte den Konfuzianismus vor Jahren als »The Secular as
Sacred« (das Säkulare als das Heilige), und bringt damit die aus
westlicher Sicht paradoxe Stellung konfuzianischer Praxis zum
Ausdruck.

Anfänge der Konfuzius-Kenntnis im Westen. Der historische
Konfuzius (chinesisch Kongzi oder Kongfuzi »Meister Kung«;
sein persönlicher Name war Kong Qiu bzw. als Erwachsener

Zhongni) lebte nach der Überlieferung 551–479 v. Chr. Die lateinische Namensform Konfuzius (älter Confucius) verdankt
sich den Jesuitenmissionaren des 17. Jhdts., welche eine Adaption katholischer Frömmigkeit an chinesische Ausdrucksformen
wie den Ahnenkult versuchten. Doch scheiterten sie schließlich
am Widerstand Roms. Der Missionar Matteo Ricci SJ wirkte ab
1601 in Beijing, und andere folgten ihm rasch, aber wenig später
begann der langanhaltende »Ritenstreit« (Höhepunkt zwischen
1650 und 1705,), der 1715 in ein weitgehendes Ende der katholische Chinamission mündete, da der Papst die von den Jesuiten
betriebene Integration chinesischer traditioneller Riten in die
Messe und andere katholische religiöse Feiern verbot (erst im
19. Jhdt. lebte die katholische Mission in Ostasien wieder auf).
Wir erwähnen dies, weil ein Erbe dieser frühen Begegnung Eu-
ropas mit China im 17. und 18. Jhdt. eine immense Chinabe-
geisterung in der Aufklärungszeit gewesen ist, die neben einer
breiten Rezeption v.a. chinesischer Kunst in Europa auch zu
ersten Übersetzungsbemühungen chinesischer Literatur führte.
Schon Rom 1667 war das große Chinawerk des Athanasius Kir-
cher erschienen, das sich intensiv mit konfuzianischer Kultur
auseinandersetzt.

Literatur: Herbert Fingarette, Confucius. The Secular as Sacred. New
York 1972 * Rodney L. Taylor, The Religious Dimensions of Confucia-
nism. Albany, NY 1990 * Klaus Schatz, Art. Ritenstreit, Lexikon für
Theologie und Kirche, 3. Aufl. 8 (1999), 1202f. * Heiner Roetz, Konfuzi-
us. München 3. Aufl. 2006 * Werner Eichhorn, Die Religionen Chinas.
Stuttgart u.a. 1973.

Die fünf Klassiker und die vier Bücher. Mit dem Namen des
Konfuzius verbinden sich traditionell die »5 Klassiker«, Bücher,
die für nationalbewußte Chinesen als die Fundamente der chinesischen Zivilisation gelten. Es sind dies: das Shijing (Buch der
Lieder), eine Sammlung von 305 Gedichten aus der Zeit von
1000 v. Chr. bis etwa 600 v. Chr.; das Shujing (Buch der Urkun-
den), das politische und historische Texte sammelt; das Yijing
(Buch der Wandlungen), ein altes Orakelbuch; das Liji (Buch der
Riten), das altes Brauchtum, Anekdoten, aber auch Definitionen u.a. enthält; das Chunqiu (Frühlings- und Herbstannalen),

das die Geschichte des Staates Lu (Politik, Außenbeziehungen, Omina, Naturkatastrophen) zwischen 722 und 481 v. Chr. in denkbar dürrer, annalistischer Form berichtet (erstaunlich das Fehlen wertender Stellungnahmen). Keines dieser Bücher läßt sich eindeutig auf Konfuzius zurückführen (das Chunqiu z. B. wurde zuerst von Mengzi dem Konfuzius als Autor zugeschrieben). Doch definieren diese Bücher sozusagen, was China und chinesisch ist. Das Yijing (dt. früher: I ching, I ging u.ä.) etwa ist zwar primär ein Orakelbuch. Mit seinen 64 Hexagrammen aus je 6 durchgezogenen oder unterbrochenen Linien bildet es aber auch die Basis chinesischer Philosophie. Die vielfältige Welt der Ereignisse wird als Zusammenspiel der polaren Kräfte Yin und Yang gedeutet. Diese Basis wird in chinesischer Kultur auf so unterschiedliche Lebensbereiche wie Ackerbau, Diätetik, Meteorologie, medizinische Diagnostik, Pharmakologie und Kosmologie bezogen. Das Yijing ist damit ein philosophischer Text: weniger durch seine Inhalte, als durch sein Inspirationspotential. Eine Datierung der Texte muß mit komplexen Redaktions- und Kompositionsprozessen rechnen. Shijing, Shujing und Liji sind ohnehin Sammelwerke, die von Anfang an der Traditionsfixierung dienen wollten. In der Westlichen Han-Zeit (206 v. bis 8 n. Chr.) lagen die Werke jedenfalls schon vor.

Der Konfuzianismus als staatstragende Bewegung verehrt weiterhin die »Vier Bücher«. Es sind dies: Daxue (Das Große Lernen); Lunyu (Die Analekten des Konfuzius); Zhongyong (Maß und Mitte); Mengzi (das Werk des Philosophen, der im Westen Mencius heißt). Die »Vier Bücher« sind eine Zusammenstellung kanonischer Bücher der konfuzianischen Lehre, die der Neokonfuzianer Zhu Xi in der Song-Dynastie (960–1127) kompilierte. Am interessantesten für den westlichen Leser sind vielleicht die »Analekten« (Lunyu), Gespräche des Konfizius mit Schülern und Freunden, verbunden mit reichem anekdotischem Material, politischer und ethischer Belehrung und einer erstaunlichen Distanz gegenüber dem Religiösen im engeren Sinn. Pietät und Loyalität sind zentrale Werte. »So ist Konfuzius der große Lehrmeister Chinas geworden, indem er ein Apologet der Tradition sein wollte« (Günter Lanczkowski, Heilige Schriften. Stuttgart 1956, 138). Ihren Platz haben die Klassiker des Konfuzianismus (auch von »13 Klassikern« wird gesprochen, wobei vier weitere Texte hinzugezogen werden) nicht zuletzt an einer Stelle, an die der westlicher Mensch wohl zuletzt denken würden: bei den Beamtenprüfungen, von denen Karriere und Sozialstatus im alten China wesentlich abhingen. Eine der wichtigsten Qualifikationen des Staatsbeamten ist seine vollständige Vertrautheit mit den Büchern des Konfizianismus. Gerade Lunyu hat als Weisheitsbuch auch im Westen eine breite Rezeption erfahren.

Literatur: Hermann-Josef Röllicke, Art. Yi Jing, Religion in Geschichte und Gegenwart, 4. Aufl. 8 (2005), 1761f. (knappe, aber gute Übersicht) * Dominique Hertzer, Das alte und das neue Yijing. Die Wandlungen des Buches der Wandlungen. München 1996 * Michael Loewe, Early Chinese Texts. A Bibliographical Guide. Berkeley, CA 1993 (grundlegend) * E. Bruce Brooks u. A. Taeko Brooks, The Original Analects. Sayings of Confucius and His Successors. New York 1998 (Kompositionsanalyse und Kommentar) * Ralf Moritz, Konfuzius. Gespräche. Stuttgart 2003 * Thomas H.C. Lee, Education in Traditional China. A History. Leiden 2000.

James Legge – Leben und Werk. Die bis heute hilfreichste Ausgabe der konfuzianischen Klassiker stammt von dem Schotten James Legge (1815–1897), der aus der Situation des christlichen Missionars heraus die Notwendigkeit begriff, sich der Kultur Chinas auch intellektuell zu stellen. Dazu begann er 1841 die monumentale Lebensarbeit einer Gesamtübersetzung der chinesischen Klassiker, im steten Gespräch mit der chinesischen Kommentarliteratur. Einen Gehilfen fand er in dem chinesischen Gelehrten Wang Tao, einem Anhänger der Taiping-Bewegung, der vor der chinesischen Regierung hatte fliehen müssen. 1876 wurde Legge der erste Lehrstuhlinhaber für chinesische Sprache und Literatur an der Universität Oxford, nachdem er zuvor Pfarrer einer Gemeinde in Hong Kong gewesen war. Da es zu dieser Zeit noch praktisch keine am Chinesischen interessierten Studenten gab, konnte er seine gesamte Arbeitskraft in seine Übersetzungsprojekte einbringen. 1861–1872 erschienen in Hongkong die fünf Bände »The Chinese Classics. With A Translation, Critical And Exegetical Notes, Prolegomena, and Copious indexes«. Diese Ausgabe bot neben Text, Übersetzung und Kommentar auch Indizes zu den einzelnen Texten. Sie

bleibt bis heute die beste Ausgabe der »5 Bücher«. Auch daoistische Texte übersetzte Legge.

Richard Wilhelm – Leben und Werk. Wie kein anderer hat Richard
Wilhelm chinesische Kultur und die religiösen Klassiker Chinas
an ein deutsches (und zum Teil auch internationales) bildungs-
bürgerliches Publikum vermittelt. Er stand in seinen späteren
Jahren im freundschaftlichen Umgang mit Männern wie Albert
Schweitzer, Martin Buber, Hermann Hesse, Graf Keyserling und
dem indischen Philosophen Tagore. Wo Persönlichkeiten deutscher Kultur wie der Dichter Hermann Hesse oder der jüdische
Denker Martin Buber Chinesisches rezipieren, geschah dies fast
immer durch die Vermittlung Wilhelms. Seine Übersetzungen
sind bis heute in zahllosen Taschenbuchausgaben erhältlich,
obwohl sie nicht heutigen sinologischen Standards und Idealen
entsprechen, und den Text durch (zum Teil geniale) sprachliche
Freiheiten für deutschsprachige Lesende aufbereiten. 1873 in
Stuttgart als Sohn eines früh verstorbenen Glasmalers geboren,
studierte Richard Wilhelm ab 1891 in Tübingen Theologie und
lernte dann in Bad Boll den großen christlichen Sozialreformer
Christoph Friedrich Blumhardt (den »jüngeren Blumhardt«)
kennen, der ihn entscheidend prägte (und dessen Tochter er heiratete). 1899 reiste er im Auftrag der Ostasienmission als Missionar nach China, in das deutsche Pachtgebiet Qingdao (damals
im deutschen Raum Tsingtao geschrieben). Dort erlernte er die
chinesische Sprache und arbeitete als Erzieher und Missionar.
Ähnlich wie Legge konnte und wollte er sich der Faszination
der traditionellen chinesischen Kultur nicht entziehen. 1924
kehrte Wilhelm auf Dauer nach Deutschland zurück, um erst
eine Honorarprofessor auf den neu gegründeten Stiftungslehr-
stuhl für Chinesische Geschichte und Chinesische Philosophie
in Frankfurt am Main und 1927 ebd. eine ordentliche Professur
zu übernehmen. Zuvor hatte er bereits an der Universität Peking (heute Beijing) gelehrt, und war wissenschaftlicher Berater
der deutschen Gesandschaft gewesen.
   Vom chinesischen Kaiser mit Orden und Auszeichnungen
für seine völkerverbindende Arbeit geehrt (»Rangknopf vier-
ter Klasse« und Ehrentitel »Dautai«), hat Wilhelm auch sehr
schwierige Jahre in China selbst verbracht (die längste Zeit da-

bei als Pfarrer der deutschen Gemeinde in Qingdao), und ist vor 1924 immer nur für kurze Aufenthalte nach Deutschland gekommen. Die Missionstätigkeit sah er in seinen späten Jahren eher kritisch: „Es ist mir ein Trost, daß ich als Missionar keinen Chinesen bekehrt habe". (Ein eigenständiges chinesisches Christentum, welches chinesische Kultur achtet und wie es heute viele chinesische Christen leben, hatte Wilhelm noch nicht im Blick). Er war tief vom Wert der chinesischen Überlieferung überzeugt, und wollte sie an seine Heimat vermitteln. 1930 starb an einer Tropenkrankheit in Tübingen. Wilhelm publiziert nicht nur über das »alte« China und seine Religion und Philosophie, sondern auch über die Veränderungen Chinas in der Gegenwart und z. B. über die Psychologie des chinesischen Wirtschaftslebens und seine Unterschiede zu Europa. Die eher technisch-rituellen Aspekte chinesischer Religion, wie sie insbesondere im Daoismus eine große Rolle spielen, blieben ihm jedoch fremd. Wilhelms übersetzte sowohl daoistische wie auch konfuzianische Texte. Diese Übersetzungen haben seinerzeit überhaupt zum ersten Mal zentrales chinesisches Gedankengut in den deutschen Sprachraum vermittelt und sind ein Teil deutscher Kultur geworden. Es sollte vielleicht einmal bemerkt werden (weil es gängigen Klischees widerspricht), wieviele Missionare bei der Erschließung der Sprache und Kultur fremder Religionen wegweisend tätig waren. Für China erwähnen wir neben James Legge und Richard Wilhelm noch James Hudson Taylor (1832–1905), das Sprachgenie Karl Gützlaff (1803–1851, Übersetzer der Bibel ins Siamesische, Herausgeber eines chinesischen und eines japanischen Wörterbuchs und erster protestantischer Missionar in Korea) oder v.a. den Schotten Robert Morrison (1782–1834), der als erster eine Bibel in die chinesische Sprache übersetzte bzw. herausgab, und dies zu zu einer Zeit, als in China die Todesstrafe darauf stand, christliche Literatur ins Chinesische zu übersetzen.

20. LAOZIS DAODEJING UND
DIE HEILIGEN SCHRIFTEN DES
DAOISMUS

*D*aodejing (Tao-te-king). Ein schmales Büchlein in 81 apho-
rismenhaften änigmatischen Kapiteln gehört zu den ohne
Frage meistübersetzten Schriften des gesamten asiatischen Kulturraumes. Formal ist es ein Fürstenspiegel: es sagt dem Fürsten,
wie er ein Land regieren kann. Es sagt dies aber in paradoxer
Weise: durch Nicht-Tun (wu-wei), durch ein Nicht-Behindern
der natürlichen Dynamiken werden am ehesten Wohlstand
und Frieden möglich sein. Laozi (früher Lao-tse geschrieben),
so der traditionelle Name des Autors, ist eine halblegendäre
Persönlichkeit, nach der Überlieferung ein älterer Zeitgenosse
des Kongzi (Konfucius). Doch bedeutet dieser Name einfach
»Alter Meister«. Die verschiedenen biographischen Legenden-
bruchstücke sind erst allmählich in der westlichen Han-Zeit zu
einem einheitlichen Bild zusammengewachsen. Danach trägt
Laozi eigentlich den Namen Li Boyang. Im Westen berühmt ist
jene Fassung der Legende, nach der er sich im Alter in die Berge
zurückzieht und das Daodejing als Vermächtnis dem Torhüter
der Stadt vermacht: Bertolt Brecht schuf daraus die Ballade »Legenden von der Entstehung des Buches Tao Te King«. Ab dem 2.
Jhdt. n. Chr. zunehmend in den religiösen Daoismus integriert,
wird Laozi alsbald im daoistischen Pantheon als der exemplarische Weise schlechthin verehrt (»Taishang Laojun« »Aller-
höchster Fürst Lao«), gleich nach Huangdi, dem »Gelben Kaiser« (Chinas Kulturheros), und Taiyi (dem »Höchsten Einen«).
Immer schon war deutlich, daß hinter dem heute verbreiteten
Text eine lange Redaktions- und Kompositionsgeschichte steht.
Die Einteilung in 81 Kapitel (9x9, eine heilige Zahl v.a. nordasia-
tischer Religionen) ist sekundär, ebenso die Einteilung in zwei
Hauptteile (Spruch 1-37 und 38-81), die jeweils dem Dao und
dem De gewidmet sind (vielleicht war ihre Reihenfolge früher

genau umgekehrt). In den letzten Jahren sind archäologisch mehrere stark divergierende Fassungen erschlossen worden. So wurde in einem Grab in Mawangdui (Provinz Hunan) ein auf Seide geschriebenes textlich stark abweichendes Exemplar aus dem 1. Jhdt. v. Chr. gefunden. Unter den 804 Bambustäfelchen aus den Guodian-Gräbern, die 1993 in Jingmen (Hubei) gefunden wurden, befanden sich auch drei Exemplare des Daodejing. Dieser bedeutendste jüngere Textfund auf dem Boden Chinas wird auf die Zeit spätes 4.-frühes 3. Jhdt. v. Chr. datiert. Die Bambusbibliothek enthielt sowohl daoistische als auch konfuzianische Texte.

Insgesamt besitzt das Daodejing im chinesischen Text nur etwas mehr als 5000 Schriftzeichen. In seiner Verknappung, Präzision, aber auch gedanklichen Weite ist es ein Stück »religiöser Urliteratur«, das kein System entfaltet und keinen Kult begründet, aber durch die Jahrhunderte immer neu für Menschen Wirklichkeit erschlossen hat. Zahlreiche Bücher, Kurse, Seminare (»Lao-Tse für Manager«) dokumentieren seine anhaltende Faszination auch und gerade im Westen.

Die Textentstehung wird man wohl im 4. vorchristl. Jhdt. anzusetzen haben (um 400 v. Chr. nach der sorgfältigen Argumentation bei William H. Baxter). Nach einer Theorie hat im wesentlichen die Jixia-Akademie des nordöstlichen Reiches Qi im 3. Jhdt. v. Chr. die Textgestalt des Buches verantwortet. Allgemein läßt sich im Hintergrund des Werkes die »Zeit der streitenden Reiche« (481–221 v. Chr.) erkennen. Eine abschließende plausible Textgeschichte ist bisher nicht vorgelegt worden; auf die Entdeckung weiterer früher Zeugen darf gehofft werden. Die Sprache des Daodejing ist vom heutigen Chinesischen so weit entfernt, daß es auch für chinesische Leser, wenn sie nicht speziell philologisch gebildet sind, einer Übersetzung bedarf.

Das Werk erlaubt auch inhaltlich zahlreiche Lesarten. Es wurde philosophisch interpretiert als auch im daoistischen Kontext von Heilkunde, Diätetik und Alchemie zu einer Quelle der Inspiration. Sogar im chinesischen Buddhismus wird es rezipiert, und ist ohne Frage das meistübersetzte Buch Chinas. Erstaunlicherweise hat ja in der jüngeren Vergangenheit der Daoismus westliche Leserinnen und Leser immer sehr viel stärker fasziniert als der Konfuzianismus, der eigentlich in höherem Maße den traditionellen »Rahmen« chinesischen Lebens bestimmt. Im 18. Jhdt. war es noch durchaus anders: die Zeit der Aufklärung sah eher in Konfuzius den großen »chinesischen Menschheitsweisen«. »Das Werk zeigt sowohl äußerste Sensibilität für das Verheerende aller in der Geschichte tatsächlich ausgeübten Herrschaft als auch die Einsicht, daß nur durch die Herrschaft und durch die Welt, nie aber in Abkehr von ihr, Heil und Rettung aller Wesen zu erlangen ist. Dabei ist es entscheidend, daß der Schlüssel dazu, das schon im Anfang Heil stiftende, ursprüngliche Dao, dunkel, verborgen und ein Geheimnis bleibt.« (Herman-Josef Röllicke). Vor allem die Begriffe Dao und De verweigern sich beharrlich einer glatten Übersetzung. Dao heißt ursprünglich »Weg, Pfad«. In jedem Fall, ist es ein unpersönlicher Begriff: jede theistische Wiedergabe ist fernzuhalten. Dao meint eine Art Weltprinzip, eine die Welt durchwaltende Gesetzmäßigkeit, die zugleich Energie und Kraft ist. Eine Übersetzung »Naturgesetz« würde nicht zutreffen, da der Mensch das Dao auch verfehlen, aus ihm herausfallen bzw. ihm nicht gerecht werden kann. Dao ist insofern durchaus ein normativer, kein nur deskriptiver Begriff: der »richtige Weg«. De ist ein dem Dao entsprechendes Leben (in Übersetzungen oft »Tugend«, engl. »virtue« u.ä.).

Die westliche Kenntnis des Daodejing beginnt mit der Chinamission der Jesuiten im 17. und frühen 18. Jahrhundert. Eine erste, nicht gedruckte und vielleicht nur teilweise Übersetzung wird Pater François Noël (1651–1729) zugeschrieben, eine zweite und vollständige erstellt Jean François Fouquet unter dem Namen »Tao Te Kim«. Auch im späteren 18. und 19. Jhdt. wird das Buch vor allem in Frankreich übersetzt und gelesen. Insbesondere die Bearbeitung von Stanislas Julien, Lao-Tseu. Tao-Te-King. Le livre de la voie et de la vertu. Traduit en français, et publié avec le texte chinois et un commentaire perpétuel. Paris 1842 wird für lange Zeit wegweisend, und hat auch deutsche Fassungen beeinflußt.

Literatur: Hermann-Josef Röllicke, Art. Laozi, Religion in Geschichte und Gegenwart 4. Aufl. 5 (2002), 75f. (Zitat: 76) * Livia Kohn u. Michael Lafargue (Hrg.), Lao-tzu and the Tao-te-ching. Albany, NY 1998 (darin u.a.: William H. Baxter, Situating the Language of the Lao-tzu: the

Probable Date of the Tao-Te-Ching, 231–254) * Laozi. Translated into
English by Arthur Waley. Translated into Modern Chinese by Chen
Guying. Revised and Annotated by Fu Huisheng. Hunan, China 1999
(Library of Chinese Classics) * Michael Loewe, Early Chinese Texts. A
Bibliographical Guide. Berkeley, CA 1993, 269–292 (ausführlich zu den
verschiedenen Versionen).

Der Daozang (in älterer Schreibung: Tao-Ts'ang). Parallel zur
konfuzianischen Sammlung der Klassiker und zum Kanon des
chinesischen Buddhismus (Sanzang) mit seinem gewaltigen
Umfang hat sich auch der Daoismus genötigt gesehen, seine
Heiligen Schriften zu sammeln. Die ältesten Listen daoistischer
Literatur bieten die Idee einer kanonischen Sammlung noch
nicht. Aus dem 5. nachchr. Jhdt. hören wir von einer frühen
Sammlung »Drei Höhlen« (Sandong jing). Ähnlich dem Sanzang wächst der Daozang dann bis zu seiner Endredaktion in
der Ming-Dynastie beharrlich an. Das Wort Daozang bedeutet
»Schatzhaus, Speicher des Dao«, und in der Tat ist der Daozang
ähnlich dem Sanzang der Buddhisten ein gewaltiges Archiv aller
Genres der daoistischen Literatur. Eine bemerkenswerte Eigen-
tümlichkeit der äußeren Organisation des Daozang ist, daß sie
sich an Initiationsvorgängen orientiert. Im Daoismus geschehen
religiöse Einweihungsriten gern zugleich als Übergabe Heiliger
Schriften. Das Daozang hat viele Spuren dieser Verbindung bewahrt. 1926 wurde die heute gebräuchliche Ausgabe gedruckt.
Sie versammelt 1487 literarische Werke, die 5300 juan (traditionellen Büchern) entsprechen, und basiert auf einem klassischen
Druck aus dem Jahr 1445 (Ming-Dynastie, daher: Ming-Kanon),
der 1607 noch um weitere Titel ergänzt wurde. (Man wird sich
erinnern, daß in China Drucktechniken wesentlich älter sind
als im Westen). Der Ming-Kanon enthält auch eine Reihe von
Basistexten (chinesisch benwen »grundlegende Schrift«) in
schlichten, unkommentierten Textwiedergaben. Diese sind das
Daodejing des Laozi und das Nanhua zhenjing („Wahres Buch
vom südlichen Blütenland" in Richard Wilhelms Übersetzung
des Titels) des Zhuang Zhou. Letzteres ist erst spät als kanonisch angesehen worden, wurde aber im Westen seit langem
als großer daoistischer Klassiker rezipiert. Der Daozang enthält
Texte ganz unterschiedlicher Gattungen. Wer durch das westli-

che, oft mystisch-esoterisch verfremdete Daoismus-Bild geprägt
ist, wird mit Überraschung festzustellen haben, daß die weitaus
größte Zahl der Texte Ritualanweisungen für Kultfeiern sind.
Doch wurde die Heiligkeit der Text sehr ernst genommen; so
kennen wir Strafanordnungen für Personen, die versehentlich
einen Text auf den Boden fallen lassen.

Literatur: Kristofer Schipper u. Franciscus Verellen (Hrg.), The Tao-
ist Canon. A Historical Companion to the Daozang. 3 Bände. Chicago
u. London 2004 (Beschreibung aller Einzeltexte) * Livia Kohn (Hrg.),
Daoism Handbook. Leiden 2004 (30 Studien zu allen Aspekten des
Themas) * David C. Yu, History of Chinese Daoism. Bd. 1. Hrg. von
Qing Xitai. Lanham, MD 2000 * Knut Walf, Westliche Taoismus-Biblio-
graphie (WTB). Western Bibliography of Taoism. 5. Aufl. Essen 2003
(erweitert gegenüber älteren Auflagen).

21. Die Heiligen Schriften der Shin-
to-Religion (Kojiki und Nihongi)

*R*ahmenbedingungen japanischer religiöser Kultur. Die religiöse
Kultur Japans hat lange im Schatten chinesischer Traditionen gestanden, aber doch auch immer wieder ihr Eigengewicht
und ihre nationale Eigenständigkeit behauptet. Über Jahrhunderte wurde japanische Literatur in chinesischer Schrift tradiert
– obwohl die japanische Sprache mit der chinesischen keinerlei
strukturelle Ähnlichkeit hat. Auch heute sind die in Japan ge-
bräuchlichen Schriftsysteme stark durch das Chinesische geprägt. Japan besitzt eine alte Nationalreligion, deren Geschichte
jedoch seit Jahrhunderten mit der des japanischen Buddhismus
vernetzt ist. Selbst der Name Shinto (eigentlich *Shintō*) ist von
seiner Herkunft her chinesisch, nicht japanisch (wenn auch in
japanischer Aussprache), und heißt übersetzt »Weg der Götter«
(shén + dào). Die Gottheiten der Shinto-Religion heißen japanisch *kami* (Singular und Plural werden nicht unterschieden)
mit einem alten Wort, welches auch die Ainu-Sprachen kennen
(kamúy »Götter, Lebewesen«). Die oft lokal an einen Schrein

gebundenen Kami-Gottheiten sind in der Tradition vielfach mit Gestalten der buddhistischen Mythologie vereint worden, z. B. so, daß jedem Kami eine buddhistische metaphysische Hypostase (von Gottheiten läßt sich hier nicht sprechen) als dessen Ursprung (hon-ji »Stand«) entspricht. Aus Erbarmen habe diese auf japanischem Boden eine »Spur herabgelassen« (sui-jaku), um als lokale Gottheit zu wirken. Buddhawesen und Kami stehen dann in einem Ergänzungsverhältnis von Honji und Suijaku. Manche Lehrer der Tendai-Schule erhoben die Kami der dreißig wichtigsten nationalen Tempel zu Schutzgöttern des Buddhismus, die sie dann auch auf die 30 Tage des Monates verteilten. Dies sind nur Beispiele für die vielfältigen Interpretationsprozesse im eineinhalbtausendjährigen Dialog zwischen Buddhismus und japanischer Nationalreligion. Shinto hat seine Wurzeln in einer alten Naturreligion, weshalb Heilige Stätten, Berge und Schreine eine große Rolle spielen, daneben Feste, Umzüge, Opfer, Ahnenkult und Wahrsagung. Viele feste Gebetsformelm (norito) gehören zu den ältesten Zeugnissen japanischer Sprache. Daneben ist Schinto auch eine wohlorganisierte politische Loyalitätsreligion, in welcher insbesondere die Legitimation des japanischen Kaisers (Tennō) verankert ist, der als Nachkomme der Sonnengöttin gilt. Shinto ist jedoch auch und vor allem eine Volksreligion, die in Familie und traditioneller Dorfgemeinschaft einen festen Platz hat, und in dieser Funktion vom Buddhismus überlagert, aber nie ersetzt wurde.

1945 verzichtete der japanische Kaiser nach der japanischen Niederlage auf alle göttlichen Ehren. Shinto ist damit aber keineswegs in Verfall geraten. Tatsächlich zeigt die unveränderte Bedeutung des Shinto auch für ein modernes und demokratisches Japan, daß es immer mehr war als eine politische Religion.

Literatur: Wilhelm Gundert, Japanische Religionsgeschichte. Tokyo und Stuttgart 1935 (gut lesbare, detailreiche Darstellung, wenn auch in manchem überholt; hier S. 76f. über Honji und Suijaku) * Klaus Antoni, Shinto und die Konzeption des japanischen Nationalwesens (Kokutai): der religiöse Traditionalismus in Neuzeit und Moderne Japans. Leiden 1998 (Handbuch der Orientalistik 5, 8) * C. Scott Littleton, Shintoismus. Köln 2005 (knappe Übersicht) * Stuart D. B. Picken, Historical Dictionary of Shinto. Lanham, MD 2002 * Allgemeine Quellensammlungen:

Stuart D. Picken, Sourcebook in Shinto: Selected Documents. Westport, CN 2004 * Karl Florenz, Die historischen Quellen der Shinto-Religion aus dem Altjapanischen und Chinesischen übersetzt und erklärt. Göttingen 1919.

Kojiki. Das Kojiki »Bericht über die Begebenheiten im Altertum« ist die älteste erhaltene Chronik Japans. Der aus drei Büchern bestehende Text beginnt ähnlich der biblischen Geschichte mit einer mythischen Kosmogonie und Theogonie. Die Welt der Götter und Menschen wird in ihrer Entstehung vorgeführt. Dabei steht das göttliche Geschwister- und Ehepaar Izanagi und Izanami im Mittelpunkt. Zahlreiche mythologische Episoden bereichern das Werk. So fährt Izanagi nach Izanamis Tod hinab in die Unterwelt, betrachtet dort trotz Verbots ihre Verwesung und muß deshalb fliehen und sich kultisch reinigen. Die ganze Erzählung – in welche Ätiologien für zahlreiche Kami eingeflochten sind – erinnert an ähnliche vorderorientalische Dichtungen. Die Geschichte der Sonnengöttin Amaterasu mündet in die sagenhaften Berichte über den ersten japanischen Kaiser Jimmu (angeblich um 660 v. Chr.), dessen Eroberungszüge und die Gründung des japanischen Reiches. Es folgen um legendäre und halbhistorische Notizen bereicherte Genealogien (vgl. die Rolle der Genealogien in Gen. 1-11). Das letzte erwähnte Ereignis ist der Tod der Kaiserin Suiko (628 n. Chr.). Mit diesem Werk – mit dem die japanische Geschichtsschreibung beginnt – verbindet sich eine Entstehungslegende: Kaiser Temmu habe den für seine Gedächtniskünste berühmten Hieda no Are beauftragt, die alten Überlieferungen landauf, landab zu sammeln und auswendig zu lernen. Nach 30-jähriger Arbeit habe dieser (dem Namen nach könnte auch eine Frau gemeint sein) das Kojiki mündlich kompiliert und dem kaiserlichen Schreiber Yasumaro diktiert. Das sei im Jahre 712 n. Chr. gewesen. Ein kleineres Seitenstück zum Kojiki ist das Kujiki, auch Kuji-hongo oder Sendai Kuji-hongi, das von der Entstehung der Welt bis zum 622 führt (Tod des Kronprinzen Shōtoku). Das Werk ist ein Pseudepigraphon; es will angeblich die uralte Chronik sein, welche beim Untergang der Sippe Soga 645 verlorengegangen ist. In Wahrheit stammt das Kojiki jedoch wohl aus dem frühen 10. Jahrhundert. Andere frühe japanische Chroniken orientieren sich an der Geschichte einzelner Provinzen oder Familien; sie müssen hier nicht erwähnt werden. Sakralen Rang innerhalb des Shinto haben nur Kojiki und Nihingo, und auch diese sind nur sehr eingeschränkt als Heilige Schriften zu bezeichnen.

Literatur: Donald L. Philippi, Kojiki. Tokyo 1968 (Übersetzung) * Post Wheeler, The Sacred Scriptures of the Japanese. New York 1952 (Synthese der Erzählstoffe mit mythenvergleichender Deutung; eigenwillig).

Nihongi. Mit seinen 30 Büchern deutlich umfangreicher als das ältere Kojiki, geht das Nihongi, mit vollerem Titel Nihonshoki »Schriftlicher Bericht über Japan« teilweise mit diesem parallel, ist aber sprachlich stärker sinisiert (chinesisch geprägt). Die Annalen des Nihongi führen bis zu Kaiserin Jitō (gest. 697), vor allem bieten sie im Unterschied zum Kojiki eine exakte Chronologie. Diese wurde aber sicher nachträglich berechnet und muß für die ältere Zeit (ähnlich wie in China) als legendär gelten. Die Arbeiten an dieser zweiten großen Kompilation wurden im Jahr 720 n. Chr. abgeschlossen und geschahen ebenfalls in kaiserlichem Auftrag. Japan knüpft mit beiden Werken an die alte chinesischen Tradition der »offiziellen Staatschroniken« an, welche mit den einzelnen Dynastien verbunden und wichtige Quellen chinesischer Geschichte sind. In China galt dabei schließlich eine Gruppe von 24 Chroniken als kanonisch, die 1739 auf den Befehl des chinesischen Kaisers gedruckt wurde, und welche die Zeit von den mythischen Anfängen bis zum Ende der Ming-Dynastie 1644 behandeln. Die einzelnen Chroniken sind dabei natürlich sehr viel älter; vor allem ist der Brauch »offizieller Chronistik« in staatlichem Auftrag altes chinesisches Erbe. Japan hat an diese Tradition angeknüpft, aber nur Kojiki und Nihongi haben im engeren Sinn eine besondere religiöse Dignität, weil sie auch die mythische Geschichte der Götter behandeln, d.h. den Ursprung der Kami und ihrer Heiligtümer. Zugleich ist das Nihongi die erste der offiziellen »Sechs Chroniken«, welche die Zeit bis 887 n. Chr. behandeln und in Japan unter dem Namen Rikkokushi »Die sechs Landesgeschichten« bekannt sind. In den japanischen Reformen des 19. und 20. Jahrhunderts wurde dann jedoch meist das knappe, aber authentischer altjapanische Kojiki gegenüber dem stärker chinesisch geprägten Nihongi und seinen Fortsetzungen vorgezogen.

Literatur: Buch 22–30 (über die Jahre 593–697) und einige andere Ausschnitte sind übersetzt bei Karl Florenz, Die historischen Quellen der Shinto-Religion (s. o.), 121–411 * Vollständig und mit einem gelehrten Kommentar: William George Aston, Nihongi. Chronicles of Japan from the Earliest Times to A.D. 697. 2 Bände. London 1896. Neuausgabe (einbändig) Boston u. Singapur 1972 u.ö. (eignet sich vorzüglich zum Einstieg in die ältere japanische Geschichte).

22. Ansätze zur Entstehung Heiliger Schriften in Kulturen nord- und mittelamerikanischer Indianer

(Wallam Olum, Popol Vuh u.a.)

*H*eilige Schriften in schriftlosen Kulturen? Wir sind bereits dem Phänomen begegnet, daß im Schatten von Schriftreligionen auch traditionelle Volksreligionen – selbst solche, die ursprünglich keine eigene Schriftkultur, sondern nur mündliche Überlieferungen besaßen – anfangen, ihr Traditionsgut aufzuschreiben. Einmal sammeln Menschen aus traditionellen Religionen selbst Überlieferungen, schreiben sie nieder, oder verfassen religiöse Autobiographien, in denen ihre Erinnerungen an das Traditionsgut ihres Volkes zum Tragen kommt. Zum anderen erhalten ältere Sammlungen, die von Fremden zusammengetragen bzw. verschriftlicht wurden (oft bereits im 19. Jhdt., in seltenen Fällen auch früher) einen neuen Stellenwert. Sie rücken sozusagen auf in den Platz Heiliger Schriften. Beide Vorgänge sind besonders gut in Nordamerika zu beobachten, wozu hier drei Beispiele kurz vorgestellt werden. Daneben ist der amerikanische Kontinent natürlich auch Stätte alter Hochkulturen, von denen zumindest die mittelamerikanischen eigene Schriften besessen haben. (Im Fall der peruanischen Inka ist der Sachverhalt etwas komplizierter, was hier nicht weiter diskutiert werden kann). Alle diese Texte haben in der Renaissance indianischer Spiritualität in der 2. Hälfte des 20. Jahrhunderts Schlüsselrollen innegehabt, die sie über den Rang religiöser Klassiker hinaus erheben. Sie sind nicht Heilige Schriften am historischen Ort ihrer Entstehung: aber sie wachsen in einen solchen Platz hinein im Zuge ihrer Rezeption. Sie wurden sozusagen zu Katalysatoren einer Neuentdeckung religiöser Identität und Dokumenten »authentischer Tradition«: eine nicht unwichtige Funktion Heiliger Schriften.

Wallam Olum. Die Lenape oder Lenni Lenape (die Bezeichnung »Delaware Indians« ist Fremdbezeichnung und wird heute nicht mehr verwendet) an der amerikanischen Ostküste haben wie alle Völker Nordamerikas keine Schrift besessen. Doch gab es offenbar Aufzeichnungen in Piktogrammform (d.h. als kleine Strichzeichnungen, ähnlich heutigen »Logos«), die als Memorierhilfen bei der mündlichen Performanz der heiligen Überlieferungen dienten. Wir hören bereits aus einem Bericht aus dem 1679, wie solche Piktogramme bei der Wiedergabe kosmogonischer Mythen zur Anwendung kamen. 1833 übertrug der Botaniker und Hobbyarchäologe Constantine Samuel Rafinesque (1783–1840) eine umfangreiche Sammlung solcher Piktogramme, die ihm in Form 1820 erworbener rotfarbiger Holzritzzeichnungen vorlag, in ein Manuskript und kommentierte sie nach mündlicher Tradition der Lenape sowohl mit einem indianischen Text (in Transkription) als auch einer englischen Übersetzung. Publiziert wurden die Piktogramme erst 1884 (Übersetzungen hatte es schon früher gegeben). Diese Aufzeichnungen bilden eine zusammenhängende Stammesgeschichte von einer Kosmogonie über etwa 100 Häuptlingsgenerationen bis in die Zeit des Kontaktes mit Europäern, wobei alle Details jedoch nur in oft rätselhafter Kürze dargeboten werden (687 Worte im Original; in deutscher Fassung etwa 20 Seiten). Die Chronik trägt den Namen Wallam Olum (auch andere Schreibungen begegnen: Walum Olum, Walam Olum, Wallamolum, Olum Wolum, Wallam-olum). Dieser Text ist vielleicht eines der wertvollsten Zeugnisse indianischer oraler Überlieferung überhaupt. Allerdings sind in jüngerer Zeit Zweifel an seiner Verläßlichkeit als eines authentischen Zeugnisses der Lenape formuliert worden. Große Teile des Inhaltes haben starke Ähnlichkeit mit 1833 bereits publizierten Materialien, an denen sich Rafinesque in seiner Deutung orientiert haben könnte. Sogar die Echtheit des Textes ist bestritten worden. Rafinesque war ein Mann immenser Bildung (der angeblich mehrere Dutzend Sprachen sprechen konnte) und ein bedeutender botanischer Sammler, aber ein entschiedener Exzentriker. Da sich zu seinen Lebzeiten niemand für seine indianischen Aufzeichnungen interessierte, sind viele Fragen zum Umfeld der Texte heute offenbar nicht mehr zu klären. Die Diskussion hierüber ist noch nicht abgeschlossen.

Literatur: Daniel Garrison Brinton, The Lenape and Their Legends with the Complete Text and Symbols of the Walam Olum. Philadelphia 1885 (wichtigste Ausgabe) * American Poetry: The Nineteenth Century. Bd. 2, hrg. John Hollander. New York 1993, 699–705 (The Library of America) (Auszüge; mit Wiedergabe der Piktogramme) * David M. Oestreicher, Unmasking the Walam Olum: A 19th-Century Hoax, Bulletin of the Archeological Society of New Jersey 49 (1994), 1–44 (gegen Echtheit).

Das Popol Vuh der Maya. Ganz anders gelagert ist der Sachverhalt im Fall des Popol Vuh (gesprochen: popol vuch), des in Europa und den USA wohl bekanntesten Heiligen Buches einer indianischen Kultur. Auch hier hat es diese Funktion erst nachträglich angenommen, ist aber ähnlich Homers Epen oder dem Mahābhārata nicht nur Träger nationaler Identitätsstiftung, sondern auch religiöser. Das Popol Vuh (übersetzt »Buch des Rates«) sammelt heilige Überlieferungen der Quiché-Indianer in Guatemala. Das Quiché ist nur eine der heute noch gesprochenen 26 Mayasprachen (der Name bedeutet wohl »viele Bäume«, also das gleiche wie der Name »Guatemala« in der Nahua-Sprache); das Werk ist also nicht etwa ein Dokument, das repräsentativ für die gesamte Mayazivilisation stehen könnte. Die mittelamerikanischen Maya bewohnten in hochentwickelten Stadtstaaten Teile von Mexiko, Guatemala, Honduras und El Salvador. Sie besassen eine hieroglyphische Schriftkultur – aber diese wurde im 16. Jahrhundert fast vollständig ausgelöscht. Allerdings blieben viele Inhalte der alten Tradition in der mündlichen Überlieferung der Maya lebendig, oft bis zur Gegenwart. Auch Nieder-

schriften chronistischer u.a. Texte der Maya in Lateinschrift hat
es im 16. Jhdt. mehrfach gegeben (z. B. die Bücher der Chilam
Balam »Jaguarbücher« aus Yucatán, die Informationen über Religion, Geschichte, Astronomie, Medizin und religiöse Rituale
enthalten); das Popol Vuh ist hier nur das berühmteste Beispiel.
Es wurde zwischen 1554 und 1558 in spanischer Transkription
niedergeschrieben; die Gewährsmänner waren dabei Mitglieder
hoher Adelsfamilien. Der Text dürfte auf eine Fassung zurückgehen, die bereits in Mayahieroglyphen fixiert war. Etwa zwischen 1701 und 1703 fertigte ein spanischer Mönch (Francisco
Ximénez) sowohl eine Abschrift des Quichétextes als auch eine
spanische Übersetzung an. Dies ist das einzige erhaltene Exemplar des Textes; es liegt heute in der Newberry Library in
Chicago, die eine der weltgrößten Sammlungen indianischer Literatur besitzt. Publiziert wurde das Buch zuerst in spanischer
Sprache 1857 durch den österreichischen Arzt Carl Scherzer, der
das Manuskript 1854 in einer Bibliothek in Guatemala City entdeckt hatte. 1861 folgte in Paris eine Edition des Quichétextes
mit französischer Übersetzung durch den französischen Priester Charles Etienne Brasseur de Bourbourg. Ximénez' Vorlage
enthielt offenbar auch Abbildungen (auf die der Text verweist),
aber diese sind nicht erhalten. Seitdem ist das Buch in viele europäische Sprachen übersetzt worden, und genießt auch in ganz
Mittelamerika höchste Wertschätzung. In jüngster Zeit hat Don
Adrian Chavez (ca. 1900–1987) ein neues Transkriptionssystem
für das Quiché geschaffen. In dieser Schrift wird der Name des
Buches Pop Wuj geschrieben. Wir bleiben jedoch bei der einge-
bürgerten Schreibweise.

Das Popol Vuh beschreibt die Ursprünge der Welt und des
Menschen und die Wanderungen der Quiché-Maya bis zur
Ankunft der europäischen Eroberer. Merkwürdig ist die Idee
mehrerer sozusagen verunglückter Anläufe bei der Entstehung
der Menschen. In diesen weiten Rahmen sind zahlreiche mythologische Erzählungen und Passagen von hoher poetischer
Kraft integriert, daneben auch lange Königslisten und anderes
chronologische Material. Die Stimmung hat apokalyptische
Obertöne; bei Niederschrift stand das Ende eines traditionellen
52-jährigen Zyklus des Mayakalenders gerade bevor, das herkömmlich mit Unglücken verbunden wurde. Obwohl das Popol

Vuh über Jahrhunderte keine Attribute einer Heiligen Schrift besaß, nimmt es diese zunehmend an, und interessanterweise nicht nur unter den Nachfahren des Maya-Volkes. Es hat damit eine eigenartige Karriere absolviert, deren Höhepunkt vielleicht noch nicht einmal erreicht ist. Als kommentierte Leseausgabe eignet sich am besten: Popol Vuh. The Mayan Book of the Dawn of Life. Translated by Dennis Tedlock. New York u.a. 1985 (mit ausführlichem mythologischem Lexikon)

»*Black Elk Speaks*«. Das autobiographische Zeugnis eines Anführers der Oglala Indianer namens »Black Elk« (Hehaka Sapa, 1863–1950) ist seit seiner Erstpublikation im Jahr 1932 der meistgelesene Text indianischer Literatur. Niedergeschrieben wurde das Buch von dem Ethnologen John Neihardt. Sowohl für Native Americans als auch für Amerikaner europäischer Ankunft ist er zu einem klassischen Ausdruck indianischer Identitätssuche und Identitätsfindung und in seiner tiefen, visionären Spiritualität sehr dezidiert ein Heiliger Text geworden.

23. DAS BUCH MORMON U.A. HEILIGE SCHRIFTEN DER MORMONEN

Das Buch Mormon. Das Buch Mormon dürfte die bekannteste Heilige Schrift einer Neuen Religiösen Bewegung sein. Publiziert zuerst 1830 in Upstate New York, beansprucht es einen erstaunlichen Hintergrund. Der Prophet Joseph Smith (1805–1844), in seiner Jugend von religiöser Unrast erfüllt, erlebt eine Reihe von Visionen, in denen er schließlich beauftragt wird, ein verschollenes Heiliges Buch, ein »anderes Testament Jesu Christi« (so auf dem Titel späterer Druckausgaben, aber noch nicht auf dem Erstdruck Palmyra 1830) zu offenbaren. Auf Goldtafeln niedergeschrieben, habe es um das Jahr 440 n. Chr. der amerikanische Prophet Moroni unter einem Hügel namens Cumorah verborgen. Smith darf das Manuskript 1827 bergen und macht sich an die Übersetzungarbeit, die er mit Hilfe magischer Steine

(»Urim und Thummim«, Orakelsteine aus dem Alten Testament) durchzuführen beansprucht. Dabei diktiert er das Ergebnis verschiedenen Schreibern, die aber das Buch selbst nicht zu sehen bekommen (eine aufgehängte Decke trennt den Raum gegenüber Smith ab). Doch werden dem Buch später Zeugnisse einer Reihe von Personen vorangestellt, die beschwören, das Original selbst gesehen zu haben. Die Goldplatten muß Smith nach getaner Arbeit Moroni (demselben, der sie einst verbarg) zurückgeben (dieser ist nun ein himmlisches Wesen geworden). Der Originaltitel lautet: »The Book of Mormon: an Account Written by the Hand of Mormon, upon Plates taken from the Plates of Nephi«. Der Originaldruck hat 590 kleinformatige Seiten. Das Buch Mormon ist ähnlich der Bibel in einzelne Bücher eingeteilt; anders als in der Bibel ist jedoch der Zusammenhang der einzelnen Bücher etwas enger. Es sind dies (in dt. Titelform): Das erste Buch Nephi, Das zweite Buch Nephi, Das Buch Jakob, Das Buch Enos, Das Buch Jarom, Das Buch Omni, Die Worte Mormons, Das Buch Mosia, Das Buch Alma, Das Buch Helaman, Drittes Buch Nephi, Viertes Buch Nephi, Das Buch Mormon, Das Buch Ether, Das Buch Moroni.

Zentrale Motive sind der Streit zwischen den beiden amerikanischen Völkern der Nephiten und der Lamaniten, die Präsenz prophetischer Warner unter ihnen und die Erscheinung des auferstandenen Jesus nach Ostern, um auch in Amerika eine Kirche zu berufen. Nephiten und Lamaniten seien in mehreren Etappen aus dem Orient ausgewanderte Israeliten, also Nachkommen der »verschollenen Stämme«. Nephi etwa, eine Schlüsselfigur, sei um 600 v. Chr. aus Jerusalem geflohen. In einem ganz an der Bibel orientierten Stil entfalten die Einzeltexte des Buches Mormon eine (nach nicht-mormonischer Auffassung) fiktive Alternativgeschichte Amerikas, die schließlich im Untergang der Nephiten endet. Die Lamaniten werden die Vorfahren der Indianer. In der nicht-mormonischen Forschung gilt das Buch Mormon bestenfalls als ein poetisches Produkt – freilich auch darin als ein Zeugnis amerikanischer Suche nach einer eigenen Identität im frühen 19. Jhdt.

Neben dem Buch Mormon, verehrt die Church of Jesus Christ of Latter-day Saints (die größte Mormonenkirche, neben der es noch verschiedene kleinere Kirchen gibt) weitere Offenbarungsschriften. »Doctrines and Covenants« ist im wesentlichen eine Sammlung prophetischer Reden von Smith. »The Pearl of Great Price« ist eine kleinere Sammlung kanonischer Texte: Auszüge aus einem »Buch des Mose«, ein »Buch Abrahams« (das aus ägyptischen Papyri übersetzt sein will), Auszüge aus einer neuen Bibelübersetzung von Joseph Smith (ansonsten wird die King James-Version verwendet), und autobiographische Aufzeichnungen des Gründers. Sehr zum Erstaunen kritischer Beobachter hat sich unter Mormonen eine immens fleißige historische Wissenschaft entwickelt, welche die Historizität des Buches Mormon beweisen will, damit Nichtmormonen im allgemeinen nicht überzeugt – und doch auf vielen Gebieten der Textedition etc. gute Arbeit leistet.

Literatur: Donald W. Parry, Jeannette W. Miller u. Sandra A. Thorne, A Comprehensive Annotated Book of Mormon Bibliography. Provo, Utah 1996 * John A. Tvedtnes, The Book of Mormon and Other Hidden Books. Provo, Utah 2000 (religionsgeschichtliche Parallelen zur »Auffindung« des Buches Mormon, aus mormonischer Sicht analysiert).

Der offene Kanon der Mormonen. Da Gott auch in Zukunft prophetische Bücher zugänglich machen kann, besitzen die Mormonen einen grundsätzlich offenen Kanon. Dies spielt in der sehr konservativen mormonischen Praxis jedoch kaum eine Rolle. Splittergruppen der Church of Jesus Christ of Latter-day Saints zeichnen sich jedoch gelegentlich durch einen extrem weiten Kanonbegriff aus, der sozusagen die Radikalisierung des grundsätzlich offenen Kanons darstellt. Wir nennen exemplarisch die Sons of Ahman Israel (SAI), 1981 in Saratoga Hot Springs (Utah) von Davied Asia Israel und anderen früheren Mormonen gegründet. Sie verehren und benutzen in ihren Versammlungen neben der Bibel und den mormonischen »Standard Scriptures« gnostische, qumran-essenische, jüdisch-kabbalistische und andere Texte, v.a. weitere neo-mormonische Offenbarungsschriften wie die »Oracles of Mohonri« und »The Order of the Sons of Zadok«. Diese Vielfalt begründen sie mit dem Glauben an eine esoterisch-gnostische Traditionslinie, die in Joseph Smith gegipfelt habe. Im übrigen gehören sie zu den nach wie vor polygamen Splittergruppen der Mormonen.

24. Heilige Schriften in Neuen Religiösen Bewegungen Japans und Koreas einschliesslich der Vereinigungskirche

*D*ie grundlegende religiöse Konstellation des modernen Japan. Japan besitzt im Shinto eine starke Nationalreligion, die sich auch neben den Missionsreligionen Buddhismus (japanisch bukkyō) und Christentum (japanisch kirisuto-kyō) behaupten konnte, ja in gewisser Hinsicht als staatstragender Kult die Oberhand über diese behalten hat. Mit dem aus China und Korea importierten Buddhismus (koreanische Mönche waren schon 552 n. Chr. nach Japan gekommen) ist die nationale Tradition Japans eine vielfache Vermischung eingegangen, die aber nicht zu einem synkretistischen Gemenge, sondern zu einer Reihe klar definierter religiöser Gruppen und Gemeinschaften geführt hat. Dennoch werden Buddhismus und Shinto in Japan nicht als unvereinbare Gegensätze erlebt: viele Japanerinnen und Japaner praktizieren in der einen oder anderen Form beide Religionen mit- und nebeneinander. Das Christentum hatte es sehr viel schwerer, Fuß zu fassen, ist heute aber ebenfalls ein bedeutender Faktor in der religiösen Landschaft Japans. Zu diesen Entwicklungen trug bei, daß die Spannung zwischen »Fremden« und »Eigenem« ein, wenn nicht das wesentliche Thema der japanischen Kulturgeschichte gewesen ist. Perioden einer eifrigen (aus der Sicht mancher Japaner dann oft: übereifrigen) Rezeption des Fremden (aus China, Europa oder den USA) wechseln mit solchen aggressiver Abgrenzung nach außen und einer Wiederentdeckung nationaler Werte und Traditionen.

Trotz und vielleicht wegen dieser spannungsvollen Dynamik zwischen den großen Religionen hat Japan im 19. und 20. Jhdt. eine reiche Geschichte religiöser Neugründungen und Reformbewegungen erlebt, die sich nicht zuletzt auch in Form organisierter Neuer Religiöser Bewegungen ausdrückt. Vor allem aus der Nichiren-shū (Schule des Nichiren) des großen Reformers Nichiren (sprich: Nitschiren) (1222–1282) und der kurz nach seinem Tod abgespaltenen radikaleren Nichiren-Shōshū (»Wahren Schule des Nichiren«) sind im 19. und 20. Jhdt. diverse religiöse Neugründungen hervorgegangen, so die Nipponzan-Myohoji, die Reiyūkai, die Risshō Kōsei-kai und vor allem die Sōka Gakkai. Auch die beiden ursprünglichen Schulen Nichirens existieren noch.

Soka Gakkai (Sōka Gakkai). Diese ist heute mit etwa 8 Millionen Familien und mindestens 20 Millionen Mitgliedern die größte religiöse Gemeinschaft Japans. Gegründet 1938 unter dem ehemaligen Namen »Wissenschaftliche Gesellschaft zur Schaffung von Werten und für Erziehung«, verbindet sie als ausgesprochene Laienbewegung den Reformbuddhismus Nichirens mit pädagogischen und kulturschaffenden Ideen. Der Gründer der Bewegung Makiguchi Tsunesaburo (1871–1944) starb noch im 2. Weltkrieg im Gefängnis; Soka Gakkai hatte anfänglich mit großen Widerständen zu kämpfen, weil sie die Teilnahme am Staatsshinto ablehnt. Wie die Schule Nichirens steht sie in heftiger Opposition den Amida-Bewegungen (»Reines-Land-Buddhisten«) gegenüber, denen sie strukturell jedoch überraschend ähnelt. (Es scheint eine religionsgeschichtliches Gesetz zu sein, daß die Konflikte zwischen zwei Gruppen dann am stärksten sind, wenn sie sie sich strukturell am stärksten ähneln). Auch Soka Gakkai-Anhänger glauben, daß das bloße (vertrauensvolle) Chanten (Singen) einer heilvollen Formel böse karmische Einflüsse auflöst und zu Glück, Erfolg und Wohlstand beiträgt. Die gilt auch für andere japanische Neureligionen, wie die stark durch ihre beiden charismatischen Gründer geprägte Risshō Kōsei-kai, die 1938 entstand. In Soka Gakkai ist dies die Titelzeile des Lotussutras. Daneben wird das Gongyō praktiziert, die feierliche Rezitation von Teilen des 12. und 16. Kapitels des Lotussutras. Soka Gakkai ist indirekt auch politisch tätig, doch wird eine Ämterverflechtung politischer und religiöser Ämter nach scharfer Kritik Anfang der 1970er Jahre nicht mehr praktiziert. Japans erfolgreiche rechtsliberale politische Partei Kōmeitō hat ihre Wurzeln in Soka Gakkai.

Für unseren Kontext ist nun von Bedeutung, daß die Soka Gakkai ihren normativen Text mehrfach »entradikalisiert« hat. Als »Heilige Schrift« fungiert, wie in den Schulen Nichirens, primär das Lotussutra. Als dessen Entfaltung für die Gegenwart aber erschien 1951 das Lehrbuch Shakubuku Kyōten von Toda Jōsei (gest. 1951, Präsident der Soka Gakkai nach Makiguchis Tod). Dieses Werk vertrat wie viele Neureligionen Japans ein aggressives Missionskonzept bei deutlicher und diffamierender Ablehnung anderer Religionen. Bereits in späteren Drucken entschärft, wurde es 1980 durch das sehr viel liberalere, sich dem Mainstream des Buddhismus stärker anpassende Sōka Gakkai Nyūmon (»Einführung in Soka Gakkai«) ersetzt. Soka Gakkai profiliert sich damit als eine weltweit operierende buddhistischen Kulturorganisation, die behutsam auch einen interreligiösen Dialog aufnimmt. Der Brückenschlag zur buddhistischen Gesamtgemeinschaft ist sehr deutlich, obwohl etwa gegenüber der zweitgrößten buddhistischen Gemeinschaft Japans, der Risshō Kōseikai, nach wie vor heftige und aggressive Opposition besteht. Zugleich traten nationaljapanische Gedanken (Japan als das künftige »Buddhaland«) zurück. Ähnlich wie bei aus dem Christentum (Mormonen, Vereinigungskirche) und dem Islam entstandenen Neureligionen kann man auch in Japan beobachten, wie (hier aus dem Buddhismus entwickelte) Gemeinschaften Entradikalisierungsprozesse durchmachen, in deren Folge sie sich sowohl äußerlich stärker ihrer Mutterreligion anpassen als auch eine größere ökumenische Offenheit entwickeln.

Die Vereinigunskirche (Unification Church). Auch auf dem Boden Koreas sind neue religiöse Bewegungen entstanden, von denen zumindest eine eine praktisch weltweite Ausbreitung erfahren hat. Der ursprüngliche Name der Gründung des Reverend Sung Myung Moon (geb. 1920) war Holy Spirit Association for the Unification of World Christianity (gegr. 1954 in Seoul, Korea). Heute heißt sie Unification Church International. Religionsgeschichtlich ist sie insofern von besonderem Interesse, als ein messianisch-utopisches Element immer stärker in den Vordergrund getreten ist. Phasen einer stärkeren Rezeption älterer nationalkoreanischer Elemente insbesondere aus dem koreanischen Schamanismus (Kontakt mit den Geistern der Ahnen,

»gechannelte« Botschaften aus dem Jenseits) haben zeitweise in der Vereinigungskirche eine größere Rolle gespielt, sind aber von Rev. Moon selbst wieder zurückgedrängt worden. Das fundamentale Familenethos der Vereinigungskirche nährt sich allerdings nicht nur aus christlichen, sondern deutlich erkennbar auch aus koreanischen Wurzeln. Dieser koreanische Anteil am Glauben und Praxis der Vereinigungskirche von ihren Anhängern auch keineswegs bestritten, sondern als ein Erwählungsgeschehen gesehen.

Juni 2006 wurde von der Sunghwa Publishing Company die englische Ausgabe der neuen »Heiligen Schrift« der Vereinigungskirche publiziert (eine deutschsprachige Ausgabe wird für 2007 erwartet). Sie führt den koreanischen Titel »Cheon Seong Gyeong«, englisch »Selections from the Speeches of the True Parents«. Dieses Werk darf als das jüngste Produkt in der langen Geschichte Heiliger Schriften gelten. Formal stellt es eine monumentale Sammlung (2400 Seiten) von Ausschnitten aus Reden des Gründers der Vereinigungskirche Rev. Sun Myung Moon und seiner Frau Hak Ja Han dar. Diese gliedern sich in 16 Bücher, deren Titel wie folgt lauten: 1. True God, 2. True Parents, 3. True Love, 4. True Family, 5. Life on Earth & the Spirit World, 6. Human Life & the World of Spirits, 7. Manners & Ceremonies, 8. Sin & Restoration Through Indemnity, 9. Blessed Family, 10. The Way of People in the Completed Testament Age, 11. The Basis of the Universe, 12. Pacific Providence, 13. Restoration of True God's Fatherland, 14. Life of True Filial Children, 15. Life of Owners of Cheon Il Guk, 16. True Family & the Family Pledge. Dieses Werk tritt neben die frühere grundlegende Publikation »Exposition of the Divine Principle« (1996, engl. zuerst 1966, mit längerer koreanischer Vorgeschichte).

In gewisser Hinsicht kann die Theologie der Vereinigungskirche als Verbindung eines radikalisierten Messianismus mit Gedanken gesehen werden, die überraschend der amerikanischen Prozeßtheologie ähneln (Charles Hartshorne u.a., Chicago Divinity School) und in mancher Hinsicht eine Parallelentwicklung zu dieser darstellen. Gott und Welt (Mensch) sind hier Pole, die sich in einem kreativen Prozeß miteinander entwickeln und entfalten. Nicht die Verwirklichung von vorgegebener »Wahrheit«, sondern prozessuale (ereignishafte) Vorgänge zwischen Gott und Mensch sind Inhalt des Weltgeschehens. Ein paradoxer Grundzug darf nicht übersehen werden: der allmächtige Gott kann nur durch das Werk von Menschen befreit werden. Diesen paradoxen Grundzug hat die Vereinigungskirche mit manchen gnostisch-esoterischen Gestalten den Christentums gemeinsam. Ähnlich den Mormonen stellt die Vereinigungskirche eine eigene nachchristliche neue Religion dar, die im Begriff ist, auch ihre eigenen Heiligen Schriften zu definieren.

25. Heilige Schriften der Yeziden, der Drusen, der Bahai und anderer aus dem Islam entstandener Religionsgemeinschaften

Yeziden/Yaziden. Die Heiligen Texte dieser kleinen (meist) kurdischsprachigen Minderheitsreligion im nördlichen Iraq, in der Türkei, Armenien und Syrien sind religionswissenschaftlich von außerordentlichem Interesse, nicht zuletzt weil sie sorgfältiger Geheimhaltung unterliegen und erst Ende des 19., Anfang des 20. Jhdts. nur durch Indiskretionen, z. T. geradezu durch eine betrügerische Aneignung von internen Schriften in Europa bekannt geworden sind. Heute leben Yeziden auch in großer Zahl in Deutschland, da sie in ihrer Heimat in den letzten Jahrzehnten immer stärkerem Druck ausgesetzt waren. Zentrum ihrer Religion ist das Tal Lalisch im nördlichen Iraq, wo u.a. das Grab der Gründerfigur Scheich ʿAdi ibn Musafir (gest. ca. 1160 n. Chr.) befindet. Dieser wird auch von verschiedenen Derwischorden verehrt; seine erhaltenen allgemein bekannten mystischen Schriften haben jedoch keinen speziellen Bezug zu den Glaubenslehren der Yeziden. Dies kann entweder so erklärt werden, daß frühe jezidische Theologie aus einer Art esoterischer, geheimgehaltener Unterweisung des Scheichs herrührt, oder sich vielleicht auch erst unter seinen Schülern entwickelt hat – oder andererseits die Figur ʿAdis überhaupt nur sekundär mit den Yeziden verbunden wurde. Rasch kommt es zu Konflikten mit der muslimischen Umwelt. 1415 wird das Heiligtum im Lalisch zerstört. Spätestens im Kontext dieser gewaltsamen Konflikte haben die Yeziden angefangen, sich gegenüber dem Islam als eine durchaus eigene Religion zu verstehen. Der Name Yezide oder Yazide (engl. meist Yezidi, kurdisch yazidi) stammt aus dem Iranischen izad »verehrungswürdiges Wesen, Gottheit«. Ursprünglich war das Wort vielleicht ein spöttischer Spitzname, den schiitische Muslime der Gruppe gegeben hatten (viele Namen von Religionsgemeinschaften sind vor Hause aus Fremdbezeichnungen, wie z. B. auch das Wort »Christen«). Heute wird der Name aber auch durchgehend als Selbstbezeichnung verwendet.

In der amerikanischen und europäischen Literatur haben die Yeziden jahrzehntelang eine merkwürdige Berühmtheit innegehabt, weil sie als »Teufelsanbeter« galten. So erscheinen sie z. B. in orientalisierenden Erzählungen von Howard Ph. Lovecraft, Robert E. Howard, Carl Jacobi, Seabury Quinn (»The Devil's Bride«, 1932, in Romanform noch einmal 1976) und vor allem E. Hoffman Price, der zum Thema einen ganzen Zyklus von Erzählungen publiziert hat (»The Stranger from Kurdistan«, 1925; »The Peacock's Shadow«, 1926; »The Bride of the Peacock«, 1932; »The Word of Santiago«, 1926, »Prayer to Satan«, 1942), die später auch vielfach in Sammelbänden erschienen sind. Robert W. Chambers hat dem angeblichen Teufelsdienst der Yeziden einen ganzen Roman gewidmet: »The Slayer of Souls«, New York 1920. Zwar hatte der Journalist William Seabrook in seinem vielbeachteten Reisebericht »Adventures in Arabia« (London, Bombay u.a. 1928), der auch über Drusen, Derwischorden u.a. berichtete, manchen Vorurteilen widersprochen, aber das Motiv der teufelverehrenden Yeziden hatte längst eine Eigendynamik angenommen. Dies ist jedoch ein schwerwiegendes und diffamierendes Mißverständnis, gegen das sich seriöse Forschung schon damals gerichtet hat. Tatsächlich lehren Yeziden, daß der größte der sieben Erzengel, Azaziel, zwar im Anfang gegen Gott rebelliert und die Verbeugung vor dem ersten Menschen Adam verweigert habe (ein im Islam zentrales Motiv der Dämonologie). Anders als in Judentum, Christentum und Islam behauptet, hätte sich der eine Gott (den sie unter dem kurdischen Namen Khuda kennen) jedoch mit Azaziel versöhnt, der daraufhin weiter die Funktion eines stellvertretenden Weltherrschers innehat (für Khuda). Yeziden benennen ihn mit seinem Ehrennamen Malik Taus (»König Pfau«), während sie den Namen Schaitan (arab. für Satan) radikal vermeiden. Nach yezidischer Tradition stammen alle anderen Menschen von Adam und Eva ab, während die Yeziden durch eine besondere Gnade aus Adam allein geschaffen wurden, also an Evas Sünde keinen Anteil haben. Auch Malik Isa (Jesus) gilt als Engel; seine Herrschaft wird für die Zukunft nach derjenigen des Malik Taus erwartet.

Scheich ʿAdi ibn Musafir hatte der Überlieferung zufolge vor niedergeschriebenen Worten gewarnt. Daher waren viele Yeziden jahrhundertelang Analphabeten geblieben. Die religiöse Überlieferung wurde durch sorgfältig ausgebildete Sänger weitergegeben (sie führten traditionell den Titel qawwal »Rezitator«). Doch existieren neben diesem mündlichen Traditum doch auch Heilige Schriften der Yeziden, meist sehr kurze Texte, die Ende des 19., Anfang des 20. Jhdts. bekannt geworden sind. Kitab el-Jelwa »Buch der Offenbarung« ist eine Offenbarungsrede des Malik Taus, die vielfach an hermetische Literatur erinnert. Sie wird Scheich ʿAdi zugeschrieben. Meschaf Resch (kurdisch »Das schwarze Buch«, arab. kitab el-aswad) dagegen sei von dessen Urgroßneffen Scheich Hasan ibn ʿAdi niedergeschrieben worden. Es ist ein Schöpfungsmythos und eine legendäre Vorgeschichte der Yeziden. Daneben existiert ein längerer gnostisierender Hymnus des Scheich ʿAdi. Der äußeren Form nach sind diese Texte oft Offenbarungsreden in den im Orient altgeheiligten Formen der Ich-Rede der Gottheit.

Literatur: John S. Guest, Survival Among the Kurds: A History of the Yezidis, rev. ed. London u. New York 1993 (zuerst 1987) (enthält im Anhang S. 207–214 Übersetzungen der Heiligen Schriften der Yeziden).

Bahāʾī. Im Gegensatz zu den anderen in diesem Kapitel vorgestellten Gruppen sind die Bahai (neuerdings auch in dieser vereinfachten Schreibung) im Westen wohlbekannt. Ihr europäisches Zentrum befindet sich in Hofheim-Langenhain, wenige Kilometer von Frankfurt entfernt im Taunus. Auch ihr internationales Zentrum in Israel haben viele Touristen (auch viele Deutsche) besucht. Die beiden Gründerfiguren Báb (1819–1850) und vor allem Bahá'u'lláh (1817–1892) stammen aus dem Islam des 19. Jhdts. und seiner Auseinandersetzung mit der westlichen Welt. Im Gegensatz zu islamischen Radikalisierungen im 20. Jhdt. verkörpert die Bahai-Religion eine Öffnung gegenüber der Vielfalt der Religionen und einer globalen Weltkultur. Dafür wurde sie von Anfang an Gegenstand vieler Verfolgungen v.a. im Iran. 1853 erlebt Bahá'u'lláh seine Berufungsvision. 1863 verkündete er offen seinen Anspruch, Gottes Gesandter für die gegenwärtige Weltepoche zu sein. Die Etappen seines Lebens können hier nicht dargestellt werden. In Briefen an Führungspersönlichkeiten der westlichen Welt entfaltet er seine Vision einer neuen gerechten Weltordnung. Kurz vor seinem Tod vollendet er sein Hauptwerk, das »Heiligste Buch« (al-Kitáb al-Aqdas). Darin sind die Glaubensgrundlagen der Bahaí sowie konkrete Anweisungen für das religiöse Leben des Gläubigen, z. B. Gebet und Fasten dargelegt. Darüber hinaus enthält es die wichtigsten Grundlagen der von Bahá'u'lláh verheißenen künftigen Weltordnung, die auf dem friedlichen Zusammenleben aller Völker und Religionen basiert. In Versammlungen der Bahai wird aus Texten aller großen Religionen vorgelesen, aber nicht gepredigt.

Literatur: Margit Warburg, Baha'i. Turin 2001 * Bahá'u'lláh, The Kitáb-I-Aqdas. The Most Holy Book. Ausgabe Bundoora Vic, Australien 1993 * www.bahai.de * www.bahairesearch.com.

Drusen. Die Glaubensgemeinschaft der Drusen ist den meisten Deutschen nur aus dem Libanonkonflikt bekannt. Aber ähnlich den Yeziden haben sie eine jahrhundertealte Geschichte, und sind ebenfalls aus Radikalisierungen des schiitischen Islam entstanden. Man findet ihre Gemeinschaft auch in Israel, in Syrien und in großen Emigrantengruppen in den USA und andernorts. Die historischen Wurzeln der Drusen liegen in der Regierungszeit des megalomanen Kalifen al-Cgākim (996–1021), desselben, der 1009 in Jerusalem das Felsengrab Jesu zerschlagen ließ und damit nicht unwesentlich zum Ausbruch der späteren Kreuzzüge beitrug. Sein exzentrisches und wechselhaftes Verhalten wird heute meist als Ausdruck einer bipolaren Persönlichkeitsstörung gedeutet, d.h. er war manisch-depressiv.

Eine kleine Gruppe radikaler Schiiten verehrte jedoch ihn und seine Vorgänger (die Fatimidenherrscher der Dynastie von al-Qaʿim, 934–946, bis zu al-Chakim) als leibhaftige Verkörperungen bzw. »Spiegelungen« der Gottheit (ein für orthodoxe Muslime unerträglicher Gedanke). Perioden einer solchen leibhaftigen Präsenz Gottes wechselten sich nach dieser Auffassung mit solchen einer »Verborgenheit« ab, in der Gesetzesreligionen wie Islam und Christentum in Geltung stehen (die also nur relative Gültigkeit haben). Die ersten Verkünder der drusischen Lehre – die zahlreiche neognostische und neuplatonische Elemente enthält – waren ein gewisser ad-Darzi (nach dem die Drusen benannt sind, arabisch im Plural ad-Duruz) und sein Schüler Chamza, der 1021/22 in Mekka hingerichtet wurde. Die Drusen selbst nennen sich bevorzugt »Religion der (göttlichen) Einheit«, verstehen sich zuweilen aber auch nicht als eigene Religion, sondern als Reformbewegung (Samy Swayd). Nach dem rätselhaften, nie geklärten Verschwinden al-Chakims entstand aus dieser noch kleinen Schar von Getreuen allmählich eine eigene Gemeinschaft, die sich auch in ihrem Selbstbild radikal vom Islam unterscheidet. Als Antinomisten verwerfen die Drusen das gesamte islamische Religionsgesetz. Nur eine Zahl von Eingeweihten kennt die inneren Geheimnisse der Drusenreligion, die eine strenge Arkandisziplin übt; die Mehrheit der Mitglieder kennt die wahren Lehren ihrer eigenen Religion nicht. Chamza war es, der vor seinem Tod die Grundlagen des sechsbändigen drusischen Kanons schuf. (Auch Handschriften in 1, 2, 3 oder 5 Bänden existieren). Dieser wird bis heute nur handschriftlich verbreitet und Nichteingeweihten (sowie Nicht-Drusen) gegenüber strikt geheimgehalten. Dennoch ist einiges über den Inhalt bekannt geworden, und einige Exemplare haben ihren Weg in europäische Bibliotheken gefunden. Im wesentlichen handelt es sich um 111 Briefe (Rasaʾil al-Hikmah »Briefe der Weisheit«, auch Kitab al-hikmet »Buch der Weisheit«) aus den Anfangstagen der Bewegung im 11. Jhdt., die alle religiösen Fragen behandeln. Daneben existieren weitere drusische Manuskripte sakraler Bedeutung, deren Text und Umfang offenbar nie abschließend fixiert wurde, manche in der klassischen Form der Zetemata-Literatur (ein Schüler oder Sohn fragt, ein Meister oder Vater antwortet).

Literatur: Samy S. Swayd, Historical Dictionary of the Druzes, Lanham, MD 2006 (mit Bibliographie), bes. 55f. 109f. 186.

Nation of Islam. Unter den vielen von einem heterodoxen Islam geprägten Gruppen schwarzer Amerikaner (African Americans) ragt die Nation of Islam als eine der radikalsten und einflußreichsten heraus. Gegründet 1930 von Wali Farad Muhammad (geboren als Wallace Dodd Fard) in Detroit, lehrte sie ursprünglich einen dezidiert »schwarzen« und darin auch rassistischen Islam (nur dunkelhäutige Menschen sind Gottes erwähltes Volk). Ein Ziel war die Errichtung eines separaten Staates der Schwarzen auf dem Boden der USA. In einer gewaltigen apokalyptischen Schlacht (nach Apk. 16, 16) würden die Schwarzen das Joch der Weißen endgültig abschütteln. 1934 verschwand Wali Farad Muhammad (der selbst wohl drusischer Abstammung war) unter bis heute ungeklärten Umständen, nachdem seine Religionsgemeinschaft auf etwa 8000 Menschen angewachsen war. Sein Nachfolger Elijah Muhammad (gest. 1975) organisierte die Nation of Islam straff und zentralistisch, doch gab es auch gegen diesen Führungsstil gerichtetete Bestrebungen. Wali Farad Muhammad galt im buchstäblichen Sinn als Inkarnation Allahs, in deutlicher Anlehnung an die christliche Inkarnationstheologie, die dem Islam sonst fremd ist. Elijah Muhammad dagegen galt als Mahdi (eine messianische Gestalt islamischer Eschatologie). 1947 konvertierte der redegewaltige Bürgerrechtler Malcolm Little (1925–1965) während eines Gefängnisaufenthaltes in Massachusetts zur Nation of Islam und nannte sich um in Malcolm X (»X« für »Ex-Christ, Ex-Neger, Ex-Sklave«, und in Hinsicht auf die noch unbekannte neue Identität des »black consciousness«). In diesen Jahren wurde die Nation of Islam zu einer zentralen Bewegung, die schwarzes Selbstbewußtsein in den USA neu definierte und mehrere 10 000 Anhängerinnen und Anhänger fand. Zum Zeitpunkt seiner Ermordung hatte Malcolm X sich vom Personenkult um den Gründer der Nation of Islam distanziert und betrachtete sich einfach als Muslim. Im Unterschied zu Martin Luther King wurden militante Maßnahmen im Sinne schwarzer Selbstverteidigung ausdrücklich bejaht. Nach Elijah Muhammads Tod 1975 übernahm sein Sohn Wallace Muhammad die Führung der Gemeinschaft, und lenkte sie sofort wieder in deutlicher islamische Bahnen. Der Rassismus wurde zumindest grundsätzlich überwunden: alle Menschen können Mitglied der islamischen Heilsgemeinde werden. Der offizielle Name der Bewegung änderte sich mehrfach (zuletzt Muslim Mission); heute ist sie Teil der (im sunnitischen Sinn) orthodoxen islamischen Gemeinschaften in den USA. Doch existiert daneben auch noch eine radikale Nation of Islam. Diese ist insofern ein Sonderfall, als sie als islamische Gruppe zwar den Koran verehrt, aber für die Zukunft – bei der erwarteten eschatologischen Rückkehr Wali Farad Muhammads – mit einem neuen Heiligen Buch rechnet, welches alle früheren Heiligen Schriften übertreffen soll.

26. Heilige Schriften westlich geprägter Neuer Religiöser Bewegungen

Westliche neue Religionen. Wir haben im Fall der Church of Jesus Christ of Latter-day Saints (Mormonen) bereits eine stark westlich – in diesem Fall amerikanisch – geprägte Neue Religiöse Bewegung kennengelernt, die nach Ansicht der meisten Religionswissenschaftler eine eigene neue Religion darstellt (auch wenn sie sich selbst als erneuerte Form eines ursprünglichen Christentums und insofern einzig wahre Kirche sieht). Daneben existieren nun vor allem in den USA, aber auch in anderen westlichen Staaten religiöse Neugründungen, die ebenfalls eigene Heilige Schriften hervorgebracht haben. Der umstrittenste, religionswissenschaftlich aber ohne Frage auch besonders interessante Fall ist die Scientology Kirche (Church of Scientology), die keinen christlichen Hintergrund hat. L. Ron Hubbard (1911–1986), der Gründer von Scientology, hat seine Kirche geradezu »the first entirely Western effort to understand life« genannt (The Problems of Work, 1956). (»Kirche« meint hier wie oft in den USA »Religionsgemeinschaft«). Andererseits betonen Scientologen gerne – und mit einem nachvollziehbaren

Recht – eine Affinität zum Buddhismus (die keine historische Abhängigkeit bedeutet). In jedem Fall verdient die Scientology Kirche im Kontext unserer Fragestellung Aufmerksamkeit, und nicht nur, weil sie in der Bundesrepublik die umstrittenste Neue Religiöse Bewegung der letzten Jahre gewesen ist, und solide Information daher unbedingt erforderlich ist.

Scientology. 1954 gegründet, hat die Scientology Kirche ein immenses Corpus an Literatur geschaffen. Dabei gelten in einem pauschalen Sinn Hubbards Bücher und Vorträge als »Scriptures«. Doch unterscheiden Scientologen dabei durchaus unterschiedliche Kategorien von Texten, die mit L. Ron Hubbard verbunden sind. Das literarische Werk Hubbards in den Genres Science Fiction, Fantasy, Abenteuer, Mystery u.a. ist zum größeren Teil vor der Entstehung der Scientology Kirche geschrieben. Alle diese Texte gelten nicht als Teil der »Scriptures«, sondern eben nur als literarische Werke Hubbards. Beginnend mit dem Buch »Dianetics: The Modern Science of Mental Health« (New York 1950) und einigen frühen Essays startet die »dianetische« Buchproduktion Hubbards. Diese Bücher beanspruchen, Verfahren zu beschreiben, mit denen der menschliche Geist von sogenannten »Engrammen« befreit werden kann, belastenden Überresten früherer schmerzvoller und frustrierender Erfahrungen. Die gelegentlich bei Journalisten zu lesende Bezeichnung des Buches »Dianetics« als »Bibel der Scientologen« ist sachlich unzutreffend. Dieses Buch wird vielmehr gar nicht als scientologischer Text angesehen, sondern nur als Vorstufe, sozusagen als Stück proto-scientologischer Forschungsgeschichte. Das im engeren Sinn scientologische Schrifttum Hubbards besteht aus einer kleineren Gruppe eher populärer Bücher (z.B. »Scientology: A New Slant on Life«, 1965, das Lieblingsbuch vieler Scientologen) und einer immensen Anzahl in hohem Maße technischer Schriften, deren Verständnis eine Kenntnis des komplexen scientologischen Denksystems voraussetzt. Eine kleine Gruppe von Texten wird als vertraulich behandelt, d.h. ist nur innerhalb fortgeschrittener scientologischer Kurse zugänglich. Durch illegale Entwendungen und Mitteilungen von ehemaligen Scientologen, die sich von der Bewegung getrennt haben, sind aber auch die Inhalte dieser »arkanen« Texte weithin bekannt;

sie ändern am Gesamtbild von Scientology nichts und stellen eher eine Weiterentwicklung und praktische Anwendung der grundsätzlich gut bekannten scientologischen »Technologien« dar. Eine religionswissenschaftliche Erforschung steckt erst in den Anfängen.

Literatur: Gerald Willms, Scientology. Kulturbeobachtungen jenseits der Devianz. Bielefeld 2005 * Marco Frenschkowski, Art. L. Ron Hubbard, Biographisch-Bibliographisches Kirchenlexikon 16 (1999), 752–771.

27. Heilige Schriften neomagischer, neognostischer und esoterischer Religionsgemeinschaften

Wicca. Wicca, die neomagische Religion der »Hexen«, ist, nach einem vielzitierten Wort des Historikers Ronald Hutton, die einzige Religion, die je auf dem Boden Großbritanniens entstanden ist. Im Gegensatz zu früheren Mystifikationen der Anfänge und Wurzeln ist heute deutlich, daß Wicca eine vollständig moderne Form magischer Lebensbewältigung ist. Die Anfänge von Wicca als Religion sind mit der Figur des ehemaligen Plantagenbesitzers, Kolonialbeamten und Waffensammlers Gerald Gardner (1884–1964) verbunden. In den späten 1930er Jahren (vermutlich 1939) will Gardner in einen »Coven« (eine Versammlung) traditioneller Hexen im Raum des New Forest (Südengland) eingeführt worden sein. Diese hätten überlieferte magische Rituale als Mittel der Lebenssteigerung und Lebenshilfe ausgeführt und sich dabei als letzte Anhängerinnen und Anhänger alter vorchristlicher britischer Religion verstanden. Der Begriff der »vecchia religione«, der »alten Religion« ist von Hause aus eine Prägung des amerikanischen Folkloristen und Sprachforschers Charles Godfery Leland (1824–1903), der ihn in »Aradia, or the Gospel of the Witches« (1899) und anderen Büchern verwendet.

Anhängerinnen und Anhänger legen größten Wert darauf, daß Wicca eine neopagane, also heidnische Religion ist, keine Bezüge zum Christentum hat und also auch keine Affinität zu einem wie auch immer verstandenen »Satanismus«. Wicca ist eine natur- und erdbezogene Religion; Gott und Göttin stehen in unterschiedlicher Akzentuierung nebeneinander. Manche Formen sind polytheistisch, andere monotheistisch, was in einem letztlich postmodernen Sinn durchaus nebeneinander bestehen kann. Die Existenz des New Forest Coven konnte mittlerweile nachgewiesen werden, doch geschieht eine eigentliche »Religionswerdung« erst in den 1950er Jahren. In den 1960er Jahren überquert die Bewegung eher zögernd den Atlantik (Wicca ist bis heute von ihrem Charakter her dezidiert eine britische, keine amerikanische Religion, auch wenn sie in den USA ihre meisten Anhänger hat). Seit den 1980er Jahren wird sie auch in Deutschland immer wichtiger, obwohl sie augenblicklich noch primär die Altersgruppen zwischen 16 und 35 zu erreichen scheint. 1990 haben bei dem offiziellen, alle 10 Jahre stattfindenden US-Zensus 8000 Menschen als ihre Religionszugehörigkeit Wicca angegeben, 2002 waren es 768 400. Sollte sich dieser Trend fortsetzen, wäre Wicca in nicht einmal 10 Jahren die drittstärkste Religionsgemeinschaft der USA. Verlage wie Llewellyn Woldwide, Inner Traditions, Samuel Weiser und andere haben mit Wicca-Titeln von Autorinnen und Autoren wie Silver RavenWolf, Starhawk (beides natürlich Pseudonyme, ohne daß die Identität der Autorinnen je ein Geheimnis gewesen wäre); Raymond Buckland, Raven Grimassi u.a. Auflagen in Millionenhöhe erreicht. Längst hat die Wicca-Bewegung eigene Seminare und Ausbildungsstätten, und kann ihren Platz im großen neopaganen Netzwerk präzise definieren. Dazu trägt sicher ihre – sagen wir einmal – ideologische Offenheit bei: sie kann sich problemlos mit feministischen, ökologischen, naturmystischen, tiefenpsychologischen oder utopischen Interpretamenten verbinden. Außerdem kommt Wicca den auf Machbarkeit, individuelle imaginative Bereicherung und unverbindlich-hedonistische »Spiritualität« bedachten religiösen Bedürfnissen des modernen westlichen Menschen in hohem Maße entgegen – um es nun doch auch einmal kritisch zu formulieren. Wir erwähnen Wicca hier, weil es in diesem Umfeld eine bemerkenswerte und originale Variante

eines sakralen Buches gibt: das »Book of Shadows«, das im Gegensatz zu anderen sakralen Büchern fast aller Religionen keine
fixierte Gestalt hat, sondern grundsätzlich in Form individueller
Varianten existiert.

Literatur: Ronald Hutton, The Triumph of the Moon: A History of
Modern Pagan Witchcraft. Oxford 1999 (das erste kulturwissenschaft-
lichen Ansprüchen Rechnung tragende und seriös recherchierte Buch
zum Thema) * Philip Heselton, Gerald Gardner and the Cauldron of
Inspiration. Milverton, Somerset 2003 (reiche neue Materialien) * Ders.,
Wiccan Roots – Gerald Gardner and the Modern Witchcraft Revival.
Ebd. 2000 * www.wicca.org

Das »Book of Shadows« (Buch der Schatten). Mit diesem Begriff
bezeichnen Anhängerinnen und Anhänger der Wicca-Bewegung
ihre persönlichen magischen Bücher. Herkömmlich schreibt
jede Hexe und jeder Hexer sein eigenes »Book of Shadows« mit
eigener Hand, das als Richtschnur bei Ritualen, als magische
Handlungsanweisung und als Merkhilfe für magische Lehren
und Ideen dient. Nach dem Tod wird es vernichtet; ein Nachfolger kann es abschreiben, aber nicht als »sakralen Gegenstand«
behalten (diese Regel, auf die in Anfangsjahren der Bewegung
großer Wert gelegt wurde, wird heute nicht mehr durchgehend
umgesetzt). Beliebt ist der Vergleich mit einem Koch- oder Re-
zeptbuch. Längere theoretische Texte sind im allgemeinen nicht
Teil eines »Buches der Schatten«; typisch ist der Charakter eines
praxisbezogenen Exzerptenbuches. Dennoch ist für ernsthaft
praktizierende Anhängerinnen und Anhänger der Wicca-Bewegung ein Buch der Schatten ein in hohem Maße sakral »auf-
geladener« Gegenstand, eine Art persönlicher Reliquie, die wie
erwähnt mit höchster Ehrerbietung behandelt und vor fremden
Augen und Händen geschützt wird. Leere Manuskriptbücher
(gerne luxuriös in Leder gebunden) bieten viele esoterische Verlage an; fast jede esoterische Buchhandlung z. B. in den USA
führt solche vorerst noch leeren »Books of Shadow« in großer
Zahl. Darin liegt ohne Frage – wie in der ganzen Wicca-Bewegung – ein nostalgisch-utopischer Zug. Wo schreiben sonst heute in der westlichen Welt Menschen Bücher mit eigener Hand
ab? Der Begriff selbst ist im übrigen keineswegs alt; Gardner
verwendete ihn mündlich, aber nicht in seinen Publikationen.

Das erste mir bekannte gedruckte Zeugnis steht in June Johns, King of the Witches. The World of Alex Sanders. London 1969 (besonders 130–141). Inhaltlich orientieren sich neuere »Books of Shadow« an vorgegebenen Größen, d.h. die Unterschiede sind geringer, als man auf den ersten Blick vermuten möchte. Die publizierten Fassungen werden dabei als Inspiration zur Gestaltung des je eigenen und persönlichen »Book of Shadows« interpretiert. Gardners eigenes »Buch der Schatten« ist auch in Internet greifbar, z. B. www.sacred-texts.com/pag/gbos/index. htm.

Zeremonielle Magie. 1888 wird in Großbritannien der Hermetic Order of the Golden Dawn gegründet. Damit erlebt in Kreisen der britischen Oberschicht ein Aspekt von Religion eine Renaissance, die kaum vorhersehbar gewesen wäre: die zeremonielle Magie. Aleister Crowley (1875–1947) wird zu ihrem bedeutendsten Vertreter – und Enfant terrible der britischen Gesellschaft. 1904 schreibt er in Ägypten in einem Trancezustand einen Text, den er als neue Heilige Schrift und Äonenwende versteht: »Liber AL vel Legis«, das »Buch des Gesetzes«. In kurzen, poetisch-rätselhaften Aphorismen wird eine Befreiung des Menschen von klerikalen Ketten, von den Zwängen des »Begründen-Müssens«, eine Entfesselung der Imagination und des Willens (den beiden Grundkräften der Magie) evoziert. »Every man and every woman is a star«. Im Kontext der neopaganen Szene wurde das »Buch des Gesetzes« zum einflußreichsten okkulten Text des 20. Jhdts. Für Thelemiten (Anhänger Crowleys) gilt nicht nur der Text selbst, sondern auch seine materielle Niederschrift als inspiriert (daher enthalten alle Drucke ein Faksimile des Originals). Alle in »Thelema« verehrten Schriften sind gesammelt in: Aleister Crowley, The Holy Books of Thelema. Boston, Ma. u.a. 1983.

Neognosis und westliche Esoterik. In der Erforschung der abendländischen Religionsgeschichte für die Zeit seit dem Sieg des Christentums hat sich nur langsam die Erkenntnis durchgesetzt, daß neben den christlich-kirchlichen Theologien einerseits und »volkstümlicher Religiosität« in ihren zahlreichen Schattierungen andererseits ein drittes Stratum von religiöser Tradition zu bedenken ist, deren schieres Ausmaß lange Zeit völlig unterschätzt wurde. Dieses »dritte« Stratum abendländischer Religion kann man das der westlichen Esoterik nennen, deren quantitative und qualitative Bedeutung für die europäische Geistesgeschichte bis vor wenigen Jahren weithin verkannt und ausgeblendet wurde. Etwa für die Zeit seit der Renaissance läßt sich »Esoterik« als eigener Traditionsstrom mit eigenen Plausibilitäten und Legitimationsmustern auch sozial- und kulturgeschichtlich deutlich fassen. Der Begriff »Neognosis« beschreibt dabei eine engere Variante dieses »dritten Stratums« abendländischer Religiosität, welche sich nur partiell mit derjenigen der Esoterik überschneidet. Wir haben es mit weithin intellektueller, von den Großkirchen jedoch marginalisierter Religiosität zu tun, deren Anbindung an das christliche Traditum nur locker und nicht selten gar nicht gegeben ist. Etwa seit Mitte des 19. Jahrhunderts sind aus diesem religiösen und kulturellen Milieu zahlreiche religiöse Gemeinschaften entstanden, die zum Teil auch eigene Heilige Schriften produziert haben. Wir können sie hier nicht eingehend besprechen, nenen aber wenigstens das einflußreichste Hauptwerk. 1888 publiziert Helena P. Blavatsky (1831–1891), die Mitbegründerin der Theosophischen Gesellschaft (1875), »The Secret Doctrine: The Synthesis of Science, Religion and Philosophy« (2 Bände mit den Titeln »Cosmogenesis« und »Anthropogenesis«). Formal geben diese sich als Kommentar zu Versen eines asiatischen Buches »Dzyan«, das verborgen in Tibet aufbewahrt werde und Offenbarungen z. T. noch aus vormenschlicher Zeit enthalte. In der klassischen Theosophie hat weniger »The Secret Doctrine« selbst, als das durch diese beschriebene Traditionsgut der Geheimlehre des Buches Dzyan den Charakter einer Heiligen Schrift. Fast das gesamte Gedankengut etwa der New-Age-Bewegung der 1960er und 1970er Jahre kann aus den Schriften der Helena P. Blavatsky abgeleitet werden. Auch z.B. die Schriften des Spiritisten Allan Kardec (Pseudony des Hippolyte-Léon-Denizard Rivail, 1803–1869) werden in eigenen spiritistischen Kirchen (eine durchaus übliche Bezeichnung) als Heilige Schriften verehrt, die den Kontakt mit der jenseitigen Welt vermitteln. Eine Betrachtung Heiliger Schriften kann sich nicht auf die großen Weltreligionen beschränken, sondern muß dieses breite Spektrum gelebter Religion in allen ihren Formen miteinbeziehen.

Literatur: Dictionary of Gnosis and Western Esotericism, 2 Bände. Edited by Wouter J. Hanegraaff in Collaboration with Antoine Faivre, Roelof van den Broek, Jean-Pierre Brach. Leiden/Boston 2005 (grundlegend und Ausgangspunkt aller weiteren Forschung zum Thema).